全球要事报告

Analysis of Important Global Affairs 2020/2021

2020-2021

主　编◇王宪磊

副主编◇张焕波/吕　欣

时 事 出 版 社

北 京

图书在版编目（CIP）数据

全球要事报告.2020－2021/王宪磊主编.—北京：时事出版社，2021.12
ISBN 978-7-5195-0455-7

Ⅰ.①全… Ⅱ.①王… Ⅲ.①时事评论—世界—2020－2021 Ⅳ.①D5

中国版本图书馆CIP数据核字（2021）第203804号

出版发行：时事出版社
地　　址：北京市海淀区彰化路138号西荣阁B座G2层
邮　　编：100097
发行热线：（010）88869831　88869832
传　　真：（010）88869875
电子邮箱：shishichubanshe@sina.com
网　　址：www.shishishe.com
印　　刷：北京良义印刷科技有限公司

开本：787×1092　1/16　印张：26.25　字数：320千字
2021年12月第1版　2021年12月第1次印刷
定价：160.00元
（如有印装质量问题，请与本社发行部联系调换）

序：全球大势探索进程及回顾

2021年7月1日是人类历史上重要的一天，习近平总书记庄严宣告：经过全党全国各族人民持续奋斗，我们实现了第一个百年奋斗目标，在中华大地上全面建成了小康社会，历史性地解决了绝对贫困问题，正在意气风发向着全面建成社会主义现代化强国的第二个百年奋斗目标迈进。这是中华民族的伟大光荣！这是中国人民的伟大光荣！这是中国共产党的伟大光荣！恰是“2021年度全球十件大事及2041远景”的全球首件大事，这是历史的一部分。习近平总书记“七一重要讲话”号召青年人，增强做中国人的志气、骨气、底气，不负时代，不负韶华，不负党和人民的殷切期望！这为博士后们研究出版《全球要事报告》提供了根本遵循，闪耀着真理的光芒！

2021年《全球要事报告》的研究重点和技术路线：一是面对人类共同未来，如何把握和怎样塑造“全局和整体”“关键和要害”“一般和日常”的泛在现实场景与优化方向。二是面对人类共同性问题，全球只有推动构建人类命运共同体，和衷共济、和合共生，共同安全、同时安全，才是实现人类文明可持续发展和科技进步的最优方向。从“大事看大势”的角度，全宇宙系统（WUS）理论作为《全球要事报告》全书与主报告“全球大势

2041”的逻辑架构和理论框架，为推动建设新型国际关系，推动国家治理体系和治理能力现代化，把实现中华民族伟大复兴作为孜孜追求的目标而进行深入科学地探索。

大事要事是自变量，是由活要素构成，活要素通过景变量来描述，呈现出始量子态的现景。趋势大势是因变量，是由活要素累计发生的巨变，诱导现景质变，沿着景变量的轨迹到达新量子态的预景。预景一旦到达即是现景，随着景变量的变化，进入下一个由现景到达预景的循环。活要素的基本范畴是全球范围、自然界、人类社会、测算和预期、洞察大事、把握大势、应势作为。活要素的基本属性是事件发生与演化的时间、地点、质的规定性、量的可计算性，以及大事景变量的测算和计算、预测和预期。活要素的计算方法是事件，是独立形成、有重大变化、在报告年度上有质的突破、可用包括字符和图表等内容来描述，引领世界大变革或对世界格局变化有重大影响的事件，以正能量重大事件为主，对负能量重大事件也不回避。“大事·现景”的分析法是从现景的完整性、真实性、有效性、传播速度与效应性、影响力五个维度，探索研判大事的性质和原因。“大势·预景”的分析法是从预景的安全性、效益性、破坏性、正负作用、传播范围、影响程度、正负能量调控七个维度，深入预判大势的演变规律和调控规律。

一、科学探索：程子理论及WUS理论

当今世界生产力大绘景永恒存在并快速演化着，量子理论回答了当今世界格局由一种绘景到另一种绘景的瞬间变化，直至无穷小与无穷大之间的瞬间变化，这使牛顿科学体系下的量变质变

属性受到挑战。王宪磊研究小组认为，全球科技创新出现了由牛顿自变量要素演变为景变量要素生成“程子函数”的景态，活要素的独立性增强，转换性良好，替代性完备。“智能程序思维”理论和“活要素计算的数学原理”方法，主要包括引入“智能程序”“活要素”“要数”“程子”和“太微”的基本概念，创建了“智能程序三定律：活要素独立原理、活要素替代原理、活要素转换原理”与“活要素计算的数学原理”，拓展为“程子理论”①，应用于对全球大事要事的研判和预判。

“程子理论”显示：活要素如同一粒种子，从萌芽、长成大树到开花结果，在阳光、水和氧气等作用下，种子在适宜的生态环境里破土而出，直到大树枯竭这个第一宇宙生命周期里，哪个生命节点的生命力最大；在第二宇宙生命周期乃至多个宇宙生命周期里，哪些生命节点中存在生命力极大，这就是一个程序（或有序、或基因）的最小单位即“程子”，显然这个“程子理论”比“量子理论”描绘得更“清晰精准”。活要素能量超越基线。活要素初始条件决定的路径和预期日益凸显，表示着世界主要国家战略调整与政策选项出现了“定义域”与“值域”互换的景象，在数理上出现了函数与反函数的属性对调，是结构性大变化。进一步说，活要素边界条件决定的结构和值域的约束性成指数下降，在结构变化中出现了原结构功能递减效应与新结构功能递增效应的景态，显示着百年不遇乃至千年不遇的重大事情正在发生，程子现象凸显。再进一步说，活要素端点条件决定的选项和目标出现了量子纠缠，第一生命周期与第二生命周期及多生命周期的活要素能量出现珊澜，表示着不断涌现的历史性大事波及全球且影响久远。同时，“智能程序思维”分析全球贸易摩擦情

① 《全球要事报告（2018—2019）》，时事出版社，2019年版。

景显示，逻辑思维和现实情境对世界大变革分析的结果常常相反，辩证比逻辑更接近现实；“活要素计算的数学原理”描绘的景变量，与牛顿科学体系下的自变量，在值域中出现了相互否定，显然量子科学体系中的景变量给出了全球大变革绘景的路线图，在量子基础上出现了程子现象非常活跃。通过探索可知，世界万物生命的活要素，在独立性基础上，通过转换性、替代性和融合性，可以出现完备的规律原理，如果这种“清晰精准”度超出10的数十次方，将是令人兴奋的，“程子理论”可能是“量子理论”后的又一科学高地，这项探索提出“万三合一”规律原理，拓展丰富了“程子理论”。新的一年至少已有近十项世界“第一”和人类“首次”的原始创新、集成创新和重大工程，活要素能量持续超越基线，横空出世，影响深刻久远。

科学前沿与归纳。回顾往年的《全球要事报告》，提出了“太程序思维”和“活要素计算的数学原理”及其要点。报告提出这项前沿性原创成果的是王宪磊 CCIEE 研究小组，他们在习近平新时代中国特色社会主义思想指导下，创新、求实、睿智、兼容，汲取中国经典思维、传统文化、经典理论和经典实践的养分，借鉴牛顿经典思维和经典理论、爱因斯坦相对论和量子理论等人类最新成果的活力精华，立足于中国富起来强起来的理论创新和实践创新，经过“接力棒”式的刻苦攻关，沿着系统思维方向进行集大成原创性探索，创建了“太程序思维”理论。比如，从经典文化“精道”到“精准施策”。引入“太程序”“活要素”“要数”和“太”的基本概念，创建了“太程序三定律：活要素独立原理、活要素替代原理、活要素转换原理”与“活要素计算的数学原理”。

第一太程序定律：活要素独立原理。在太程序驱动运行中，一事物存在即是活要素独立存在的，这个活要素即是产生、发展和变化的，这种独立性直到新的太程序的指令或控制到达为止。活要素独立性计算的数学逻辑：独立性 = 性质 × 属性（数学公式略）。

第二太程序定律：活要素替代原理。在太程序运行中，可以实现从一个活要素到另一活要素的相互替代，从而保持程序运行进程。活要素替代性计算的数学逻辑：可替代性 = Xi 智能使用价值/Yj 智能使用价值≥1（数学公式略）。

第三太程序定律：活要素转化原理。在太程序运行中，可以实现从一个活要素到另一活要素的相互转化，从而保持太程序预期目标的实现。活要素转化性计算的数学逻辑：可转化性 = Xm 智能价值/Yn 智能价值≤1（数学公式略）。

“太程序思维”和“活要素计算的数学原理”提出了进入人类智能社会条件下认识世界和改造世界、化解问题和引领创新的新理论新方法。英国媒体报道的 2017 年十大科技趋势，可以证明“太程序思维”和“活要素计算的数学原理”的魅力。《全球要事报告（2019—2020）》，持续从探索中提出了“第四太程序定律：活要素融合原理”和“第五太程序定律：活要素循环原理”，从而建立了完备性的太程序五大定律的理论设计与检验。

第四太程序定律：活要素融合原理。在太程序运行中，可以实现从两个活要素到多个要素的相互融合。其中，等能量级活要素的相互融合是最高能量级，引发自然界和人类社会聚变是充要条件，太程序瞬间巨变并寻找目标实现。比如，从发生在 2019—2020 年的新冠病毒看，医学研究成果就显示出新冠病毒有多个等能量级的病毒活要素自然融合生成，这种病毒活要素自带高能量全球传染，冲击力极强。活要素融合性计算的数学逻辑：可融合性 =∫ ψ（X）智能价值/∫ ψ（Y）智能价值≥1（数学公式略）。

第五太程序定律：活要素循环原理。在太程序运行中，若连续出现的最小周期即为要素的一个循环过程，从而实现太程序的螺旋式上升，实现太程序的质变。比如，区块链技术的数据逻辑就是如此。活要素循环性计算的数学逻辑：可融合性 =∫ ∑Φ（X）智能价值/∫ ∑Φ（Y）智能价值 =1，即实现基线（数学公式略）。

WUS 理论探索。面对人类共同未来，如何把握和怎样塑造全局和整体、关键和要害、一般和日常的泛在现实场景与优化方向，这个是 WUS 理论的研究对象。面对人类共同性问题，全球只有推动构建人类命运共同体，和衷共济、和合共生，共同安全、同时安全，才是实现人类文明可持续发展的科技进步和最优方向，这是 WUS 理论的研究目的。特别是从“大事看大势”的角度，推动建设新型国际关系，推动国家治理体系和治理能力现代化，在全球治理体系变革中科学把握和统筹做好 WUS 理论的系统基线均衡及其技术标准体系，这是 PSM 理论的研究任务和研究内容，也是人类的伟大梦想和科学家及工程师们孜孜追求的目标。

二、九年如一日持续探索

九年来，王宪磊院士小组，秉承创新、求实、睿智、兼容的科学理念，历练洞察和把握全球大事要事的研判预判能力。在《全球要事报告》这个具有全球视野、鼓励出原创性成果的博士后科研高地上，辛勤耕耘，迈出了坚实步伐。从第一次跟踪式学习起步的研究出版，到研究试用“全球要事基线”（IGAB）理论、第一次评出十件全球大事要事的学习吸收再创新，这是学习吸收为我所用的第一步；第二步直面问题勇于创新，提出“‘自变量’决定事物进步方向”和“‘经济量子纠缠’可能颠覆传统国际竞争观迎来共赢”的自主创新，使牛顿“自变量”发展为量子“景变量”；第三步深入探索引领博士后敢于创建前沿性、原创性成果，研究提出“智能程序思维”理论和“活要素计算的数学原理”，用于全球大事要事的研判预判，系统遴选出2017—2018年度全球十件大事，提出从“大事看大势”这一主题；第四步是提升从“大事看大势”的“清晰精准”度，将“智能程序思维”理论拓展定义为“程子理论”，“活要素计算的数学原理”即“活要素独立原理、活要素替代原理、活要素转换原理”在“景变量的大绘景”中创新完善；第五步把“活要素计算的数学原理”即将“活要素独立原理、活要素替代原理、活要素转换原理”拓展为“活要素独立原理、活要素替代原理、活要素转换原理、活要素融合原理”完备的四原理，奠定了“程子理论”坚实的基石，上升为“万三合一”规律原理。在创新开拓中，系统遴选出2019—2020年度全球十件大事，汲取2019年3月《全球要事报告》研究出版专家座谈会的意见建议，将《全球要事报告》架构确立为“主报告：全球大势（跨年度）”与若干“专题报告”的篇章布局。

王宪磊院士小组[①]提出“自变量”决定事物进步方向物质（M）、能量（E）和信息（I）等要素是宇宙存在的基本形式。物质（M）、能量（E）和信息（I），在一定黑色粒子条件下IEM可以相互转换，在一定白色粒子条件下IEM不可以相互转换……在有色无穷小粒子条件下IEM可能独立存在，在无色无穷小粒子条件下IEM可能归一，无穷小粒子有色本质的IEM存在与无穷小粒子无色本质的IEM归一之间，可能存在着IEM量子态界即

① 《全球要事报告（2017—2018）》，时事出版社，2018年2月版。

物质、能量、信息的量子大统一大门或 IEM 珊澜，IEM 大门外称为次无穷小量子态或称宇量子态，进入 IEM 大门即为无穷小量子态或称宙量子态。在宙量子态信息（I）\ 能量（E）\ 物质（M）三者归一，即 IEM 量子统一理论或称 IEM 量子理论。也就是说，在不可连续再分的最小粒子即量子条件下，可能统一为最小离散粒子的宙量子态。这个最小离散粒子的宙量子态也是源态或宿态，可能是黑洞、白洞及链接黑洞与白洞的虫洞的源头或始点即宇宙的起源或称宇宙的归宿。量子信息的起源可能是认识或意识，信息（I）走进第一量子宿态是能量（E），能量（E）走进第二量子宿态是物质（M），物质（M）走进第三量子宿态是另一信息（I'）；反之，物质（M）走出第三量子源态是能量（E），能量（E）走出第二量子源态是信息（I），信息（I）走出第一量子源态是另一物质（M'）。无穷循环往复，如昼夜循环，同四季更替。经济量子纠缠无不如此。在量子物理学中，量子纠缠往往是一个由多个粒子组成的系统的状态，无法被分离为其组成的单个粒子的状态，在这种情况下，单个粒子的状态被称为是纠缠的。纠缠的粒子有惊人的特性，这些特性违背一般的直觉。比如说，对一个粒子的测量，可以导致整个系统的波包立刻塌缩，因此也影响到另一个遥远的、与被测量的粒子纠缠的粒子。这个现象并不违背狭义相对论，因为在量子力学的层面上，在测量粒子前，你不能定义它们，实际上它们仍是一个整体。不过在测量它们之后，它们就会脱离量子纠缠这种状态。量子脱散作为一个基本理论，在量子力学原则上，应该适用于任何大小的物理系统，也就是说不仅限于微观系统，那么，它应该提供一个过渡到宏观“经典”物理的方法。量子现象的存在提出了一个问题，即怎样从量子力学的观点，解释宏观系统的经典现象。尤其无法直接看出的是，量子力学中的叠加状态，如何应用到宏观世界上来。1954年，爱因斯坦在给马克斯·玻恩的信中，就提出了怎样从量子力学的角度，来解释宏观物体的定位问题，他指出仅仅因为量子力学现象太“小”无法解释这个问题。在量子科学技术体系中，量子纠缠指的是两个或多个量子系统之间的非定域非经典的关联。宇宙在冥冥之中存在深层次的内在联系，任何两种物质之间，不管距离多远，都有可能相互影响，这种神奇的超距作用，就存在于量子纠缠之间。量子纠缠是指两个或多个粒子之间互相纠缠，即使相距遥远，一个粒子的行为也将会影响另一个或多个粒子的现象。当其中一个粒子被操作使其状态发生变化时，另一个或多个也会瞬间发生相应的状态变化。这种超距作用属性变换，为“经济量子纠缠”实现提供了基础。

事实上，当前全球“经济量子纠缠”的特征有三点：一是全球经济复苏的科技动力不足造成的经济全球化分化的离散性现象——即经济量子纠缠的自由人特征。二是资本的网速流动着急地等待着实体经济的超额收益，已经不再满足于传统产业的收益贡献出现资本空转现象——即出现经济量子纠缠的自身贵族特征。三是经济量子纠缠属性差异现象，即资本市场网速流动是量子属性、与实体经济市场表现是牛顿属性的错位差异特征。“经济量子纠缠”回答了全球经济合作竞争不是牛顿科学技术体系支撑下的零和博弈，不是胜者通吃，而是债权债务、失败获胜、正和负等经济量子纠缠。这种“经济量子纠缠”在经济危机和经济下滑时尤其表现得明显。其实质，是支撑债权债务、失败获胜、正和负等的产业链或业态的动力出了问题，也就是支撑产业的科学技术体系出现了大问题，才导致全球金融危机，致使全球经济长达8年复而不苏。现在是到了把各类业态向量子科学技术体系领域迁移的时候了，世界首颗量子卫星“墨子”号发射成功就是一面旗帜。

量子公共产品提供新成果。2017 年 9 月 29 日，世界首条量子保密通信干线——“京沪干线”正式开通；结合“京沪干线”与量子科学实验卫星“墨子”号的天地链路，我国科学家成功实现了洲际量子保密通信。这标志着我国已构建出天地一体化广域量子通信网络雏形，为未来实现覆盖全球的量子保密通信网络迈出了坚实的一步。量子科学技术是量子物理与信息技术相结合的战略性前沿科技，因其建构于颠覆性的堪比相对论的基础理论（量子物理）之上，从而极富神秘气质。自人类社会从原始文明、农业文明、工业文明、现代文明到当代文明，人类思维可以说从原始程序思维、古代程序思维，到近代以蒸汽机、机械化、自动化为标志的牛顿经典程序思维，再到以互联网、大数据、量子计算等为代表的量子程序思维时代，开始步入以物联网、人工智能、智慧城市为代表的智能程序思维时代。而且，不同时期的程序思维时代出现了叠加、迭代、嵌套、循环、进化和返古等现象。

“程子理论”及方法用于全球遴选出的十件大事，至今已连续三年在《全球要事报告》正式出版发行前，在凤凰网提前发布“2017—2018 年度全球十件大事”“2018—2019 年度全球十件大事”“2019—2020 年度全球十件大事”和“2021 年度全球十件大事及 2041 年远景”中英文稿来征求全球大家们的意见和建议，为“从大事看大势”集大成收到良好效果。

面对全球统筹新冠肺炎疫情与经济社会发展，中国取得了举世公认的成就，其他各经济体提供了丰富的经验，为 2021 年度《全球要事报告》的主报告“全球大势 2041”提供了伟大的科学实践。2021 年王宪磊院士研究小组，定义大变局下发展进程与体系结构处在历史的超高速时代，可谓是一个复杂的、开放的、已认知与未认知的、超越了“拉普拉斯宇宙系统论”的全宇宙系统

（Whole Universal System，WUS）。WUS 理论泛函式的涵盖了过去、现在和未来的全部系统，以及各个历史点文明的继承和开创，用于深入研究和科学描述《全球要事报告》从“大事看大势”的逻辑结构与全球大势。这一系列研究探索工作，旨在激励和鞭策年轻的博士、博士后们在新的征程上，必须增强忧患意识、始终居安思危，贯彻总体国家安全观，统筹发展和安全，统筹中华民族伟大复兴战略全局和世界百年未有之大变局，深刻认识我国社会主要矛盾变化带来的新特征新要求，深刻认识错综复杂的国际环境带来的新矛盾新挑战，敢于斗争，善于斗争，逢山开道、遇水架桥，勇于战胜一切风险挑战！

2021 年是历史上伟大的一年，百年中国共产党恰是风华正茂。王宪磊院士小组研究推出：自然界与人类社会的基本面只有一个，和平、发展、公平、正义、民主、自由是全人类共同价值。

三、历次回顾及探索

第一部《全球要事报告》围绕 2012—2013 年度当时“全球新变化”这条主线，从总论与战略变化、经济热点、金融焦点、贸易投资、科技政策、政府采购、安全军事、人才政策、能源形势九个方面，让国内外学养深厚的读者们，听到了“中国声音”、看到了“中国倡议”、了解到“中国方案”，凸显十八大后的“新时代”特点。

第二部《全球要事报告》是以 2013—2014 年度“全球新格局”为主线，深入探讨全球的新格局与战略变化、经济热点、金融焦点、贸易投资、政府采购、科技政策、网络安全、军事调整、人才政策、能源形势十个领域，针对十八届三中全会后的新形势、新任务、新要求，研判2013年全球整体形势，预判2014年世界新格局走向，来提升年轻创业者们的全球大事要事的研判预判能力，显示了十八届三中全会后的“理论自信”。

第三部《全球要事报告》是2014—2015年“全球新调整”的研判和预判。采用了“全球要事基线（IGAB）Ⅰ”第一次试评出全球五件大事，研究领域拓展到全球的新调整及战略、经济、社会、信息、科技、安全、军事、能源、资源、文化、跨国公司和生态十二个专题，十八届四中全会的法制理念贯穿其中，弘扬了依法治国的“新常态”。

第四部《全球要事报告》是2015—2016年“大秩序”的研判预判，采用了“全球要事基线（IGAB）Ⅱ”第一次评出全球十大要事，展示了大时代需要大格局，大格局需要大智慧的时代要求。针对“十二五”如期收官，“十三五”画卷舒展，以及联合国新千年目标，在总论基础上选取战略安全、发展改革、升级转型、经济热点、生态文明、人才社会、能源资源、信息网络、国防军事、开放合作、货币金融十一个专题进行了深入研究。全书贯穿“创新、协调、绿色、开放、共享”五大发展理念，为全面建成小康社会并为全面建设社会主义现代化强国贡献智慧。

第五部《全球要事报告》是以“自变量决定事物进步方向”来激励大家增强自力更生能力，树立“打铁还要自身硬”的理念来对2016—2017年“大平衡”进行研判预判。依据IMF和联合国近10年数据采用“全球要事基线（IGAB）Ⅱ”分析工具，对全球大平衡遇到世界科学技术“量子纠缠”在世界经济复苏进程中的映射“经济量子纠缠”进入“量子动平衡”。在此基础上评选出全球十大要事。在总论下安排了八个专题。

第六部《全球要事报告》是2017—2018年度“新时代”为主题，全书以习近平新时代中国特色社会主义思想为指导，应用前沿性原创性成果“智能程序思维”理论和“活要素计算的数学原理”方法，提升了全球大事要事评价的科学性、客观性和内在本质属性。在总论下设置了十二个专题。总论“新时代”是在各个专题报告和历次“大事要事研讨会”的基础上完成，与各领域各专题相得益彰。引导年轻的博士、博士后们，增强“四个意识”，坚定“四个自信”、做到“两个维护”，用智能程序思维去洞察和掌控全球大变化大格局大调整的方向和路线图。

第七部《全球要事报告》是在人类发展的历史、现实和未来中，从“大事看大势”设立主报告和若干专题报告，为“人类”看“大势”宗旨和远景，为“地球”“宇宙”看“预景”的角度和视野，把人类进程的大绘景的空间属性定义为“人类社会、大人类社会、宇宙人类社会”（千年之后，太阳系人类社会、宇宙人类社会、元人类社会；万年之后，宇宙人类社会、元人类社会；亿年之后，新宇宙诞生、现在宇宙灭亡、人类循环往复）三类绘景。其中，将人类发展的历史绘景定义为历景，人类发展的现实绘景定义为现景，人类发展的未来绘景定义为预景。利用大数据研究探索全球大变革的路径和影响。“程子”显示人类社会的各种各类要素活跃级别都超越了基线，影响深刻久远。

第八部《全球要事报告》的主报告采用跨年度的“全球大势（2019—2020）”范式，汲取了各专题报告的要点和精华。主报告与各个专题报告，均按照从“大事看大势”的逻辑，深入研究探索各个大事要事的性质和原因，针对大事要事的属性及其传导机制步步深入探索。在“宇宙是由要素构成”与“生命就是活要素”研究的基础上，开拓丰富了从“大事看大势”的五大规律原理。也就是说，世界发展变化：一是基于世界万物生命的独立性，即活要素独立性；二是基于世界万物生命发展变化的活要素的规律或路径或机制，包含“相互转化”“相互替代”与

“相互融合”三类完备渠道；这就是“万三合一”规律原理。

第九部《全球要事报告》的主报告“全球大势2041”，是CCIEE博士后研究王宪磊院士小组，使用WUS理论方法，采用了20年为报告年度的时间跨度从“大事看大势”，并将滚动式推出年度报告：一是以当年大事要事为始点、前后双向贯通式呈现；二是第一个五年跨度为重点、科学研判大事要事的性质和原因、提出把握全局的战略要素和技术路径；三是展望未来15年的大事要事发展方向，以及全球大势的科学预判，探索领跑与引领的优化方向和关键环节等；四是未来20年，开拓和丰富从“大事看大势”的思想、理论和方法。即从“大事看大势”——全球十件大事及未来；当前和未来全球演进的力量与方向——算力、转换、替代、融合；未来20年全球大势的主题进程——人类面临的重大挑战、全局与整体的未来、关键和要害的未来、一般和日常的未来；“万三合一”——2041年全球大势、预景、循环。主报告中采用全球文献大数据IECⅣ模型，对全球大势及未来的观点与本研究报告要求相近就直接引用，并保持被应用文献或研究报告的完整性和系统性，而不是断章取义。比如，国家发改委党组在《求是》杂志上公开发表的优秀文章、中国社会科学院世界经济与政治研究所余永定老师等研究的曲江报告、国务院发展研究中心对未来15年的国际经济趋势研究报告等等都非常优秀，在此表示感谢！《全球要事报告》的若干专题报告，分别从报告年度的热点、难点、重点问题出发，提出专题研究成果，是对主报告的专题支撑。主报告既是对专题报告的指导与要求，也是汲取各个专题报告的科学内容，主报告与专题报告相得益彰。

王宪磊

2021年8月于北京

目　录

主报告　全球大势2041：世界格局加速演进

CCIEE博士后研究王宪磊院士①小组

［摘　要］2021年《全球要事报告》使用WUS理论方法，采用了以20年为报告年度的时间跨度从“大事看大势”，滚动式推出年度报告：一是以当年大事要事为始点、前后双向贯通式呈现；二是以第一个五年跨度为重点，科学研判大事要事的性质和原因，提出把握全局的战略要素和技术路径；三是展望未来15年的大事要事发展方向，以及全球大势的科学预判，探索领跑与引领的优化方向和关键环节等；四是在未来20年，开拓和丰富从“大事看大势”的思想、理论和方法。科学遴选出2021年全球十件大事及未来：第一件，以史为鉴、开创未来，中国已向第二个百年奋斗目标迈进；第二件，“东升西降”，拜登政府政策调整加快但影响乏力；第三件，俄罗斯军事实力仍是世界第二，但在美国长期制裁下俄罗斯经济正在转型等待

① 王宪磊，俄罗斯自然科学院外籍院士；综合集成工程系统专家、经济社会问题专家，中国社科院大学教授、中国社会科学院研究员、国家信息中心终身博士后导师。

一段复苏和稳定的时期，中俄两国元首宣布发表联合声明，正式决定《中俄睦邻友好合作条约》延期，为中俄关系长远发展奠定更加牢固的基础；第四件，英国实现脱欧，欧英经济复苏任重道远；第五件，全球债务再创纪录，2020年已达世界生产总值的355%，拖累全球经济复苏；第六件，世界主要大国在新冠肺炎疫情中增加军事研发投入，除美中俄外全球放弃本代装备研制，2020年全球军备投资增加；第七件，全球产业链、供应链、创新链加速重塑，中国选择以内循环为主体的“双循环”驱动独领风骚；第八件，数字货币发展势不可挡，全球央行数字货币风起云涌；第九件，新冠肺炎疫情深度肆虐全球，全球经济停滞分化，严重制约国际社会正常交往，给人类生命健康带来重大威胁，给国家安全带来重大危机，给全球经济治理带来重大挑战，世界大变局呼唤加快构建人类命运共同体；第十件，世界科技全面步入量子时代，工业化、产业化、数字化突飞猛进。研判给出到2041年七个预景，景态一，疫情：……终点，始点……；景态二，科技：量子时代，未来以来；景态三，贸易：分布式交易，全球泛在；景态四，货币：数字货币，改写全球财富版图；景态五，文明：悠久文明，爆发青春活力；景态六，脱钩：多行不义必自毙；景态七，未来：大道不孤，天下一家。

［关键词］ WUS理论方法　全球大势2041　景态

在宏阔的时空维度中思考民族复兴和人类进步的深刻命题。一年多来，世界格局正加速演进，全球经济跌入低迷期，中国的疫情防控和经济社会发展独领风骚，百年大党恰是风华正茂。新冠肺炎疫情影响广泛深远，数字经济席卷全球，然而创新与风险同在。新合作、新竞争、新斗争已是各经济体相互联系、相互依存、相互影响的泛在现实与国际场景；全球产业链、供应链加速重塑，系统性变革、结构性重组、制度性斗争更加激烈；科技创新成为国际战略博弈的主要战场，围绕科技制高点的竞争空前激烈，逆全球化、单边主义、保护主义思潮暗流涌动。

面对问题、面向未来，人类社会再次面临何去何从的历史当口，是敌视对立还是相互尊重？是封闭脱钩还是开放合作？是零和博弈还是互利共赢？选择是现实的一部分，责任是历史的一部分。中国始终高举和平、发展、合作、共赢的旗帜，恪守维护世界和平、促进共同发展的外交政策宗旨，坚定不移地在和平共处五项原则基础上发展同各国的友好合作，推动建设相互尊重、公平正义、合作共赢的新型国际关系。习近平总书记在庆祝中国共产党成立100周年大会上向世界庄严宣告：经过全党全国各族人民持续奋斗，我们实现了第一个百年奋斗目标，在中华大地上全面建成了小康社会，历史性地解决了绝对贫困问题，正在意气风发向着全面建成社会主义现代化强国的第二个百年奋斗目标迈进。

一、全球十件大事及未来

在新的历史起点上，以史为鉴、开创未来。党的十九大确立了到2035年跻身创新型国家前列的战略目标，党的十九届五中全会提出了坚持创新在我国现代化建设全局中的核心地位，把科技自立自强作为国家发展的战略支撑。立足新发展阶段、贯彻新发展理念、构建新发展格局、推动高质量发展，必须深入实施科教兴国战略、人才强国战略、创新驱动发展战略，完善国家创新体系，加快建设科技强国，实现高水平科技自立自强。

全球短期走势。全球大数据文献遴选出具有代表性的机构国际货币基金组织（IMF）。根据其2021年7月《世界经济展望》报告，自2021年4月《世界经济展望》预测发布以来，各国的经济前景出现了进一步的分化。疫苗获取能力已成为世界经济的主要断层。沿着这条断层，全球复苏形成了两组阵营：一组是有望在2021年晚些时候进一步恢复正常经济活动的国家（几乎都是发达经济体），另一组是仍面临感染病例再度激增、死亡人数不断上升的国家。然而，只要病毒还在世界上某个地方扩散，即使目前感染病例较少的国家也不能保证可以平稳实现复苏。预计全球经济2021年和2022年分别增长6.0%和4.9%。与2021年4月《世界经济展望》相比，2021年全球增长预测没有变化，但对各组国家的预测做出了向上或向下的调整。预计2021年新兴市场和发展中经济体增长前景恶化，特别是亚洲新兴经济体。与此形成对照，发达经济体的增长预测被上调。这些调整反映了疫情的走势以及政策支持的变化。2022年增长预测上调了0.5个百分点，主要是因为发达经济体，特别是美国增长预测上调——这体现了美国预计2021年下半年出台的额外财政支持立法，并且这组国家的健康指标普遍得到改善。最近的价格压力主要反映了与疫情有关的不同寻常的状况以及暂时的供需失衡。一旦这些因素充分传导到价格上，尽管不确定性仍然很高，大多数国家的通胀水平预计将在2022年回到疫情前的范围。预计一些新兴市场和发展中经济体的通胀也将处在较高水平，这在一定程度上与食品价格高涨有关。

全球基线预测的风险偏于下行。如果疫苗普及速度慢于预期，则病毒可能进一步发生变异。融资环境可能迅速收紧。例如，如果发达经济体通胀的上升速度快于预期，市场就会对这些经济体的货币政策前景作出重新评估，而这可能引起融资环境迅速收紧。新兴市场和发展中经济体可能受到疫情恶化和外部融资环境收紧的双重冲击，导致其复苏进程严重受挫，使全球增长低于我们这里讨论的基线预测。多边行动对于减轻复苏分化、改善全球前景发挥着关键作用。当务之急是在全球范围内公平部署疫苗。IMF 工作人员提出了一项规模为 500 亿美元的建议，得到了世界卫生组织、世界贸易组织和世界银行的共同认可。该项提议就结束疫情提出了成本可行、目标明确、行动务实的方案。资金受到约束的经济体还需畅通无阻地获得国际流动性。目前 IMF 提议的 6500 亿美元特别提款权将普遍分配补充所有经济体的储备资产，帮助缓解流动性约束。各国还需加大集体行动力度，以减少温室气体排放。在采取这些多边行动的同时，各国还应根据本国所处危机阶段实施国家层面的政策，促进可持续、包容性复苏。协同实施、方向明确的政策能够使所有经济体实现持久复苏，而如果没有这些政策，全球经济的断层将继续扩大——许多国家在健康危机中挣扎，而少数国家逐步恢复正常，但仍面临疫情卷土重来的威胁。

全球中长期趋势。亚太经合组织 2020 年通过了亚太经合组织 2040 年愿景，提出了亚太共同体目标。CCIEE 王宪磊院士研究小组研究了 2041 年全球大势。当今人类地球只有一个，人类社会的基本面只有一个，面对人类共同性问题，只有各经济体实现绿色可持续发展，遵守和平、发展、公平、正义、民主、自由的全人类共同价值，人类才能和衷共济、和合共生。

第一件全球大事要点：以史为鉴、开创未来，中国已向第二个百年奋斗目标迈进。

习近平总书记在庆祝中国共产党成立 100 周年大会上向世界庄严宣告："经过全党全国各族人民持续奋斗，我们实现了第一个百年奋斗目标，在中华大地上全面建成了小康社会，历史性地解决了绝对贫困问题，正在意气风发向着全面建成社会主义现代化强国的第二个百年奋斗目标迈进。”党的十八大以来，中国现行标准下9899万农村贫困人口全部脱贫，提前10年实现《联合国2030年可持续发展议程》减贫目标。

党的十九大明确指出：综合分析国际国内形势和我国发展条件，从二〇二〇年到本世纪中叶可以分两个阶段来安排。第一个阶段，从二〇二〇年到二〇三五年，在全面建成小康社会的基础上，再奋斗十五年，基本实现社会主义现代化。到那时，我国经济实力、科技实力将大幅跃升，跻身创新型国家前列；人民平等参与、平等发展权利得到充分保障，法治国家、法治政府、法治社会基本建成，各方面制度更加完善，国家治理体系和治理能力现代化基本实现；社会文明程度达到新的高度，国家文化软实力显著增强，中华文化影响更加广泛深入；人民生活更为宽裕，中等收入群体比例明显提高，城乡区域发展差距和居民生活水平差距显著缩小，基本公共服务均等化基本实现，全体人民共同富裕迈出坚实步伐；现代社会治理格局基本形成，社会充满活力又和谐有序；生态环境根本好转，美丽中国目标基本实现。第二个阶段，从二〇三五年到本世纪中叶，在基本实现现代化的基础上，再奋斗十五年，把我国建成富强民主文明和谐美丽的社会主义现代化强国。到那时，我国物质文明、政治文明、精神文明、社会文明、生态文明将全面提升，实现国家治理体系和治理能力现代化，成为综合国力和国际影响力领先的国家，全体人民共同富裕基本实现，我国人民将享有更加幸福安康的生活，中华民族将以更加昂扬的姿态屹立于世界民族之林。从全面建成小康社会到基本实现现代化，再到全面建成社会主义现代化强国，是新时代中国特色社会主义发展的战略安排。我们要坚忍不拔、锲而不舍，奋力谱写社会主义现代化新征程的壮丽篇章！

全球文献大数据遴选出具有科学代表性的论述，即《求是》于2021年第14期发表的署名中共国家发展改革委党组的《迈向中华民族伟大复兴的一次历史性跨越》这一鸿篇华章。该文章系统科学论述了取得的伟大成就及性质和原因，三大要点如下：

一是全面建成小康社会书写了实现中华民族伟大复兴的辉煌篇章。解放和发展社会生产力，是社会主义的本质要求。我们要激发全社会创造力和发展活力，努力实现更高质量、更有效率、更加公平、更可持续的发展！自党中央提出小康社会的战略构想以来，建设小康社会就成为中国人民一以贯之、接续奋斗的宏伟目标。党的十八大以来，中国特色社会主义进入新时代，以习近平同志为核心的党中央团结带领全国各族人民如期建成了经济繁荣、政治民主、文化发展、社会和谐、生态良好、人民幸福的全面小康。这也是向第二个百年奋斗目标进军新起点上的小康。综合国力显著增强。我国经济建设取得举世瞩目的伟大成就，奠定了雄厚物质基础，向第二个百年奋斗目标奋进的实力和底气不断增强。经济实力大幅跃升。我国国内生产总值从1952年的679.1亿元跃升至2020年的101.6万亿元，实际增长约189倍。人均国内生产总值从新中国成立初期的几十美元增加到2020年的超过1万美元，实现了从低收入国家向中低收入国家、再到中高收入国家的跃升。经济结构不断优化。农业现代化取得明显进展，粮食总产量连续6年超过1.3万亿斤；工业实力显著增强，制造业增加值连续11年位居世界第一；服务业拉动作用日益凸显，第三产业增加值占国内生产总值比重由1978年的24.6%增加至2020年的54.5%。基础设施日益完善。构筑了包括铁路、公路、港口、航空、电力、电信等领域的现代基础设施网络，高铁营运总里程达到3.8万公里，高速公路里程达到16.1万公里，5G终端连接数已超过2亿，均居世界第一；乡村水、电、路、气、通信、广播电视、物流等生产生活条件显著改善。创新型国家建设成果丰硕。科技人力资源数量居世界第一，自主创新能力稳步提升，重大科技成果持续涌现，科技进步对经济增长的贡献率超过60%。区域城乡发展协调性不断增强。主体功能区战略、区域协调发展战略、区域重大战略深入实施，2020年常住人口城镇化率已达63.9%，实现了从农业大国到工业大国的历史性转变。人民生活水平显著提高。广大人民群众的获得感、幸福感、安全感显著增强。伴随经济持续快速发展，当前我国已形成超过4亿人并快速增长的全世界规模最大的中等收入群体，居民人均可支配收入增长与经济发展基本同步，居民消费水平大幅提升、消费结构显著改善，2020年城乡恩格尔系数分别降至29.2%和32.7%，人民生活更为殷实富足。建成了包括养老、医疗、低保、住房在内的世界最大的社会保障体系，基本医疗保险覆盖13.6亿人，基本养老保险覆盖近10亿人，公共卫生和医疗保障能力水平大幅提高，人均预期寿命由中华人民共和国成立前的35岁提升至2019年的77.3岁。我国人类发展指数进入“高人类发展水平”阶段，人的全面发展取得更为明显的实质性进展。三大攻坚战取得显著成效。脱贫攻坚取得伟大胜利。党的十八大以来，经过8年不懈努力，现行标准下9899万农村贫困人口全部脱贫，832个贫困县全部摘帽，12.8万个贫困村全部出列，困扰中华民族几千年的绝对贫困问题历史性得到解决。生态文明建设力度之大前所未有。党的十八大以来，党中央采取了一系列坚决果断措施，实施可持续发展战略，“绿水青山就是金山银山”理念深入人心，生态环境保护发生历史性、转折性、全局性变化。2020年，全国337个地级及以上城市空气质量优良天数比例为87%，地表水质量达到或好于Ⅲ类水体比例达83.4%，污染防治阶段性目标顺利实现，山水林田湖草沙冰系统治理扎实推进，森林覆盖率提高到23%，生态系统质量改善、稳定性提升。防范化解重大风险取得积极成效。党中央采取系列举措积极推动防范化解重大风险，金融乱象得到有效遏制，地方政府违法违规举债行为得到初步遏制，房地产调控长效机制建立健全，重点领域风险总体可控。中国特色社会主义制度体系更加完善。全面深化改革取得重大突破。主要领域基础性制度体系基本形成，“放管服”改革向纵深推进，市场化法治化国际化营商环境加快形成，高标准市场体系加快建设，更高水平开放型经济新体制基本形成。全面依法治国取得重大进展。民主法治建设有序推进，共建共治共享的社会治理制度更加完善，安定团结、和谐稳定的良好局面不断巩固。全面从严治党取得重大成果。党的建设制度化水平显著提高，党的领导、人民当家作主、依法治国有机统一的制度建设不断加强。发展成果惠及世界各国人民。全面建成小康社会，不仅历史性地改变了中国的面貌，也促进了各国共同发展繁荣，为世界经济带来了巨大机遇，为世界和平发展作出重大贡献。自2006年起，我国已连续15年成为世界经济增长的最大贡献国，2020年我国国内生产总值占世界经济总量的比重超过17%。我国全面提高对外开放水平，为世界各国提供更广阔市场、更充足资本、更丰富产品、更宝贵合作契机。共建“一带一路”倡议为沿线国家带来新发展机遇，创造了大量就业机会，使各国特别是发展中国家搭上了中国发展的快车。我国全面建成小康社会的实践，拓展了发展中国家走向现代化的发展途径，为人类对现代化道路的探索作出了新贡献，为全球治理提供了中国经验和中国智慧。我国综合国力和全球影响力快速提升，积极履行负责任大国的责任担当，弘扬和平、发展、公平、正义、民主、自由的全人类共同价值，推动各方凝聚共识、促进发展、加强合作、完善治理，携手应对共同挑战，为推动构建人类命运共同体注入了强大动力。

二是全面建成小康社会积累了实现中华民族伟大复兴的宝贵经验。在推进全面建成小康社会的伟大实践中，我国充分发挥中国特色社会主义制度优势，为开启全面建设社会主义现代化国家新征程、实现第二个百年奋斗目标积累了宝贵丰富的成功经验。始终坚持和加强党的领导。习近平总书记指出："中国共产党领导是中国特色社会主义最本质的特征，是中国特色社会主义制度的最大优势，是党和国家的根本所在、命脉所在，是全国各族人民的利益所系、命运所系。"中国共产党是全面建成小康社会的根本领导力量，全面小康是中国共产党带领中国人民在不同历史时期接力奋斗出来的。党的十八大以来，以习近平同志为核心的党中央，科学把握世界发展大势，统揽全局、协调各方，全面加强党对经济社会发展的集中统一领导，加强顶层设计，不断破除影响全面建成小康社会的体制机制障碍；全党牢固树立"四个意识"、坚定"四个自信"、做到"两个维护"，全面准确贯彻落实党中央各项决策部署，认真履职尽责，战胜一系列重大风险挑战，夺取全面建成小康社会伟大胜利。始终坚持以人民为中心。习近平总书记指出："不断提高人民生活质量和水平，是我们一切工作的出发点和落脚点，也是全面建成小康社会的根本目的。"全面小康是全体人民的小康，目的是解决好人民群众最关心、最直接、最现实的利益问题，让人民群众有更好的教育、更稳定的工作、更满意的收入、更可靠的社会保障、更高水平的医疗卫生服务、更舒适的居住条件、更优美的环境、更丰富的精神文化生活。全面小康是经济、政治、文化、社会、生态文明全面发展的小康，是人民奋斗出来的小康，关键要紧紧依靠人民，充分发挥人民主体作用，尊重人民首创精神，依靠人民干事创业。全面小康是得到人民认可、经得起历史检验的小康，"小康不小康，关键看老乡”，全面小康覆盖区域全面，发展更加平衡、更加协调，发展成果由全体人民共享，让人民群众获得感、幸福感、安全感更加充实、更有保障、更可持续。始终坚持发展是第一要务。习近平总书记指出：“发展是党执政兴国的第一要务，是解决中国所有问题的关键。”改革开放以来，特别是党的十八大以来，无论发展环境如何复杂变化，无论面对何种困难挑战，我们始终牢牢把握经济建设这个中心，紧扣全面小康目标，毫不动摇坚持发展是硬道理、发展应该是科学发展和高质量发展的战略思想，坚持在发展中解决问题。顺应社会主要矛盾变化，顺应人民群众对美好生活的向往，不断丰富完善全面小康目标内涵，强调更高质量、更有效率、更加公平、更可持续、更加安全的发展；紧紧围绕推动高质量发展，坚持完整、准确、全面贯彻新发展理念，以供给侧结构性改革为主线，推动发展的质量效益不断提升，创造了经济快速发展和社会长期稳定两大世所罕见的奇迹。始终坚持深化改革开放。习近平总书记指出：“改革开放是中国人民和中华民族发展史上一次伟大革命，正是这个伟大革命推动了中国特色社会主义事业的伟大飞跃。”在全面建成小康社会的伟大进程中，面对错综复杂的国际形势、艰巨繁重的国内改革发展稳定任务，我们坚定不移地把改革开放推向前进，深度融入世界经济，有效利用两个市场、两种资源、两类规则，持续提升国际发展竞争力和影响力，推动我国经济长期持续健康发展。实践充分证明，改革开放是党和人民大踏步赶上时代的重要法宝，是坚持和发展中国特色社会主义的必由之路，是决定当代中国命运的关键一招，也是决定实现“两个一百年”奋斗目标、实现中华民族伟大复兴的关键一招。始终坚持创新是第一动力。习近平总书记指出：“创新是引领发展的第一动力。抓创新就是抓发展，谋创新就是谋未来。”党的十八大以来，党中央着眼全局、面向未来，大力实施创新驱动发展战略，建设创新型国家，显著增强我国经济发展质量优势，形成全面建成小康社会的强大驱动力。面对逆全球化趋势加剧、大国竞争更趋激烈、国际科技交流遇阻的挑战，正确处理自主创新与引进吸收国际科技成果的关系，既强化战略导向和目标导向，优化和强化技术创新体系顶层设计，努力实现关键核心技术自主可控；又坚持深度参与全球科技合作，努力构建合作共赢的伙伴关系，主动布局和积极利用国际创新资源，在更高起点上推进自主创新。始终坚持系统观念和底线思维。习近平总书记指出："'小康'讲的是发展水平，'全面'讲的是发展的平衡性、协调性、可持续性。"在全面建成小康社会的伟大进程中，我们坚持树立全局观念，加强前瞻性思考、全局性谋划、战略性布局、整体性推进，正确处理好一致性和多样性的关系，兼顾当前和长远，统筹国内国际两个大局，办好发展安全两件大事，坚持全国一盘棋，坚持抓重点、补短板、强弱项，确保高质量全面建成小康社会。坚持改革、发展、稳定的有机结合，努力把改革的力度、发展的速度和社会可以承受的程度统一起来，在社会政治稳定中推进改革、发展，在改革、发展中实现社会政治稳定。坚持观大势谋长远，深刻洞察战略机遇期内涵和条件的重大变化，准确识变、科学应变、主动求变，抓住历史发展机遇，防范化解重大风险，在危机中育先机，于变局中开新局，确保经济社会平稳健康发展。

三是在全面建成小康社会的新起点上向第二个百年奋斗目标奋勇前进。习近平总书记指出："过去一百年，中国共产党向人民、向历史交出了一份优异的答卷。现在，中国共产党团结带领中国人民又踏上实现第二个百年奋斗目标新的赶考之路。"党的十九大明确了到二〇三五年基本实现现代化、到本世纪中叶建成富强民主文明和谐美丽的社会主义现代化强国的战略安排。"十四五”时期是我国开启全面建设社会主义现代化国家新征程、向第二个百年奋斗目标进军的第一个五年，我们必须综合考虑国内外发展趋势和我国发展条件，全面贯彻“十四五”时期经济社会发展指导方针，守正创新，久久为功，为全面建设社会主义现代化国家开好局、起好步。立足新发展阶段。进入新发展阶段明确了我国发展的历史方位。我国已转向高质量发展阶段，制度优势显著，治理效能提升，经济长期向好，物质基础雄厚，人力资源丰富，市场空间广阔，发展韧性强劲，社会大局稳定，继续发展具有多方面优势和条件。同时，国内外环境正发生深刻复杂变化，全球经济增长不稳定性不确定性仍然较强，我国发展不平衡不充分问题仍然突出。要准确把握新发展阶段的特征和要求，统筹中华民族伟大复兴战略全局和世界百年未有之大变局，强化机遇意识、风险意识，勇于开顶风船，善于化危为机，真抓实干、埋头苦干，牢牢把握经济工作主动权。贯彻新发展理念。坚持创新、协调、绿色、开放、共享的新发展理念，是构建新发展格局、实现高质量发展的必然要求。要完整、准确、全面贯彻新发展理念，切实解决好发展不平衡不充分的问题。把科技自立自强作为国家发展的战略支撑，强化国家战略科技力量，加快关键核心技术攻关，推动建设科技强国。推动区域协调发展，全面推进乡村振兴和以人为核心的新型城镇化。促进经济社会发展全面绿色转型，深入打好污染防治攻坚战，推进碳达峰、碳中和工作。坚持实施更大范围、更宽领域、更深层次对外开放，促进国际合作，实现互利共赢。健全多层次社会保障体系，促进社会公平正义，增进民生福祉。人民健康是社会文明进步的基础，是民族昌盛和国家富强的重要标志，也是广大人民群众的共同追求。要站位全局、着眼长远，聚焦面临的老难题和新挑战，拿出实招硬招，全面推进健康中国建设。当今，数字健康医疗、精准健康医疗是全球医疗卫生健康的重要发展趋势，这是将互联网、物联网、大数据和人工智能等前沿技术集成应用于医疗卫生健康的领域，可以实现健康医疗服务的数据化、标准化和智能化。构建新发展格局。构建以国内大循环为主体、国内国际双循环相互促进的新发展格局，是适应我国经济发展阶段变化的主动选择，是充分发挥我国超大规模经济体优势的内在要求，是把握未来发展主动权的战略性布局和先手棋。要以国内大循环为主体，深化供给侧结构性改革，加快打造国内大市场，把实施扩大内需战略同深化供给侧结构性改革有机结合起来，推动高质量供给引领和创造新需求，实现供需良性互动，在更高水平上实现供需结构的动态平衡。促进国内国际双循环，发挥比较优势，协同推进强大国内市场和贸易强国建设，进一步扩大市场准入，在更高水平上引进外资。推动高质量发展。坚持以推动高质量发展为主题，是适应我国社会主要矛盾变化的需要，是顺应我国发展阶段、发展条件、发展格局变化的必然要求。要深化供给侧结构性改革，切实转变发展方式，提高全要素生产率，协同促进质的提升和量的扩大，推动质量变革、效率变革、动力变革，实现发展质量、结构、规模、速度、效益、安全相统一。统筹发展和安全，加强经济安全风险预警、防控机制和能力建设，实现重要产业、基础设施、战略资源、重大科技等关键领域安全可控，做好粮食安全、能源安全、产业链供应链稳定、金融安全、生态安全等工作，守住不发生系统性风险底线，确保国家经济安全。建设现代化经济体系。坚持把发展经济着力点放在实体经济上，坚定不移建设制造强国、质量强国、网络强国、数字中国，推进产业基础高级化、产业链现代化，提高经济质量效益和核心竞争力。要提升产业链供应链现代化水平，推动传统产业高端化、智能化、绿色化。发展战略性新兴产业，巩固壮大实体经济根基。加快发展现代服务业，推动生产性服务业向专业化和价值链高端延伸。统筹推进基础设施建设，构建系统完备、高效实用、智能绿色、安全可靠的现代化基础设施体系。加快数字化发展，发展数字经济，推动数字经济和实体经济深度融合，打造具有国际竞争力的数字产业集群，保障国家数据安全。扎实推动共同富裕。实现人的全面发展、全体人民共同富裕取得更为明显的实质性进展，是到二〇三五年基本实现社会主义现代化远景目标的重要内容。要不断改善人民生活品质，探索支持共同富裕示范区建设。改善收入和财富分配格局，健全工资合理增长机制，着力提高低收入群体收入，扩大中等收入群体，完善创新要素参与分配机制，拓宽城乡居民财产性收入渠道，加大税收、社保、转移支付等调节力度和精准性，发挥第三次分配作用。坚持经济发展就业导向，保持制造业比重基本稳定，扩大就业容量，提升就业质量，促进充分就业，加快提升劳动者技能素质，完善重点群体就业支持体系。大力发展养老、医疗、教育等社会民生事业，持续提升基本公共服务均等化水平。要倡导健康文明的生活方式，树立大卫生、大健康的观念，把以治病为中心转变为以人民健康为中心，建立健全健康教育体系，提升全民健康素养，推动全民健身和全民健康深度融合。踏平坎坷成大道，斗罢艰险又出发。站在新的历史起点上，全党全国各族人民正意气风发、豪情满怀、斗志昂扬、信心百倍，向着实现中华民族伟大复兴的中国梦奋勇前进。我们要更加紧密地团结在以习近平同志为核心的党中央周围，以习近平新时代中国特色社会主义思想为指导，扎实推进“十四五”时期各项重点任务，奋力实现二〇三五年远景目标，为夺取新时代中国特色社会主义伟大胜利、实现中华民族伟大复兴的中国梦、实现人民对美好生活的向往努力奋斗！

大道之行，天下为公。站立在960多万平方千米的广袤土地上，吮吸着5000多年中华民族漫长奋斗积累的文化养分，拥有13亿多中国人民聚合的磅礴之力，我们走中国特色社会主义道路，具有无比广阔的时代舞台，具有无比深厚的历史底蕴，具有无比强大的前进定力。世界命运握在各国人民手中，人类前途系于各国人民的抉择。中国人民愿同各国人民一道，推动人类命运共同体建设，共同创造人类的美好未来！

第二件全球大事要点："东升西降"，拜登政府政策调整加快但影响乏力。

随着2021年上半年结束，美国第46任总统拜登的经济政策也已经逐渐成型。从逐渐退出宽松的货币政策，到财政政策的继续大规模刺激，到外贸的供应链重置，以及环保立法等。随着中美经济差距的缩小，美国一些政治精英产生了严重的"恐中"情绪，尽管相比特朗普政府，拜登政府的对华经济政策在调门上有所缓和，但其对美国的全球产业链政策还未做出实质性调整。全球文献大数据科学遴选出具有代表性的论述，即余永定学部委员等专家学者在2021年5月29日曲江论坛中的报告。报告指出，一个国家建立相对完整且自主可控的产业体系，和广泛参与国际分工存在矛盾：前者意味着安全性提高，但会导致生产效率的下降；反之，后者意味着生产效率和经济增速的提高，但会削弱经济的安全性。中国是追赶型国家，在融入国际分工过程中需要兼顾产业链安全问题。中国应该尽可能提高自己在全球产业链中的位置，从低技术、低价值端上升到高技术、高价值端，但这种位置的上升也可能会导致中国制造业的对外依存度增加，这意味着地位的升高对经济安全会造成影响。因此，不能只追求提高我国在全球产业链中的位置，或单纯向增值多的方向发展。

自改革开放以来，通过贸易、投资和技术交流，中美之间在经济上已经形成高度相互依赖的格局。但是，随着中美经济差距的缩小，美国一些政治精英产生了严重的“恐中”情绪。特朗普政府把中国当作头号对手。美国政府不但对中国发动贸易战，大幅度提高关税，而且把大量中国高技术企业列入“实体清单”，对中兴和华为等高技术企业实施制裁。特朗普政府的官员公开声称他们这样做的目的是要把中国踢出全球产业链。

拜登政府（或拜登以后的美国政府）会不会坚持执行把中国踢出全球高技术产业链（如半导体、大飞机和精密机器制造等领域）的政策？在前景还不完全明了的情况下，中国的最佳应对之策是什么？这是中国学者必须回答的问题。专家认为，美国把中国踢出全球高科技产业的政策很可能是渐进的、选择性的。美国政府将致力于全球产业链的重塑。到目前为止，拜登政府的全球产业链政策的重点还是“完善国内产业链”——对美国供应链存在的漏洞进行清点，并立即填补这些漏洞。在包括能源、网络技术、半导体、关键电子、电信基础设施和关键原材料等众多领域建立更强大、更有弹性的国内供应链。如果美国的政策十分明确，我们也就可以迅速形成应对之策。拜登政府的全球产业链政策似乎依然处于形成过程之中。而美国政府全球产业链政策的模糊之处给中国企业制定应对之策造成困难。

美联储货币政策开始退出极端宽松措施。2020 年新冠肺炎疫情暴发后，美联储开启了极端的宽松货币政策。全球文献大数据科学遴选出具有代表性的论述，概述其核心政策。联邦基金利率降低到零，每个月购买 800 亿美元的国债和房地产按揭贷款来释放流动性，直接在隔夜货币拆借市场注资、上限达 1 万亿美元，直接购买 1000 多亿美元的企业债券和公司债券 ETF，给包括纽约地铁等重要基础设施运营商提供贷款，给全球各大主要中央银行提供 5000 亿美元的货币互换，暂停对于商业银行的一些风险管理考核要求等。可以说，美联储的货币政策极为宽松，而且动用了很多危机期间的临时工具来支持市场。这些举措目前都在逐步退出的过程中。比如对于银行间的超额准备金的利率就在上周美联储 FOMC 公开市场会后宣布上升到0.05%。这个利率从零到5个基点的变化，就反映了美联储的收紧货币的一个步骤。美联储也已经从隔夜货币拆借市场完全退出。对于美联储持有的企业债券和高收益债券 ETF，美联储已经宣布将会卖出，而不是持有到期。从这一点来看，也是超过预期的鹰派决策。

美联储对于包括地铁公司等的贷款项目也都已经结束。对于商业银行的风险管理要求，包括敞口控制等等，都已经在2021年第二季度恢复正常。美联储对于全球各国中央银行的货币互换规模也在过去几个月开始迅速下降。圣路易斯联储总裁布拉德公开表示，“我们已经进入加息进程”，包括要考虑减少每个月的房地产按揭贷款购买金额。伴随着美联储的货币政策收紧，都会出现全球美元流动性紧缺，美元汇率升值。在这种情况下，很多新兴市场国家经济体都会面临货币贬值和利率上升的双重压力。实际上，为了应对货币贬值、外资流出的压力，2021年已经有巴西、土耳其、俄罗斯、乌克兰等国的中央银行多次加息。预计在今后几个季度，随着美联储的收紧货币流动性，很多新兴市场国家都面临需要被动收紧流动性的情况。如果应对不力，再次发生类似1998年全球金融危机或者2015年新兴市场混乱的可能性不小。

美国大规模财政刺激和加税共存。拜登入主白宫以后，2021年的财政政策和过去非常不同。一方面是大规模刺激，包括给失业人员提供现金、医疗保险等福利，也有对于基础设施的大规模支出。从联邦一级来看，有数百亿美元直接拨款给各个州政府。从支出角度来看，短期造成了消费繁荣，甚至导致了通货膨胀，货物和服务供应短缺。比如亚特兰大联储的实时 GDP 增长预测显示美国的第二季度经济增长率在11%，有可能是最近40年增长最快的一个季度。从全球投资人角度来看，目前的美国经济增长极为火热，吸引了很多国际资本流入。从每个月的欧洲和日本流入美股市场的资金，以及美元市场的资金流动，都可以观察到这些资本流向。当然，拜登的另一大财政政策是加税。目前有计划对美国企业实施15%的最低公司税，对个人的所得税上升到39%，对遗产税的免征额下降，对资本利得税上升到39%等等。除了对美国国内的税率上升以外，美国财政部长耶伦也成功说服了七国集团（G7）共同推出企业最低税率。也就是美国、英国、加拿大、法国、德国、意大利、日本七国将会共同对企业征收最低的15%企业所得税，并确保这些企业不会去利用避税天堂来降低税收。由于美国倡导的各国同比实施最低企业税，全球大型跨国企业将会很难继续通过转移定价来规避企业税。从这一点而言，将会不利于爱尔兰、匈牙利、开曼群岛等极低税率国家，有利于美国、日本、德国、法国等国获得更高的财政收入。很多新兴市场国家过去是靠较低税率吸引外资企业的，也会面临被迫取消过低税率的压力。在七国集团通过最低税收法案后，下一步将会扩展到经合组织（OECD）的37个成员国，也就是世界上最富裕的国家。之后，将有可能推行到全球各国，实现全球最低税率15%。

美国基础设施建设与环境保护的诉求变化。2021年白宫的经济政策的一个核心诉求，是围绕新能源和环境保护的基础设施建设。拜登入主白宫的第一天就宣布重新加入《巴黎协定》，停止加拿大到美国的原油管道等。美国2021年的数万亿美元的基础设施建设中包括大规模的太阳能发电、风力发电建设、电动汽车充电站等适合环境保护需求的投资。

美国的基础设施建设对于全球各国的外溢效应非常明显。

2021年以来的木材、铁矿石、铜矿石、铝矿石等的价格快速上升，很大程度上是由于美国的基础设施建设预期引发的。原材料价格的快速上升、美国工资水平的快速上升，已经导致美国的通货膨胀率迅速上升。美国2021年4月份CPI上升4.2%，5月份CPI上升5%，都创了最近几十年以来的最高值。这些原材料的价格上升势必会引发很多国家的通货膨胀，给目前的全球经济复苏带来压力。而美国的环保措施导致原油开采下降，传统的石油、天然气、煤炭的供应下降，也是能源价格不断上涨的重要推动力之一。对于巴西、俄罗斯等能源出口国家而言，能源价格大涨属于利好。对于中国、印度、日本、欧盟等需要大量进口能源的经济体而言，能源价格大涨会导致进口金额不断上升，不利于经济复苏和增长。更为值得关注的是随着全球碳排放的监管趋严，很多新兴市场国家都面临如何缴纳碳排放税收的问题。降低能源需求、减少碳排放、加大环境保护力度，应该是很多国家必须要推动的应对措施。

美国外贸供应链重置。2021年以来，白宫的外贸政策与2020年有很大的区别。首先，七国集团之间的贸易紧张关系开始缓和。比如美国和欧盟关于航空业的补贴问题已经互相起诉、加税等等，从2001年到现在，有19年的矛盾历史。2021年第二季度美国和欧盟达成协议，欧盟不再对波音进行投诉，美国不再对空中客车公司进行贸易报复。其次，2021年的四国集团：美国、日本、澳大利亚、印度开始在应对新冠肺炎疫情上进行合作，势必也会延展到国际贸易领域，特别是全球供应链的整合问题。很多美国大公司从2020年开始倡导的“中国+1”供应链也在2021年被更多的采用。“中国+1”的供应链管理代表了很多企业为了规避风险，将供应链整合为一部分在中国，一部分在另一个国家。比如越南、马来西亚、墨西哥甚至意大利，都在“+1”国家的范畴内。全球贸易的供应链重组对于各国的影响可以说是有利有弊。从积极方面来看，欧美主要发达经济体开始缓和贸易紧张关系，有助于全球经济的复苏，也有助于各个新兴市场国家的出口增长。2021 年美国的贸易逆差大幅增长就体现出美国的消费需求在快速上升。从消极方面来看，一些新增投资和产能将会被放在越南、印度、马来西亚等国家，对于中国外贸出口的竞争将会更加激烈。美国总统拜登签署了三份有关供应链的行政令，按时间先后顺序分别是“可持续公共卫生供应链行政命令”“确保未来由美工人在美制造行政令”和“美国供应链行政令”。行政令的签署旨在全面加强美国供应链的自主可控，打造“去中国”供应链，解决关键领域与环节的脆弱性，避免在紧急状态下受制于没有共同利益和价值观的国家。除“可持续公共卫生供应链行政命令”专门针对新冠肺炎疫情，旨在加强美国医疗设施供应能力外，其他两份行政令与美国制造业和工业基础密切相关，规范的关键举措如下：大力促进“美国制造”，降低美国对国外供应链的依赖。为最大限度地在美国生产货物、产品、材料和服务，降低美国对国外供应链的依赖程度，拜登于 2021 年 1 月 25 日签署了“确保未来由美工人在美制造行政令”，提出：一是建立美国制造办公室，严格执行“美国制造”相关法律，确保例外豁免仅适用于涉及国家安全、人道救援或紧急需求等迫不得已的有限情况；二是修正“美国制造”含量的衡量方式，提高“美国制造”产品的认证标准，加大对“美国制造”产品采购的优惠力度；三是评估外国产品的成本优势是否会对美国利益造成损害，充分保障美国企业利益；四是充分识别能够在美国生产且能够满足政府采购需求的美国公司；五是合理确定不属于“美国制造”的产品和材料等。为认清美国供应链现状，准确找出漏洞，确保在紧急状态下依靠美国的力量保障国家安全，拜登政府于 2021

年2月24日签署“美国供应链行政令”，提出：一是立即开展关键领域供应链的风险审查。规定自行政令发布100天内，完成半导体制造和先进封装、高容量电池、关键矿物和稀土等战略材料，药品和药物活性成分等关键领域的供应链风险审查。二是开展基础领域供应链的评估。规定自行政令发布一年内，美国政府相关部门应该完成国防工业基础、公共卫生和生物防御产业基础、信息和通信技术产业基础、能源工业基础、运输工业基础、农产品和食品生产六个基础领域供应链的评估。

加强盟友间合作，加快打造可控的供应链。“美国供应链行政令”强调通过盟友合作加强美国制造和供应链弹性。一是在对基础领域供应链进行评估时也要对盟国和伙伴国进行评估，确保其关键物资及其优先顺序、国际合作方式等与美国保持一致；二是对国际规则和美国涉外政策提出建议，包括与盟国、伙伴国共同完善与供应链相关的外交、经济、安全、贸易政策，以及国内改革和国际贸易规则、协议等。

拜登连续出台加强美国供应链的政策，与近年中美关系改变及新冠肺炎疫情在美国大流行的背景密切相关。其主要目标，一是解决新冠肺炎疫情暴露的问题。2020年新冠肺炎疫情在美国大流行，美国国内供应链难以满足民众对大量医疗用品的需要，同时全球疫情防控形势严峻，国际合作和贸易成本剧升，迅速放大了美国国内供应链风险，暴露出许多短板和问题。2020年6月，美国国防工业协会调查数据显示，美国有高达75%的制造业企业资金流断裂，航空航天领域有近52万多个工作岗位面临裁员，F-35战机的生产也受到严重影响。因此，拜登政府上台后第一时间出台系列政策，强调提升国内供应链能力，摆脱关键领域供应链的对外依赖。二是重振美国制造业基础。由于美国制造业外流严重以及国内经济复苏过程缓慢，从奥巴马政府开始，美国便开始通过出台《美国复苏和再投资法案》等一系列政策措施，倡导振兴美国制造业。特朗普政府进一步强调阻止制造业外流，并通过签署“买美国货，雇美国人”的行政指令、修订《购买美国产品法》等手段，刺激国内制造业发展。尽管如此，美国制造业重建效果并不理想，据统计，2018 年美国制造业增加值占 GDP 比重为 11.26%，不及中国一半。拜登延续了美国的一贯政策，他在公开讲话中表示，未来将投资数千亿美元购买美国产品和材料，实现基础设施的现代化。通过签署一系列行政令，并进一步收紧“购买美国货政策”，强化国内供应链能力，正是拜登重振美国制造业的关键举措之一。三是为赢得更大竞争优势。特朗普视中国为战略竞争对手，采取强硬立场，先后发起了贸易战、封锁打压高科技企业、阻碍正常科技交流等打压事件，并出台了许多专门的政策举措，如对将生产转移到中国等其他国家的企业征税，并禁止授予政府采购合同等。拜登政府承袭了将中国作为主要对手的战略立场，在 2021 年 3 月份发布的美国《国家安全战略临时指南》中表示，中国是当前唯一能够对“稳定开放”的现有国际体系发起“长期全方位挑战”的国家，是美国最强大的竞争对手。此时美国提出在关键领域摆脱中国，打造“去中国”供应链，就是为了防范中国的反制措施，以便在竞争中赢得更大优势。

当前条件下拜登政府短期内难以取消对华关税。拜登政府国际经济政策的首要考虑是保持技术代差、保证供应链安全。拜登政府上台以来，先后以总统行政令的方式，强化联邦政府的“买美国货”规定，审查四类关键产品供应链以减少美国对外国物资的依赖，这表明其国际经济政策的首要考虑是保持技术代差和保证供应链安全。美国新任贸易代表戴琪在参议院提名确认听证会上的发言，也明确表示美国还没有准备好取消对华关税。美国国内存在强大的保护主义政治需求。在美国两党已经形成一致观点将中国视作战略竞争对手的政治环境下，任何对华政策的软弱都被视为绝对有害。在战术层面，拜登政府要为中美经贸谈判保留筹码。即便是美国内部的自由贸易倡导者，如美国前财长保尔森、美国商业圆桌会议等，在呼吁拜登政府削减对华关税的同时，也认为消减关税应该作为中美新一轮贸易谈判的一部分，以换取中国在其他方面的让步。美国新任贸易代表戴琪也暗示支持上述对华经贸策略。

中美双方共同提高关税排除率具有一定的可能性。首先，拜登政府奉行“小院高墙”精准打击政策，全面关税措施并非首选。拜登政府上台以来，首要目标是保持技术代差和保证供应链安全，对华政策奉行“小院高墙”精准打击。而关税措施打击面广、福利损失大，虽然短期内不会也无法取消，但显然并非首选。拜登本人在竞选时曾明确反对以关税手段解决中美经贸摩擦，但迫于政治压力收回了这一说法。拜登上台以来的各种政策取向均显示，拜登政府的政策着力点并非关税措施。其次，美国贸易代表办公室（USTR）使用关税排除的阻力相对较小。拜登政府已多次强调无意对华搞全面“脱钩”或者“新冷战”，而是在对华竞争中保持特定领域的合作，促使中国按照西方的国际规则行事。但迫于国内政治压力，拜登政府也束手束脚，找不到突破口。而关税排除措施是美国 USTR 已经实施的措施，进一步提升排除措施的力度难度相对较小。最后，美国提高对华关税排除率政策空间很大。截至目前，美国仍然保留着对 3700 亿美元的中国输美商品加征关税，其中对清单 1（340 亿美元）、清单 2（160 亿美元）和清单 3（2000 亿美元）保持加征 25% 关税，对清单 4A（1200 亿美元）保持加征 7. 5% 关税。与清单 1 和清单 2 相比，清单 3 和清单 4A 的排除率大幅降低。根据曲江论坛报告团队2020年在《国际经济评论》发表的论文测算：在清单1、2、3、4A的排除申请当中，被批准的申请占比分别为33.8%、37.4%、4.9%和6.5%。其原因在于，清单1、2中的商品，如汽车及零件、仪器等，生产技术相对复杂、供应链条更长，短时间寻找替代品较为不易，在USTR的排除标准中予以优先考虑；而清单3、4A中的商品，如皮革制品、服装、鞋等，生产技术相对简单、供应链条较短，虽然进口金额上的对华依赖度更高，对美国消费者的福利损害更大，但短时间寻找替代品相对容易，因此排除率较低。从美国对华加征关税清单来看，最早出台的清单1、2最符合USTR的“301调查”初衷，与“中国制造2025”密切相关，且对华依赖度较低，对美国经济福利伤害较小。因此，从中长期来看，美国扩大清单3、4A的排除范围难度相对较低。

美国近期通胀压力显著上升，美联储在一定程度上陷入两难。2021年4月和5月，美国CPI通胀率分别达到了4.2%和5%。而目前疫情仍然存在较大不确定性，美国经济反弹基础尚不牢固，同时在个人救助政策的强力支持下，美国劳动参与率显著偏低，这也在一定程度上使得失业率的表现可能被严重高估了。此外，过高的政府债务负担也使得其宽松政策退出的难度上升。这些因素使得美联储在面临通胀压力时陷入了一定程度的两难境地。如果显著提高关税排除比率能够对压制国内通胀率产生积极影响，这应当是美国方面可以考虑的措施。事实上，美国与欧盟国家已经决定，在2021年6月15日双边峰会召开时承诺结束贸易战，并承诺年底前取消与钢铝贸易冲突相关的关税。但是其所涉及双边贸易金额仅为180亿美元，远远低于中美贸易冲突的涉案金额，这对于缓解美国通胀压力的作用将极为有限。

第三件全球大事要点：俄罗斯军事实力仍是世界第二，但在美国长期制裁下俄罗斯经济正在转型，等待一段复苏和稳定的时期。中俄两国元首宣布发表联合声明，正式决定《中俄睦邻友好合作条约》延期，为中俄关系长远发展奠定了更加牢固的基础。

2021 年是《中俄睦邻友好合作条约》签署 20 周年，6 月 28 日国家主席习近平在北京同俄罗斯总统普京举行视频会晤。两国元首宣布发表联合声明，正式决定将《中俄睦邻友好合作条约》延期，为中俄关系长远发展奠定更加牢固的基础。习近平主席同普京总统商定，在更高水平、更广领域、更深层次推进双边关系向前发展。面对世纪疫情叠加百年变局，中俄相互坚定支持，密切有效协作，生动诠释了中俄新时代全面战略协作伙伴关系的深刻内涵。双方一致强调，共同坚定维护以联合国为核心的国际体系和以国际法为基础的国际秩序，维护全球战略安全稳定，支持和践行真正的多边主义，反对打着“民主”和“人权”幌子干涉别国内政，反对搞单边强制性制裁。共同弘扬和平、发展、公平、正义、民主、自由的全人类共同价值，加强团结协作，合力应对共同挑战，推动构建人类命运共同体。双方强调，共同反对利用疫情和病毒溯源搞污名化、政治化。继续保持密切高层交往，加强疫苗合作，继续扩大双边贸易规模，拓展低碳能源、数字经济、农业等领域合作，推进“一带一路”建设同欧亚经济联盟对接。双方将共同反对将体育政治化，俄方支持成功举办北京冬奥会。当前形势下，上海合作组织面临新的机遇和挑战，应全面谋划和推进该组织发展。双方还对近期美国、北约加速从阿富汗撤军、阿富汗安全形势更加复杂严峻表示关注，强调共同维护地区和平、安全和稳定。俄罗斯作为世界上国土面积最大的国家，石油、煤、铁和农、畜、海产等自然资源储备十分丰富，目前已探明的储量价值约为 30 万亿美元，是美国的 3 倍、中国的 6 倍。财政作为一切发展的必要前提，影响国家命运发展。俄罗斯现在的军事实力仍然是世界第二位，在美国长期制裁下经济已经严重阻碍国家正常发展，面临着结构性转型。

俄罗斯只有通过结构性变化和相应的结构性政策才能确保各部门之间，特别是制造业、原材料业和服务业之间的资源流动，形成一种新的经济增长模式。以俄罗斯经济面板数据为基础建立的经济模型，反映了不平等、贫困与国内生产总值之间的关系，并确定了经济政策的目的不仅在于为居民提供有针对性的帮助，以减少贫困，而且还应采取刺激经济增长的措施，以降低不平等。因此，该研究的任务是测度结构对增长率的贡献，为未来提供以某种速度保持经济增长的动态数据。O. C. 苏哈列夫在《欧亚经济》2021 年第 3 期（6 月）发文表示，经济增长的结构性制约被认为是现代发展的主要决定因素，这些制约因素又是由既定的经济结构造成的。学者们从不同的切入点对结构如何影响经济增长展开研究（例如，以部门法为框架），但是，正如一些学者指出，目前仍然缺乏对结构问题的总体研究，也没有将发展的结构性问题完全纳入经济增长理论，或者没有对增长进行详细的结构分析，或者只是在非常狭义的基础上进行分析。总之，结构分析被放到了次要地位。造成这种状况的主要原因：一是这种分析非常复杂；二是绝大多数经济增长模型都是汇总模型，而非结构模型。在标准的增长模型中，结构变化不被视为独立的增长因素。大多数人根据罗伯特·索洛的观点，将科技进步视为最重要的增长因素，即科技进步是增长的结构要素之一。应当指出，目前，按照库兹涅茨的思想对增长进行的实证研究越来越少，这令人非常遗憾。目前所使用的增长模型非常复杂，不能保证对增长描述的准确性。而且，对结构的实证研究通常更多呈现不平等和贫困对增长的影响，这使人们认为，解决收入分配问题也有助于经济增长。实证研究结构变动的实质在于计算能够反映结构变化的各种指标。但是，研究的任务并非评估这种结构怎样变化，而是衡量各系统要素对经济增长的贡献及其与对经济增长率做出一定贡献的其他要素的关系。为了确定宏观经济政策的战略方向和保持经济长期稳定增长，就必须对结构变动趋势进行描述，否则就无法设立战略发展目标和制定实现这些目标的措施。例如，过去30年来中国的根本性结构调整等都印证了这一观点。虽然结构的变化可能会阻碍增长，但也为增长提供了新的可能。在这种情况下，无论出现何种结果，都需要做进一步的研究。研究方向之一就是描绘结构变化趋势并找出其特性，以此为基础制定措施，构建能够提供最大社会效益的不同增长方式和经济结构。在一定时期内，当经济结构还没有发生重大改变的时候，它要么促进经济发展，要么抑制经济发展。在现代世界，一切都处在不断变化之中，其中也包括关于萧条或衰退的经济观念的改变。特别是在新冠肺炎疫情下，发生变化的不仅是社会交往，还有经济结构。在机会减少和经济活动收缩的条件下，原有的经济结构仍在发挥作用，这成为危机的一个属性。

在这种情况下，测度和评估结构变动对增长的影响是一项非常有益的研究，其成果将为制定有关经济政策和措施提供更多的参考，尤其是部门资源分配对经济增长的影响。一些研究表明了这一观点，指出政府正在采取措施将资源转移到制造业，并通过技术革新来改变其结构和提高劳动生产率。

目前从总体看，俄罗斯按照使用方向分配经济资源的问题仍然对增长具有决定性的影响，但对此问题的研究十分薄弱。增长政策最重要的方面是考虑不平等和贫困对国内生产总值的影响，否则就不可能研究结构对增长的影响，因为收入分配结构是经济发展的最重要因素。在评估经济增长结构的框架中，不平等和贫困的影响似乎异常重要。经济增长的结构由各种参数构成——国内生产总值的结构、经济部门结构和地区结构等。资源在经济结构各要素之间的分配方式至关重要，要确保这些要素发生变化、相互影响并对经济增长作出贡献。在理论分析层面研究经济部门与资源分配之间的相互作用问题，揭示其对经济增长速度产生的影响。“收益风险”分析中显示了两个部门的初始位置和经济结构可能出现的变化。部门 1 的特点是从事低收益高风险的业务，而部门 2 则相反，从事相对低风险高收益的业务。在这种情况下，经济结构会在一定程度上呈现有利于部门 2 的资源分配。因为经济结构是既定的，因此，以经济政策的方式改变经济结构需要改变这些参数的相互关系。可以沿着线 p1 和 p2 移动（风险没有改变，但是两部门的收益发生了变化），使两部门的位置更接近 ff 线，在 ff 线上较高收益对应较高风险。也可以沿着箭头 v1 和 v2 方向移动，在一个部门增加收益降低风险，而在另一个部门则相应减少收益增加风险。还可以有一个方案，就是收益不变，但风险有变化。可以通过实施相应的结构性政策和改变宏观经济政策影响资源在部门之间的分配来实现这种变化，从而借助于对风险和收益施加影响来确保其移动方向的变化，例如，通过体制调整（降低风险），或通过发展规划和国家项目提供更多的资源。在风险最高、收益最低的部门采取投资激励措施也将有助于解决这一问题。经济结构的选择并不是一件容易的事。资源分配到某个使用方向产生的所谓特殊点的情况。在曲线的交汇处，我们得到相同的风险和收益比率，但同时资源分配的结构却不同，因为在这些特殊点数学意义上的合理准则不起作用，很难从收益和风险准则的角度进行选择。在这里选择什么样的结构，可以听取专家的意见进行质量评估，或者采用某种规范准则，例如，按此准则选择的结构要最大限度地考虑收益和风险的关系。

按照经济结构分配资源的方式在很大程度上取决于当前结构

基本参数的相互关系，即当前的结构起分配规则的作用。但是，政府的决策也会影响资源的流动，使劳动力和资本离开俄罗斯制造业部门而转移到原材料业和服务业部门。此外，当制造业的运营风险发生变化时，这种流动会变慢或方向逆转。因此，可以通过从制度上影响各个部门风险比例的方式影响资源的流动和经济结构的形成，例如，货币信贷政策，其主要任务之一就是为制造业部门提供预付资本。

综上所述，可得出评估各要素对国内生产总值增长率贡献的结构公式。按照支出法，国内生产总值的形式可以表述为：$Y = C + I + G + NX$，即一国消费支出、投资支出、政府支出和净出口的总和。可以将国内生产总值每个组成部分的变化幅度（增长率）分别表示为 gC、gI、gG 和 gNX，而每个组成部分在国内生产总值中所占份额用 c、i、g、nx 表示。在这种情况下，结构式表示为：

$$gY = gC \times c + gI \times i + gG \times g + gNX \times nx$$

根据该公式，每个组成部分对增长率的贡献取决于其增长率乘以其在国内生产总值中所占份额。因此，按照支出法，可以得出对国内生产总值增长率做出贡献的四个组成部分——消费支出、投资支出、政府支出和净出口。同样，可以用收入法表示国内生产总值，即员工工资、生产和进口的净税收、总利润和混合收入之和。在这种情况下，用于计算收入各组成部分对增长率贡献的结构公式为每个组成部分所占份额与其增长率的乘积。按照三部门法，即制造业、原材料业和服务业，国内生产总值就表示为三个部门增加值之和。因此，总增长率等于每个部门所占份额与其增长率的乘积。如果按照两部门法（服务业和非服务业部门），该表达式简化为两项，每项都是该部门所占份额与其增长率的乘积。

如果把经济划分为服务（Yf）和非服务（Yn）两个部门，两部门产值之和等于国内生产总值：$Y = Yf + Yn$，由此得出计算每个部门对增长率贡献的结构公式，同时还可以评估对各部门的投资在经济发展中的贡献。每个部门创造的产值取决于对该部门的投资，即 $Yf = f(If)$、$Yn = q(In)$，其中 If、In 是对每个部门相应的投资，则 $Y = f(If) + q(In)$。

如上所述，根据划分的两部门经济结构公式，其对增长率的贡献为：$gY = gf \times f + gn \times n$，即部门增长率（$gf = (1/Yf)\, dYf/dt$；$gn = (1/Yn)\, dYn/dt$）与其占国内生产总值份额（分别为 f 和 n）乘积之和。

上述两部门的投资总和等于总投资支出，即 $I = If + In$。因此，将两部门细分的投资代入按支出法计算的国内生产总值投资中，得到：$Y = C + I + G + NX = C + If + In + G + NX$。经过分解和转化之后，可以评估每种类型投资对增长率的贡献：$gY = gC \times c + gIf \times df + gIn \times dn + gG \times g + gNX \times nx$，其中 df 是服务业部门投资占国内生产总值的份额，dn 是非服务业部门投资占国内生产总值的份额，gIf、gIn 分别是服务业部门和非服务业部门的投资增长率。由此可以得出每种投资对增长率的贡献。应用计量经济学模型，可以评估金融和非金融类（金融资产和非金融资产）投资的贡献，由此可以确定金融投资对经济的影响。同时，在分析金融投资对经济的影响时，可以利用金融市场制度性偏离系数，即 $\gamma 0 = F/(S - N)$，其中 F 是金融投资，N 是非金融投资，S 是储蓄。该系数显示金融投资超过储蓄与非金融投资的差额。如果为负值，则表明非金融投资（超过了储蓄）对经济发展具有吸引力。

根据既定的方法，将进一步的研究简化为对俄罗斯经济增长结构的分析和评估：按照支出法、部门法（三部门：制造业、原材料业和服务业）和收入法确定国内生产总值各组成部分对经济增长率的贡献，同时建立相应的动态模型；各部门对经济增长率的贡献，既有按照三部门法（制造业、原材料业和服务业）的分析，也有按照两部门法（服务业和非服务业）的分析。以德国和美国的情况为例（国家的选择是随机性的），比较金融投资与非金融投资对经济的影响；不平等和贫困对国内生产总值的影响，借助于“Gretl 2020b”软件模块进行计量经济学建模，根据有关俄罗斯经济的面板数据，以期获得制定和实施经济发展政策的建议。结构分析以及对不平等和贫困等社会发展基本参数影响的评估，能够为分析经济增长以及制定有关经济政策提供有益的参考。

按照支出法、部门法（制造业、原材料业和服务业）和收入法分析 2003—2019 年这个主要研究区间（新冠肺炎疫情发生前）俄罗斯国内生产总值的结构变动情况。消费支出占国内生产总值的份额处于主导地位，然后依次是投资支出、政府支出和净出口。按照部门法，服务业占主导地位，其次是制造业和原材料业。按照收入法，依次为工资、总利润和净税收。当前对增长率的贡献与要素所占份额有关，即消费支出、服务业和工资对俄罗斯的经济增长起决定性作用。但是，就平均数而言，在一定时期内，对经济增长贡献最大的不是工资，而是总利润。从长期来看，工资和总利润均是对经济做出贡献的主要力量。显而易见，在研究区间内，消费支出是当前对国内生产总值增长率做出主要贡献的要素。服务业部门也是如此，按照收入法，尽管总利润和工资对增长率的贡献非常接近，但就平均数而言，对增长率做出主要贡献的是总利润而非工资。应当特别指出的是，政府支出对增长率的贡献微不足道，这表明财政政策实际上并非推动经济增长的重要工具。众所周知，成对数据相关分析方法可以确定参数之间关系的紧密程度。与其他要素相比，消费支出的贡献与经济增长率之间关系更为密切。净出口的贡献与经济增长率之间存在微弱的负相关关系。消费支出贡献与投资支出贡献之间的相关系数最大，为0.76，而消费支出贡献与政府支出贡献之间的相关系数为0.7。净出口贡献与投资支出贡献之间相关系数是-0.75。应当指出，净出口贡献与国内生产总值其他要素贡献之间是负相关关系。因此，总体上评估国内生产总值各要素对经济增长的贡献和相关性，消费支出对经济增长的促进作用最大，而净出口则有可能减缓经济增长。消费支出贡献和投资支出贡献之间的高相关性为降低利率创造了良好基础，降低利率既能刺激投资，也会促进消费增长。尽管对增长率的主要贡献是服务业，但其贡献与增长率之间的相关系数要小于制造业贡献与经济增长率之间的相关系数，即在一定条件下，例如，获得必要的资源，与服务业贡献的变化相比，制造业贡献的变化对增长率的变化可能会产生较强的影响。制造业和服务业部门之间的关系最为密切。按收入法对各要素与增长率相关性进行评估，尽管对增长率的最大贡献来自总利润，但净税收贡献与增长率之间的相关性最高。按照支出法、收入法和部门法对国内生产总值进行结构分析，在研究区间内可以确定一系列俄罗斯经济增长的消费和分配模型。按照支出法、收入法和部门法对国内生产总值各要素增长率及其占国内生产总值份额变化进行实证比较和评估，其结果能够揭示要素所占份额的变化如何与其增长率相关。这也显示了结构变化对具体要素增长率的影响。按照支出法，消费支出所占份额的增加伴随着消费增长率下降。在政府支出所占份额微弱增长时，随之而来的是其增长率的提高。投资支出所占份额增长也伴随着其增长率的提高。至于净出口，其在国内生产总值中所占份额的变化与研究区间内增长率没有任何关系。按照收入法，随着总利润所占份额的增加，其增长率略有增加，净税收所占份额的增加也是如此。但是，随着工资所占份额的增加，其增长率在所研究区间内却下降。因此，工资和总利润的贡献不取决于所占份额，而净税收的贡献随着其在国内生产总值中份额的增加而增长。

按照部门法，制造业的增长率随着所占份额的增加而非常迅速地增加，而原材料业的增长率也随着所占份额的增加而略有增加。服务业与上述两个部门相比有很大的不同，尽管图中点的分布十分分散，但该研究区间内所占份额的增加伴随增长的放缓。随着所占份额的增加，制造业和原材料业增长率增加，而服务业增长率却相应下降。这种情况已经代表了部门结构的某种变化，同时也表明了制造业发展的先决条件。现在先假设俄罗斯经济分为服务业和非服务业两个部门，然后评估服务业和非服务业及其投资对俄罗斯经济增长的贡献。当然，2020 年新冠肺炎疫情也可能导致服务业抑制经济增长，这种影响显而易见，可能与服务功能的特殊性有关。

在研究经济增长结构的关系时，金融和非金融投资的结构，包括每种投资对经济增长率的贡献，也是具有代表性的结构。第一，在俄罗斯，两种投资形式与国内生产总值的比率具有较大的差距，而且，由于金融投资的增长，特别是金融投资的增长超过国内生产总值时，该差距便显著扩大。第二，无论是美国还是德国都没有表现出类似俄罗斯的情况。在美国，金融投资要小于非金融投资，其与国内生产总值的比率小于 1。而在德国，金融投资大于非金融投资。第三，金融市场制度性偏离系数（$\gamma 0 = F/(S-N)$）变化。金融市场制度性偏离系数在俄罗斯急剧上升，而在德国则相对稳定。如果系数 $\gamma 0$ 为正，则意味着非金融投资小于储蓄。当储蓄没有强劲增长，但金融投资增加时，该系数会随着对非金融资产投资的增加而增加。根据俄罗斯联邦国家统计局的数据，俄罗斯的金融资产投资正在增加。在德国，此系数的增长幅度不大，原因是两种类型投资之间的差距仍然存在。在美国，此系数为负，因为非金融资产的投资大于储蓄且有外国资本流入。由于这个原因，系数 $\gamma 0$ 可能会增长（不是由于金融投资），它会在负值范围内增长。与美德两国相比，俄罗斯金融投资过高，这一点在投机性增长模型上得到体现，即经济增长的服务模型、消费模型和分配模型。分析研究区间内俄罗斯的增长结构，可以了解其经济现有增长模型的内在特征，其特征表明，随着制造业的扩张、技术更新以及增长模式的改变，该模型可能会发生变化。但是，在僵化的宏观经济和结构性政策框架内无法解决这一问题。特别要注意社会参数，即俄罗斯的不平等和贫困对经济增长的影响。根据面板数据评估 2000—2019 年俄罗斯不平等和贫困对国内生产总值的影响。为此使用“Gretl 2020b”软件模块并通过最小二乘法获取回归方程。模型的选择将通过淘汰方法进行，以获得最优统计数据为目的。以 2010 年价格计算的人均国内生产总值（Y）的模型如下：

$$Y = 4307 - 51 \times Gini - 56 \times P + 7 \times gY$$

其中，Gini 是基尼系数，P 是贫困水平，gY 是人均国内生产总值增长率。从构建的模型可以看出，与贫困增加一样，不平等的增加减少了俄罗斯人均国内生产总值增加的可能性。高增长率自然会对国内生产总值产生积极影响。因此，除结构变化之外，通过减少贫困和不平等，包括公平分配收入来刺激总需求和消费是促进增长的积极因素。宏观经济政策工具、石油价格和通货膨胀同样是经济增长的重要因素。在研究区间内石油价格上涨和货币化水平提高对经济增长产生积极影响，高关键利率则大大阻碍了经济增长，而通货膨胀对增长的影响却很小。由此可以清楚地看出，哪些经济政策工具对经济增长起作用，哪些经济政策工具减缓了经济增长，哪些经济政策工具没有产生作用。另外需要指出，持续的货币化对降低利率影响不大，利率在很大程度上取决于体制环境。根据评估，以抑制通货膨胀为目标的经济增长政策并没有取得成效，反而减缓了增长速度，加深了社会问题。对经济增长和经济结构变化的研究必须以解决社会发展问题为目的，这样的研究才具有前景。第一，俄罗斯经济呈现消费—服务结构动态模型，该模型不仅取决于投资，而且还取决于消费水平。因此，贫困和不平等这两个参数既是增长的目标，也是增长的决定因素。考虑到可以通过解决收入分配和消除某些领域风险的方式来解决贫困问题，这为俄罗斯加快增长又提供了一个条件。特别是在新冠肺炎疫情下，其重要性更加凸显。第二，从战略角度考量，有理由相信服务业对增长率的贡献已超过限度，不能再依靠该部门进一步保持较高的增长率。因此，有利于制造业的资源分配可以在将来为经济增长创造良好的基础，并增加这一部门对经济的贡献。此类宏观经济增长政策将需要大量投资，为此可利用银行体系的现有储备并适当地进行制度调整（税收、激励投资的规则、减少行政和官僚障碍等），另外还需完善投资的分配和提高国内的投资回报。该研究可为制定经济发展政策提供参考。为了在俄罗斯构建不同的经济增长模式，不仅需要改变要素的增长基础，还要改变结构的增长基础，这通过影响资源在部门之间分配，包括通过制度调整可以实现。此外，还需要实施刺激消费、减少不平等和贫困的政策（新冠肺炎疫情导致2020年不平等和贫困状况有所反弹），这些政策将对国内生产总值产生积极影响。

第四件全球大事要点：英国实现脱欧，欧英经济复苏任重道远。

欧盟经济趋势，要从全球角度来看。当地时间2021年7月27日，国际货币基金组织（IMF）发布最新一期《世界经济展望》，预测2021年全球经济增长6%，相较4月份预测没有什么变化，但对各组国家的预测做出了向上或向下的调整。预计2021年新兴市场和发展中经济体增长前景恶化，特别是亚洲新兴经济体。与此形成对照，发达经济体的增长预测被上调。这些调整反映了疫情的走势以及支持政策的变化。预测2022年全球经济增长4.9%，相较4月份的预测上调了0.5个百分点。IMF首席经济学家吉塔·戈皮纳特（Gita Gopinath）表示，上调2022年全球经济增速主要是因为对美国、欧元区的经济增长预测进行了上调。英国2020年1月31日正式"脱欧"，随后进入为期11个月的过渡期。2021年1月1日起实现全面的政治和经济独立。回顾2013年1月23日，英国首相卡梅伦首次提及"脱欧公投"。2015年1月4日，英国首相卡梅伦表示，如果有可能，将原计划于2017年进行的公投提前举行。2015年5月28日报道，英国政府向下议院提交并公布了有关"脱欧公投"的议案，包括公投问题的语句，并承诺将在2017年底之前举行投票。2017年3月16日，英国女王伊丽莎白二世批准"脱欧"法案，授权英国首相特雷莎·梅正式启动"脱欧"程序。2018年6月26日，批准英国首相特蕾莎·梅的"脱欧"法案，正式允许英国脱离欧盟。7月12日，英国发布"脱欧"白皮书。12月10日，欧洲法院裁定英国可单方面撤销"脱欧"决定。2019年1月15日，英国议会下院否决了英国政府此前与欧盟达成的"脱欧"协议。1月29日，英国议会下院通过一份涉及"脱欧"协议的修正案。3月12日，英国下议院就"脱欧"协议草案进行表决，最终以242票赞成，391票反对否决草案。3月14日，英国议会下院投票决定支持英国推迟"脱欧"。3月21日，欧盟同意将英国"脱欧"延期至2019年5月22日。3月29日，"脱欧"协议第三轮投票在英国议会下院举行。4月3日，英国通过法案，迫使首相特雷莎·梅再次寻求“脱欧”延期，以避免在4月12日出现无协议“脱欧”的情况。10月17日，欧盟委员会主席容克宣布，欧盟委员会与英国政府就英国“脱欧”达成协议。2019年12月19日，英国女王表示，在2020年1月31日前完成“脱欧”，并与欧盟建立新关系。2020年1月31日24：00，英国正式离开欧盟。如今英国“脱欧”如约而至。但依据该法律协议脱欧对英国并非终点，“全球英国”之路依然任重道远。“脱欧”达成的欧英协议涵盖商品和服务贸易、投资、竞争、禁止国家援助、税收、交通、能源、渔业，乃至数据保护、社保协调等方面，为下一阶段英欧合作奠定了基础。英国退出欧盟单一市场和关税同盟，在该协议框架下开启新的贸易关系。对于此前分歧较大的公平竞争环境，双方承诺在环保等领域提供高水平保护，通过有效执法、建立具有约束力的争端解决机制、动用贸易救济措施等手段，有力维护英欧公平竞争环境。在此前分歧最大的渔业领域，双方同意在过渡期结束后的5年半之内，欧盟渔民仍可按现行配额在英国海域捕捞海产品，其价值每年达到6.5亿欧元，但5年半后，该配额将减少25%。值得注意的是，双方弥合分歧，敲定了免关税、免配额的货物贸易关系，但该协议并未包含占英国经济规模80%的服务业，特别是没有给予伦敦金融业以市场准入承诺。关于英欧贸易协议细节以及服务关系的讨论将在2021年继续。在公投“脱欧”后，英国即提出“全球英国”主张，致力于建立外向、包容、支持自由贸易的全球化国家。在疫情冲击、经济衰退、脱离欧盟的背景下，英国如何重塑全球影响力，面临极大的挑战。英国的食品仅有50%是自产，高达30%来自欧盟国家。英国食品饮料联合会（Food and Drink Federation，FDF）表示，“脱欧”可能会导致食品价格在年底前应声上涨。非关税壁垒是很严重的贸易阻碍，“脱欧”委员会（Brexit Committee）曾经评估，非关税壁垒可能导致物价上涨8%—17%，因此英国的谈判目的应是尽量减少产品出口时遭遇的非关税壁垒，例如像是食品安全检验与《卫生与植物检疫措施》（SPS）协议等。所以说物价与普通民众的生活仍存在变数。英国“脱欧”不会给储户的财务状况带来太大改变。英国“脱欧”协议还降低了外籍储户无法使用其在英国的账户的可能性。在医疗方面，由于英国国家医疗服务体系（NHS）严重缺少医生，近1/10的职位存在空缺，政府希望利用这次英国的“脱欧”给NHS员工带来自由，以填补人员空缺。英国“脱欧”后，双方将对适用原产地规则的所有商品实行零关税和零配额。从我国免税业的销售规模来看，2008—2018年，中国免税业销售收入呈现逐年增长的态势。其中，2016年中国免税业销售收入281.5亿元人民币，超越英国和美国，成为全球第二位的免税大国。根据中国免税品（集团）有限责任公司发布的数据显示，2018年中国免税业销售收入达到395亿元人民币，同比增长26.5%。

IMF预测，2021年发达经济体GDP将增长5.6%（相较4月份预测上调0.5个百分点，下同），其中，美国经济将增长7%（上调0.6个百分点），日本经济将增长2.8%（下调0.5个百分点），英国经济将增长7%（上调1.7个百分点），欧元区经济将增长4.6%（上调0.3个百分点），欧元区中的德国、法国、意大利、西班牙经济将分别增长3.6%、5.8%、4.9%、6.2%。相较4月份预测，德国、法国没有变化，意大利上调了0.7个百分点，西班牙下调了0.2个百分点。预测显示，2021年新兴市场和发展中经济体GDP将增长6.3%（下调0.4个百分点），其中东盟五国将增长4.3%（下调0.6个百分点），印度经济将增长9.5%（下调3个百分点），俄罗斯经济将增长4.4%（上调0.6个百分点），巴西经济将增长5.3%（上调1.6个百分点），南非经济将增长4%（上调0.9个百分点）。预测中国经济2021年将增长8.1%，与1月份预测相同，2022年将增长5.7%，相较4月份预测上调0.1个百分点。吉塔·戈皮纳特表示，全球经济继续复苏，但发达经济体与许多新兴市场和发展中经济体之间的差距越来越大。2021年发达经济体的增长前景改善了0.5个百分点，但新兴市场和发展中经济体的增长预测下调了0.4个百分点，原因是亚洲新兴经济体的增长前景显著恶化。吉塔·戈皮纳特强调，对经济增速预测做出这样的调整，在很大程度上反映了疫情的发展变化，即德尔塔变异病毒成为主要流行毒株。发达经济体近40%的人口已完全接种疫苗。相比之下，新兴市场经济体的接种比例为11%，而低收入发展中国家仅有很少的人口得到接种。增长预测上调的原因包括疫苗接种速度快于预期以及经济活动回归常态，而导致增长预测下调的因素包括一些国家无法获得疫苗以及出现新一波疫情，特别是印度。吉塔·戈皮纳特表示，复苏进程出现更严重分化的另一个原因是在政策支持方面的差异。发达经济体继续提供大规模财政支持，并已宣布在2021年及之后年份实施规模达4.6万亿美元的支持措施。2022年全球增长预测的上调主要反映了美国和“下一代欧盟基金”预计将提供额外的财政支持。此外，新兴市场和发展中经济体的大多数措施已于2020年到期，他们正准备重建财政缓冲。一些新兴市场经济体，如巴西、匈牙利、墨西哥、俄罗斯和土耳其还开始提高货币政策利率，以防范价格上行。大宗商品出口国则受益于高于预期的大宗商品价格。对于当前整体通胀水平有所上升，吉塔·戈皮纳特认为，通胀压力是暂时的，大多数发达经济体的通胀预计将在2022年回落到疫情前的水平，其原因如下：首先，异常高的通胀水平在很大程度上是一种暂时性的现象，是由受疫情影响的部门导致的，如旅游和酒店业等部门，也是与2020年异常低的价格水平（如大宗商品价格）相比所致。其次，大多数国家的总体就业率仍然大大低于疫情前水平，尽管一些部门的工资增长迅速，但总体工资增长仍处于正常范围。随着健康指标的改善、超常规的收入支持措施到期，某些部门的人员招聘困难有望消退，工资压力将得以缓解。最后，长期通胀预期这一根据调查和基于市场的指标依然得到有效锚定，一些导致价格对劳动市场供大于求程度变化敏感性下降的因素（如自动化）在疫情期间可能已经加剧。IMF强调，尽管扩大疫苗供应可以改善经济前景，但全球经济复苏的风险偏向下行。如果疫苗普及速度慢于预期，则病毒可能进一步发生变异。高传染性变异病毒的出现可能严重拖累复苏进程，到2025年可能导致全球GDP累计损失4.5万亿美元。另外，在资产估值过高的环境下，如果市场突然重新评估货币政策前景，特别是在美国，则融资环境可能急剧收紧。美国的刺激政策支出力度也可能弱于预期。疫情的恶化和融资环境的收紧将对新兴市场和发展中经济体造成双重打击，使复苏进程出现严重倒退。鉴于多边行动对于减轻复苏分化、改善全球前景起着关键作用。首先，确保在全球范围内迅速提供疫苗以及诊断和治疗手段。这将能挽救无数生命，防止出现新的变异病毒，并为全球经济带来数万亿美元的额外产出。IMF工作人员最近就结束这场疫情提出了一项规模为500亿美元的方案，其得到世界卫生组织、世界银行和世界贸易组织的认可。该方案提出了以下目标，即到2021年年底和2022年年中，将所有国家的疫苗接种率至少分别提高至40%和60%，同时确保提供充分的诊断和治疗手段。其次，确保资金受限的经济体能够继续获得国际流动性。主要央行应当就其货币政策前景开展清晰的沟通，确保对通胀的担忧不致引发融资环境迅速收紧。IMF提议开展新一轮规模相当于6500亿美元的特别提款权（SDR）普遍分配，其中2500亿美元将分配给新兴市场和发展中经济体。各国应继续根据本国所处的危机阶段实施相应的政策：一是走出危机最严重阶段，为此应优先安排医疗卫生支出，包括疫苗接种方面的支出，并向受影响的家庭和企业提供定向支持；二是巩固复苏，根据可用政策空间重点扩大财政和货币支持，包括通过补救措施扭转教育损失，并通过有针对性的录用补贴和高效的破产处置机制，支持劳动力和资本流向增长中的部门；三是投资于未来，推动实现长期目标，包括扩大生产能力、加快向低碳依赖的转型、充分利用数字化带来的好处，并确保公平分享收益。吉塔·戈皮纳特强调，只有在全球范围内击退疫情，复苏才可能稳固；只有在多边和国家层面实施协调一致、方向明确的政策行动，才能使所有经济体实现持久复苏。同样，如果没有这些政策行动，欧盟经济将与全球经济一样的分化将加剧，贫富差距进一步扩大，社会动荡和地缘政治紧张形势都将恶化。

第五件全球大事要点：全球债务再创纪录，2020 年已达世界生产总值的 355%，拖累全球经济复苏。唯有改革创新全球经济治理机制才是管控全球债务系统风险或金融危机的有效路径。

据 2021 年 2 月 21 日俄罗斯报道，美国智库国际金融研究所（Institute of International Finance）的报告显示，2020 年，新冠肺炎疫情导致全球债务增加 24 万亿美元，全球债务总额达到了创纪录的 281 万亿美元，达到世界生产总值的 355%，与 2019 年相比增长了 35 个百分点。这一增速也超过了发生次贷危机的 2008 年。而 2008 年和 2009 年全球债务占世界生产总值比例的增幅也只有 10% 和 15%。从具体数据来看，2020 年，各国政府公共债务增加 12 万亿美元，占全球债务增长总额的一半，全球企业债务增加 5.4 万亿美元，全球银行债务增加 3.9 万亿美元，而全球家庭负债增加 2.6 万亿美元。从地域上看，欧洲地区的债务上升尤其明显，法国、西班牙和希腊的非金融部门债务占各国国内生产总值的比重上涨了 50%。国际金融研究所预测，2021 年，在全球低利率的货币政策环境下，越来越多的国家和行业的借贷水平将再次高于疫情前的水平。而全球政府债务预计在 2021 年再增加 10 万亿美元，最终超过 92 万亿美元。

全球金融危机爆发的时间点和方式，主要源于全球监管机构和中央银行允许商业银行和影子银行以极少的资本承担过多的风险。阿代尔·特纳在《债务和魔鬼》一书论述了 2008 年之后全球面临的根本性的宏观经济挑战。在 2015 年《债务和魔鬼》出版时，重点关注两个相互关联的问题：一是过度承担风险，这直接导致了 2008 年的全球金融危机；二是深刻的技术变革给日益富裕的经济体实现宏观经济平衡目标带来了根本性的挑战。从目前看，第一个问题的重要性有所下降，但第二个根本性问题越发紧迫和重要。为此，金融稳定委员会（FSB）设计了严格的监管制度。值得注意的是，在最近的新冠肺炎疫情全球危机中，我们并未面临全球金融体系内部不稳定的问题。然而，无论是全球还是中国仍然面临着宏观经济失衡问题，需要新的政策和新的经济理论来解决和阐释。全球金融危机之前，全球金融体系创造了过多的私人债务，为房地产建设和投机活动提供资金，危机过后形成“债务积压”，抑制了需求，各国不得不通过扩大财政赤字来支撑经济增长和就业。然而，2010 年开始，许多发达国家政府采取了财政紧缩政策，约束公共债务的上升，将维持经济的任务留给中央银行，不得不实行极低利率甚至负利率。这种政策的经济后果就是复苏乏力，且扩大了不平等，因为极低的利率放大了富裕阶层的财富；社会后果就是不公平和不安全感蔓延；政治后果包括 2016 年特朗普当选美国总统和英国脱离欧盟。正如本书的观点，原本我们有机会采取更好的政策组合，发达经济体应该实施更长期限和更大规模的财政赤字，并且中央银行应为大规模的财政赤字提供融资，即货币融资或财政赤字货币化。但我们没有这样做，于是给发达经济体和社会造成了严重的伤害。2017 年之后，全球经济增长变得更为强劲。悖论的是，特朗普对经济学所知甚少，所以他并没有受缚于有关紧缩政策的错误理论。于是美国财政赤字逐步扩大，财政赤字占 GDP 比例由 2016 年的 4.4% 上升到 2019 年的 6.3%。2015—2019 年间中国财政赤字占比由 2.8% 上升到 6.3%。在无任何有计划的协调下，全球两个最大经济体为全球经济增长提供了有力的刺激。除中国外，新冠肺炎疫情导致全球绝大多数国家经济增长停滞。2020 年，美国、欧洲和日本显著萎缩。政府不得不急剧增加财政赤字，放弃降低公共债务占 GDP 百分比的目标。2020 年，美国财政赤字占 GDP 比例约 19%，英国约 16%，甚至厌恶债务的德国也将达到 8%。各国政府在弥补这些赤字方面没有任何困难。中央银行持有的政府债务资产中的相当大部分将永远保留在中央银行的资产负债表上，显然，原本是临时的量化宽松，事后将被证明是永久性的财政赤字货币化。新冠肺炎疫情加速了经济中潜在的结构性变化，对现有的政策措施和经济理论提出了深刻的挑战。我们生活在一个瞬息万变的世界中，技术快速进步正在不断地降低信息技术硬件和软件的成本，并使更多的工作活动能够自动化。新冠肺炎疫情为发达国家和中国的这些趋势提供了巨大的推动力。制造业需要管理员工的健康风险，为防止生产中断，正在加速自动化，因为机器人不会生病。以牺牲传统零售业为代价的在线购物急剧增长。现在许多专业工作和管理类工作均可以居家在线办公，这比大多数专家预期的要顺利得多。实体娱乐场所关闭时，在线媒体娱乐蓬勃发展。结构加速的变化影响了资产价值和利率，强化了现有趋势。意料之中的是，提供 IT 功能和服务的公司，其股价急剧上升。对于一些经济学家而言，更令人惊讶的是，在欧洲、美国、中国，比如柏林和上海，房地产价格均保持上涨，由于在度假、娱乐和餐饮方面的消费暂时受限，一些家庭转向投资于优质房产。这就是笔者在本书分析的内在趋势的进一步强化，即随着人们变得越来越富裕，房地产在支出中所占的比重会越来越大。不断上升的股票和房地产价格加剧了财富不平等，收入不平等也可能被加剧，当专业人才和管理人员能够继续领取薪酬时，许多服务接待行业的员工以及农民工却下岗了。这种不平等反过来推高储蓄率，进而使长期利率保持在较低水平。极低的利率可能会无限期延续。2008 年金融危机之后，美联储、英格兰银行和欧洲中央银行都将利率从 5% 左右降至接近零的水平。此后，经济学家和市场参与者一直在讨论利率何时会回到危机前的“正常”水平。当前最好的答案是“几十年都不会”，也许永远不会。

全球范围内不平等的不断加剧，多种资本设备的成本相对下降，总储蓄与所需的私人部门投资之间可能存在永久的不平衡。“长期停滞”可能需要永久性的货币融资提供相应支撑。当时，这还只是一种可能性，而现在可以确定。中国从新冠肺炎疫情危机中复苏的速度和范围远远超过发达经济体。然而，中国也面临一个重大挑战。1980 年以来，中国经济增长成就令人瞩目。然而，即便是 2007 年之前，中国就已存在失衡危险，投资过多消费不足，且投资过度向基础设施和房地产倾斜。由于 2008 年金融危机以及随之而来的世界对中国商品需求的下降，政府采取了刺激国内需求的政策，主要是通过信贷推动建筑业繁荣来拉动国内需求。建筑业繁荣维持了中国经济增长并创造了就业，这意味着投资更倾向于基础设施和房地产，2008—2016 年，两类投资占 GDP 比例由 15% 上升到超过 25%，而制造业投资占比略有下降。过度投资于基础设施和房地产存在三个弊端和危险。

一是投资资源的浪费。尽管强调房子是用来住的、不是用来炒的，但仍有大量中国居民纯粹出于金融投机目的购买了多套公寓。中国约有20%的公寓无人居住，其中很多公寓可能会永远无人居住；二是信贷融资和杠杆率上升已经在商业银行和影子银行领域造成了金融体系不稳定的风险，在过去的5年中，中国人民银行和银监会一直在努力应对这些风险；三是建筑业增长必然属于碳密集型的，随着钢铁和水泥的消耗量增加，中国碳排放量从2008年的75.5亿吨增加到2014年的102.9亿吨。与2008年相似，当下中国面临充满挑战的全球环境。新冠肺炎疫情危机暴发之前，特朗普总统缺乏依据的关税战就对中国出口构成了潜在威胁，而当前发达经济体的增长乏力更强化了这种威胁。在这种背景下，中国提出了“双循环”的理论。“双循环”并非让中国背对世界，而是强调了内需和技术作为未来经济增长动力的重要性。以国内需求为重点是适当的，但关键问题是什么样的需求以及如何融资。如果内需依然是投资而不是消费，那么中国经济将延续不平衡。如果投资依然偏向传统的基础设施和房地产，将会浪费更多的投资。

对建筑业的持续过度投资将威胁气候变化的两个目标：2060年实现“碳中和”，即净碳排放量为零；2030年碳排放量达到峰值。然而，如果刺激国内需求的工具依然是信贷创造，持续过度投资房地产几乎不可避免。中国不应该在传统基础设施和房地产上进行更多投资，而应该转向刺激消费和新型基础设施投资。新型基础设施投资应该成为优先项，这将有助于未来构建高价值数字经济。但是，相对于当前对传统基础设施和房地产投资而言，新型基础设施的空间仍然很小。中国电子信息产业发展研究院（CCID）预计，新型基础设施投资不太可能超过GDP的1%。这印证了先前的观点：信息技术飞速发展，硬件和软件的成本会不断下降。因此，除了新型基础设施投资之外，中国增长模式还应该包括其他三个要素：一是按照GDP的一定比例刺激消费，同时消费尽可能“绿色”，朝着实现气候目标的方向发展，例如大力支持电动汽车的购买；二是中国应大力投资零碳电力系统，满足支持绿色增长的要求；三是应该追求城市基础设施和房地产投资质量而不是数量，从而提供具有环境吸引力的节能型城市和建筑；如此即便传统投资占比会有所下降，但绝对规模依然较大。为实现这种重新定位的经济模式，中国需要新的政策刺激需求，书中提供了一些经验教训。主要依靠信贷创造的任何需求刺激都不可避免地会向房地产和投机倾斜。必须增加政府的社会福利支出，使中国家庭降低储蓄率。必须认识到电气化、数字化和绿色能源系统的发展是国家战略目标，既需要强有力的政府目标予以引领和监管，也需要直接的技术和有效的市场设计予以支持。只要制定出这些政策组合，中国就具备实现更平衡和可持续增长的机会，也为重新思考我们需要的经济理论做出了贡献。全球文献大数据科学遴选出代表性观点——CCIEE副理事长、清华大学国家金融研究院院长、国际货币基金组织原副总裁朱民先生在“2021清华五道口全球金融论坛”上的讲话。朱民指出，现有的全球经济治理机制从两个维度来说也是远远不够的：一个维度是因为全球经济治理的结构改变得很快，特别是新兴经济体和发展中国家的经济增长，现有的经济治理机构不能反映全球经济结构的变化。同时另外一个维度，1945年建立的全球治理机制那个时候已经远远跟不上现代的科学环境、技术、社会发展的需要，现在产生了一系列新的问题，需要有新的全球治理机制，来提供全球的公共产品，现在看来我们已有的体系远远不够。这一论坛是关于全球经济治理机制的讨论，在这个题目下讨论三个问题：第一个问题，疫情表现出现有的全球经济治理体制远远落后，不能有效地提供全球公共产品。第二个问题，更进一步来说，现有的全球经济治理机制从两个维度来说也是远远不够的。第三个问题，就是治理机制的全球政治领导力的协调和治理机制的问题。现在这个也是明显缺席的，没有全球的政治领导力的共同努力。当然现有的机制就不能发挥作用，也很难创立新的特别符合现实需要的全球经济治理机制的构建和框架。

第一个问题：新冠肺炎疫情表明70年前构建的全球经济金融治理体制是严重破裂的和落后于时代的，疫情到来，全球准备严重不足。当然疫情有它的突发性，这个可以理解，但是疫情暴发以后全球不能协调一致的问题也很明显，各个国家在为发展中国家融资方面产生了很多困难和矛盾，今天在疫苗的研发、制造和配送方面也还有很大的协调困难。一方面一些发达国家囤积了高达人口数倍的疫苗，另一方面一些发展中国家疫苗的注射率低于1%，估计到2021年底，发达国家75%的人口会注射疫苗，而发展中国家只有25%的人口能够注射疫苗。病毒没有国界，只要世界上还有人没有注射疫苗，这个世界就是不安全的。这个现状必须被改变，所以我们现在就在讨论全球公共卫生的治理机制和融资机制，G20任命了一个高级别的独立小组来研讨这个问题。现在看来融资是个大事，但是要改变和构造全球公共卫生体系，建造足够的和可持续的融资体系来预防未来疫情可能的发展，这个是特别重要的。但是这只是全球治理机制不足的一个方面。

现有的全球经济治理机制是远远不能跟上发展和变化的全球经济的现实和需要，不能提供新的全球公共产品。现有的全球经济治理机制是1945年建立的布雷顿森林体系，它已经不能反映当下世界经济金融实力的变化，1945—2020年期间，全球经济结构发生了巨大的变化，今天新兴经济体已经占了全球GDP的比重的 50%，在过去数十年里，每年贡献全球经济增长 60% 以上，成为全球经济的最主要推动力。按照 1945 年构建布雷顿森林体系的原则，体系的股权应该公平地反映各国在全球经济中的实际比重，那么现在看来是远远落后的。2008 年全球金融危机后，在 G20 的推动下，布雷顿森林体系进行了一次增资和股权调整，国际货币基金组织在这个方面还是走在了前面，增资股权调整以后我们进行了第 14 次的额度调整，同时把人民币纳入了特别提款权（SDR）的篮子，但是现在看第 15 次份额总检查没有进展。这次国际金融委员会基本同意进行 6500 亿 SDR 的增发，希望这次增发伴随第 16 次额度的迅速推进调整，能够对现有的股权结构做出较大幅度的调整，使得国际货币基金组织和其他国际金融机构，像世界银行和区域发展银行等，都能适应全球经济实力的结构变化，让新兴经济国家和发展中国家有更多的股权和发言权。但这还远远不够，传统的全球经济治理机制是在 70 年前建立的，在今天已经不能覆盖全球面临的新的挑战，比如说气候变化、碳中和、可持续发展、公共卫生、网络安全、数字经济、平台经济和对金融科技的全球监管。今天世界有无数的课题需要讨论、需要研究、需要形成政治决策、需要来推进治理机制的改革和发展。比如我们要继续支持 WTO 并对其进行改革，让贸易多边主义重新回到世界舞台的中心，这一点特别重要，随着现在恩戈齐成为 WTO 的总裁，世界贸易组织也开启了一个新的纪元，全球贸易是全球经济增长的最主要推动力，贸易一定是全球化的，所以世界需要 WTO 来持续的制定规则、协调矛盾，持续推进贸易的全球化，所以 WTO 的改革和发展是个大事。我们也需要为使世界卫生组织能更好地履行全球公共卫生服务的职能，继续推动其改革和发展。世界卫生组织现在面临很大的挑战，最大的挑战就是它没有足够的资源，没有足够的科研能力，没有足够的危机预警能力，特别是全球协调能力，这都需要在根本上从治理机制上予以解决。这次危机表明了全球公共卫生体系的危机，其实也给我们推进全球卫生组织的改革和发展提供了一个重要的机遇和抓手。我们需要面对全球的新挑战，构建新的相对应的全球经济治理机制。第一个是气候变化，现在全球关于气候变化和碳中和已经基本形成共识，有良好的政治气氛，144 个国家已经在不同程度上承诺碳中和，这都是在自愿基础上的承诺，我们没有一个协调全球气候变化和碳中和的治理框架和治理机制。所以如果仅仅维持在自愿承诺的基础上，那么推进的力度、深度和广度就会受到影响。现在是推动全球重构气候变化碳中和治理机制的一个重要窗口机遇。

第二个问题：进入 21 世纪以来科学创新不断进步，数字化发展迅猛，现有的国际经济治理机制尚未覆盖这些新的而且特别重要的涉及未来的领域，例如可持续发展、网络安全、数字经济、平台经济、金融科技的跨境监管等等。这些领域都需要有新的框架和新的思路，现在各个国家都出台了不同的政策，比如说在数字经济方面，欧洲有自己的《通用数据保护条例》（GDPR），有它的规则，其他的一些国家也制定了自己的规则，各种组织也提出了自己的建议。但还是有很多不同的地方，那么怎么来协调，怎么形成全球共识，就显得特别重要。在当今这个世界环境里，科技进步、数字化、网络安全变得非常重要，对这些新的领域，我们必须及时行动起来，构建新的全球治理机制和治理框架。

第三个问题：要构建以 G20 为中心的全球治理的政治领导力。当我们讨论全球经济治理机制问题的时候，在表面上看到的是结构的不足，跟不上形势、不能覆盖新的领域，但是还要看到更深层次和更高层次的全球经济治理机制的政治领导力问题。布雷顿森林体系基本上是以 G7 国家为主要的全球政治领导力，但是今天全球经济结构发生了翻天覆地的变化，G7 的架构已经远远不能代表全球经济领域的政治力量。2008 年全球危机催生了新的二十国集团，也把全球金融论坛更新为全球金融委员会，这是历史的进步。但是现在 G20 还是缺乏常设机构来研究、建议和落实 G20 的政治决策，现实中我们观察到 G7 还在扮演全球领导力的角色，在每次 G20 会议之前它总是在内部先协调并提出意见，而我们也观察到 G20 的内部磋商也往往带有双边的色彩，因此很难实现 G20 决议的连贯性、可持续性和监督执行。在考虑改革和构建全球新的治理机制，覆盖和迎接新的主要挑战，提供全球公共产品的新全球治理机制的时候，也需要考虑顶层设计，就是构建 G20 成为全球经济治理机制的顶层领导力，把它的功能、地位、落实能力都具体化，把 G20 建成一个真正代表全球经济金融的政治力量，能够提供全球经济金融发展和稳定的政治领导力。这个也是特别重要的。这些问题都需要大量的基础研究和沟通，关心全球经济治理的各国政府和智库、研究机构都在积极探讨这些新领域的全球治理框架和政策。中国作为世界第二大经济体和世界最大的新兴经济和发展中国家，在这场改革和构建新的全球经济治理机制的辩论和探讨中有重大的世界、历史和国家责任，当仁不让。从 1945 年到今天，70 多年过去了，人类又一次面临新的共同挑战，又一次面临构建新的全球经济治理机制的重任，不能辜负历史，不能辜负当下，不能辜负未来，我们应当努力。

第六件全球大事要点：世界主要大国在新冠肺炎疫情中增加军事研发投入，除美中俄外全球均放弃本代装备研制，导致 2020 年全球军备投资增加。

防控疫情和提振经济成为 2020 年以来各国的首要目标，以军费这一政府支出为代表的财政政策或将启动实施。2020 年尽管疫情肆虐，但各主要大国均增加了对军事尖端技术研发的投入和武器装备升级。美国通过总额为7405亿美元的2021财年《国防授权法案》，军费连续6年上涨，其中专门拨付1000亿美元用于人工智能武器、高超声速导弹和军用5G等重点军事科技研发。英国宣布在未来4年增加约165亿英镑军费投入，聚焦网络、空天力量、人工智能等高精尖军事技术部署。日本2021财年防卫预算517亿美元，主要用于加强其武装力量在网络空间、外层空间和电磁波谱等新领域的作战能力。各主要大国在疫情中增加军事研发投入，并将人工智能、无人驾驶技术、网络数字等前沿技术优先运用于国防军事领域。与此同时，军事竞技领域不断延展空间领地，电磁频谱、太空、极地等战略新疆域成为大国竞争新高地。美国国防部发布新版《电磁频谱优势战略》；美空军提出在2021年组建专业的频谱战联队，以提升美空军在电磁频谱和电子战领域的作战能力。日本在《2021财年防卫预算案》中将电磁频谱作为重点强化的新领域之一，计划于2021年设立电磁波部队。太空作为战略制高点，开始成为大国竞争的新战场。美国加快推进太空军事化步伐，发布新版《国家太空战略》，强调强化太空感知能力、制定太空行为标准；研发“小林丸”太空跟踪系统和“太空篱笆”太空跟踪监视系统，并装备“反通信系统Block 10.2”太空攻击武器系统，进一步加强太空攻防能力建设。此外，美国还依托“阿尔忒弥斯协定”等计划，加强与盟国在太空领域合作，企图构筑太空联盟防线，利用联盟威慑维持太空霸权。俄罗斯继续完善太空通信、导航和遥感系统能力，并利用“努多利”系统验证反卫星能力。北约为应对新一轮太空竞争专门设立了北约太空中心，加强太空信息收集及作战理论研究。英国、法国、日本等相继设立太空司令部或成立太空部队，构建本国太空攻防体系，以应对未来太空威胁。随着全球气候变暖，北极地区的和平局势发生重大变化，极地成为军事领域竞争的新焦点。美国自2019年6月发布新版《北极战略报告》以来，已逐渐形成以参与极地大国竞争为主线、以强化极地军事实力为目标、以联合盟友为策略的一整套极地战略。俄罗斯发布《2035年前俄联邦北极国家基本政策》《北方航道发展计划》等战略，积极推进北极地区军事空天地一体化建设进程；先后部署了S－300、米格－31BM、苏－34多用途战机、反高超米波预警雷达及第二个防空师，打造面向实战的北极军事力量体系，强化对北极的军事控制能力。据美联社2021年2月25日报道，总统拜登下令向叙利亚、伊朗支持的民兵组织发动空袭，预计新一轮全球军费增长将启动。全球多数国家的武器装备研发已停滞超20年，以第四代航空装备为代表，除美、中、俄外，其余国家均放弃本代次研制。主力机型F－22自1981年开始研制，至今已40年，F－35研制项目自1996年启动研制招标，至今也有长达25年的间隔期。2020年，全球多个主要军事国家全面启动新一代装备研制，军备停滞期或结束，全球或迎来新一轮军备竞争期。

航空装备。各国重启下一代航空装备，剑指五代机、远轰。从全球范围来看，目前性能达到四代机标准并实现列装的战斗机仅有4款——美国的“F－35”“F－22”，中国的“J－20”以及俄罗斯的“Su－57”，主要是由于四代机的研发成本、制造成本都极高，拥有四代机需要较强的国防和科研实力。按我国标准进行划分，全球战斗机可划分为1—5代。“代”的划分以能力和技术两大类要素为标志，如动力系统、气动布局、综合航电、隐身技术等技术特征，构成了“代”的边界。四代机通常具备四个典型特征——隐身性、超声速巡航（不加力）、过失速机动和超强信息化。该代次飞机通过应用隐身技术实现“技术突袭”效果。隐身超声速战机能够快速抵达和撤离作战区域，扩大飞机作战半径，建立空中优势，做到“先敌发现、先敌发射、先敌摧毁”。

精确打击武器。高超声速武器重回重点。所谓高超声速武器，指的是至少以5倍声速以上的速度飞行，或者每小时飞行速度超过5000千米的可操控武器，主要有两大类：高超声速滑翔机和高超声速巡航导弹。高超声速武器成为国家顶层谋划前沿技术探索的核心内容，巡航弹迭代升级同步推进。美国国防部2021财年预算申请提出1066亿美元研究发展试验鉴定预算，突出高超声速、人工智能、5G/微电子和自主系统四项先进技术研发。俄罗斯先期研究基金会启动80余个研发项目，重点开发高超声速武器、耐热材料、超短距起降飞机、推进系统等。明确2021年内完成“锆石”高超声速巡航导弹。北约发布《2020—2040年科技趋势》报告，明确国防科技战略及新兴、颠覆性技术重点，包括大数据、人工智能、机器人、空间和生物技术及高超声速武器。

无人系统。低成本高强度分布式作战，各国争相研发辅助性无人装备。军用无人机是高空无人系统的典型代表，现已成为国家间军事博弈的重要方向。高端有人战机研制周期长、生产成本高、装备数量有限，较难承受大量消耗。提高无人机在强对抗环境中的作战能力、与有人机协同作战或独立自主作战，现已成为军事航空领域的重点发展方向。

当前全球地缘局势剧烈变化，科技快速发展，越来越多的国家拥有先进的传感器、低噪声潜艇、超声速和高超声速反舰导弹、无人平台等系统，更有效地执行防空、反潜、对海/对陆打击等海军作战任务。针对这一趋势，美国于2016年提出“分布式海上作战”（DMO）概念，通过部署诱饵、在舰艇上加入定向高能武器的方式来提高防御力。海上无人系统即根据这一思路诞生，主要分为两类：水面无人自主系统（以无人水面艇为代表）、水下无人自主系统（以无人潜航器为代表）。海洋装备新型号批产井喷，主战舰艇更新换代取得阶段性进展。2020 年国外海军新型舰艇建造持续推进，多型高能武器、动力能源装备技术发展取得重大突破，同时前沿技术也取得新进展。我们认为，世界各主要国家海洋装备新型号批产持续推进，揭示海工装备作战能力的共振性提升，从战略跟随角度看，预计我国海洋装备新一轮景气周期即将启动。

“全域战”是 2016 年美国陆军协会提出“多域战”概念后又一次具备基础性、根本性和全面性改革的联合作战形式，概念核心为推动联合作战向更多的空间/领域（陆、海、空、天、电、网、认知和社会域等）、更低的层级（战术级乃至武器平台之间的互联互通互操作）、更深的程度、各域能力的深度融合等方向发展。“全域战”概念本质上仍然为科技驱动逻辑。据《美军推行“全域战”的内在逻辑探析》分析，美军推行“全域战”概念，筑基于信息化联合作战这一基本作战形式，但实现其愿景却又不是现有信息技术可以完成的任务，尚需大量科技创新甚至是关键性技术突破的支撑。

第七件全球大事要点：全球产业链、供应链、创新链加速重塑。中国选择以内循环为主体的“双循环”驱动独领风骚。全球产业链呈现新态势，美国是产业链的最大变数。

新一轮科技革命和产业变革带来的新陈代谢和激烈竞争前所未有，特别是新冠肺炎疫情对全球产业链、供应链的部分环节形成冲击，促使人们从更多维度出发重新审视全球产业链的构建，全球产业链由此面临深刻调整。全球文献大数据科学遴选出代表性观点——学者倪红福 2021 年 4 月 8 日在《经济日报》发表的文章。文章提出的三个新态势比较有代表性：一是全球产业链的布局逻辑发生改变。基于世界各国对于安全的考量，产业链将朝着区域化和本土化的方向发展。短期内，全球产业链体系难以发生逆转性的变化，但各个国家已经开始加强对“安全”的考量，开始更多地强调自主可控，涉及民生以及国家命脉的战略产业的重要性显著提升。从中长期看，产业链的迁移和重构将提速，全球产业链的布局逻辑也将发生改变。未来部分产业将考虑纵向整合以缩短供应链条，本土化、区域化的产业链和供应链将加速形成。然而，将产业链完全迁回一国本土，几乎不可行。可能出现的情况是，对于关键产业链，有能力的国家将在自身周边建立比较完善的产业链条，同时实现供应商多元化，在全球多个地区生产同样的零部件；还有一些国家将继续参与大国主导的区域产业链，谋求产业升级和经济发展。在此进程中，中国超大规模市场和工业门类齐全等比较优势，将使东亚产业链发展得更为紧密。二是科技革命催化产业分工格局演变。当前，世界主要国家纷纷围绕核心技术、顶尖人才、标准规范等强化部署，力图在新一轮国际科技和产业博弈中掌握主动权，这直接催动全球产业分工格局发生变化。数字化、网络化、智能化新技术的发展应用，不仅带来了产业思维模式的改变、催发了新需求的产生，还将推动不同生产要素的相对重要性发生变化，进而导致不同国家间的资源禀赋优势发生变化，最终影响全球产业分工格局。三是服务业在全球产业链的地位凸显。随着服务业和服务贸易的发展，人们逐步认识到，服务业不仅仅是中间投入，而且已经深入到价值创造的活动中，渗透到物质产品的生产活动中。比如，服务业创造了大约 1/3 的交易制成品价值，研发、营销、财务和人力资源等都为物质产品的生产和进入市场提供了不可或缺的支撑；又如，跨国公司向其全球附属公司投入的无形资产蕴含着巨大的价值，包括软件、品牌、设计、运营流程以及总部开发的其他知识产权等，这些都是服务的范畴。特别是随着生产性服务业加快发展，服务业对于公司乃至国家更好参与全球贸易、更好在全球价值链上抢占优势地位愈发重要。总体上看，全球产业链的区域化、本土化，以及数字化、网络化和智能化发展，将是未来的长期态势。对于中国而言，需在稳定全球产业链、确保产业链安全与畅通上切实发力，发挥超大规模市场优势，加大关键核心技术攻关，提升制造业核心竞争力。同时，还要积极培育和发展国内产业链和区域价值链，构筑自主可控的全产业链体系。

全球产业链（或全球价值链GVC）的安全性问题，实际上是在参与国际分工的同时维持产业体系安全、不被锁定在国际分工低端的问题。这既是经济学家已经讨论了数百年的一个老问题，更是一个新问题。徐奇渊和东艳主持的曲江报告《全球产业链重构与中国选择》中重点讨论了中国在全球产业链中的地位和安全性问题。报告指出，在工业化社会，分工首先是在民族国家的范围内实行，然后才开始跨越国界，在世界范围内扩展。发达国家希望使本国具有比较优势的产业进入其他国家市场，充分利用规模效益带来的好处。而后发国家则利用关税等办法保护本国幼稚产业，使之不至夭折。所有国家都希望最终有一个相对完整且自主可控的产业体系。但在本国建立这样的产业体系同广泛参与国际分工存在矛盾：完善其自主可控的产业体系意味着安全性，但可能会导致生产效率的下降；反之，深度参与国际分工则意味着生产效率和经济增速的提高，但会削弱经济的安全性。

中国产业体系的安全性问题应该包含三个维度：对外依存度、完整性和应变能力。对外依存度过高对产业体系安全性的影响，大家都很熟悉，无需赘述。完整性问题可以从投入—产出矩阵的角度看，一个国家的各产业都是相互依赖的，缺少一个产业（或大类、中类、小类），其他产业都会受到不同程度的影响。保留一个相对完整的产业体系对中国这样的大国来说十分重要。适应性概念兼顾了效率与安全的考虑。例如，即便一个国家由于参与国际分工，产业体系不够完整，但该国具有强大的制造能力，一旦形势需要，该国就可以迅速补上短板。同通过一般贸易参与国际分工、实现产业升级相比，虽然加入全球价值链对促进经济增长、提高技术水平的积极影响是明显的，但对经济安全的负面影响也是显著的。最重要的是，重要的全球价值链是发达国家跨国公司设计和主导的，发展中国家一般只能被动接受跨国公司的安排，扮演加工者、组装者的角色。一旦发展中国家的公司由于某种原因在某个价值链中开始扮演重要角色，这家公司就会遭到全面打压。在考虑地缘政治因素后，全球产业链（或全球价值链）对产业体系安全性的负面影响就更突出了。全球价值链的形成是生产过程碎片化的结果。以集成电路为例，产业链分为芯片设计、晶圆制造、封装测试等环节，设计的起点是在美国，之后在日本制造晶圆，在中国完成芯片的封装测试，加工成为最终的消费品，又运回到美国进行消费，用全球价值链的概念来描述这种分工形式是比较合适的。全球产业链（或全球价值链）暗示了生产过程的线性，一环扣一环的顺序性。但以全球产业链（或价值链）的概念来描述20世纪70—80年代以来的新国际分工格局是不够的，因为国际分工的形式比全球产业链（或全球价值链）要复杂得多。以飞机的情况为例，飞机的设计和制造过程涉及十几个系统，这十几个系统的工作需要同时推进，并不是像芯片生产那样按照生产阶段划分的，从一个阶段到另一个阶段循环下去，而是几条生产线齐头并进，所以用产业链概念去描述大飞机生产链条就存在问题。曲江报告主要用的是价值链的概念，这是完全没有问题的。从方法论的角度看，曲江报告的最突出特点是大量采用了网络分析的方法。网络分析能够比较清楚地分析出中国企业在全球网络中的的地位。曲江报告利用网络分析的概念研究中国产品在全球供应上的脆弱性，用出口中心度和进口集中度指数测量中国产品在全球产业链上的脆弱性。出口中心度指数测量中国产品出口在多大程度上集中在少数国家；进口集中度指数测量某产品的中间产品供应在多大程度上依赖少数国家。需要注意的是，用这样一些数量的分析能不能解决实际问题？该报告认为有些问题是可以解决的，但有些问题是不可以解决的，任何一种方法都有它的局限性，比如网络分析存在一个非常重要的问题，它只重数量不重质量，在网络分析中，无法看出不同节点参与者的属性，以及不同网络线的质到底是什么，然而这是非常重要的，所以网络分析在这个方面存在缺陷。追求产业链位置的提高，可能会增加对外依存度。过去我们一直讨论中国要提高在全球产业链中的位置，位置要尽量往上升，这样可以相对减少脆弱性，增加安全性。但是经过大量的数量分析之后，曲江报告中得出的结论是，中国应该尽可能提高自己在全球产业链中的位置，从低技术、低价值端上升到高技术、高价值端，但这种位置的上升也可能会导致中国制造业的对外依存度增加，这意味着地位的升高对经济安全会造成影响。因此，不能只追求提高中国在全球产业链中的位置，或单纯向增值多的方向发展。在分析全球产业链重塑的过程中，我们将中美冲突作为一条主线，疫情冲击、数字化、绿色化作为三条辅线。《全球产业链重塑与中国选择》报告表示，数字技术带来的融合与两国信任度下降之间的矛盾，和意识形态冲突、“修昔底德陷阱”等命题纠缠在一起，使得中美之间的关系变得更为复杂和脆弱。对于全球经济格局而言，数字鸿沟、绿色鸿沟可能使得国与国之间的阶层更趋向于固化，后进发展中国家的赶超之路可能将更加艰难。

中国产业链的全球影响力和脆弱性同时并存。在全球高出口中心度的产品当中，中国在其中八成产品的出口上具有优势，供应链呈现出较强韧性，在两产品中并不具有优势，而且中国外贸呈现“大进大出”的特点，中国出口的一些高中心度产品本身的生产过程，也需要从国外进口大量的中间产品。相关研究从行业层面、国别案例等角度揭示了产业链的二元悖论：一国在某个产业链领域的全球竞争力、影响力，以及该国对这个产业链的完全自主可控、不依赖于对外国的进口，两个方面难以同时兼得。值得注意的是，这种悖论只存在于技术密集型行业，劳动密集型行业并不存在这种悖论。

曲江报告对拜登政府时代中美科技竞争的新趋势也做出了三方面展望：第一，中美在网络空间的技术竞争和对抗加剧，平行体系出现的可能性上升。第二，未来的中美科技竞争将进入全政府—全社会模式的融合国力竞争时代。第三，中美博弈围绕新技术的国际规则、国际话语权争夺将更为激烈。在全面建成小康社会、实现第一个百年奋斗目标之后，中国开启了全面建设社会主义现代化国家新征程、向第二个百年奋斗目标进军，这标志着中国进入了一个新发展阶段。与此同时，中国发展环境面临深刻复杂的变化。在此背景下，中央提出了“构建国内大循环为主体、国内国际双循环相互促进的新发展格局”。从供给视角来理解国内大循环，产业链升级优化、产业链安全是两个重点。总体上，产业链升级主要对应于中国经济发展阶段的更高要求，而数字技术和绿色经济的发展为产业升级提升了新的技术路线。同时，产业链安全主要对应于中美博弈和疫情冲击。当然，两方面的逻辑也有一定的交集。例如，中美摩擦不但使得中国更加重视产业链安全，而且也使得推进产业链升级优化更为紧迫了。出于这种外部压力的驱动，我们也强调产业链升级，但是其根本的出发点仍然是产业链安全。如果没有中美摩擦的背景，疫情冲击、数字化、绿色化这三个因素对全球产业链的影响将更具有中性意义。

例如，在没有中美冲突的背景下，数字化、绿色化这两个技术范式变化带来的影响，将更多体现为传统行业与新兴产业之间的更新迭代。但是有了中美冲突的背景，数字化以及伴随的信息全球化，对中美缺乏互信的状态提出了挑战，甚至进一步激化了中美互信赤字方面的矛盾。同时，有了中美冲突背景之后，绿色化作为中美之间少有的共识领域、合作领域的作用也更加突出了。正是从这个意义上来看，我们在分析全球产业链重塑的过程中，将中美冲突作为一条主线，疫情冲击、数字化、绿色化作为三条辅线。

中美冲突具有特殊复杂性。现有研究普遍注意到了中美冲突面临着意识形态方面的挑战，同时也可能面临着“修昔底德陷阱”式的挑战。同时，在数字技术发展的背景下，由于军民两用技术界限达到前所未有的模糊状态，这使得中美冲突也比历史上的相似案例更具有其特殊的复杂性。

当前，全球化已经从传统贸易一体化、生产一体化，演进到了数字化时代。相应的，全球化的跨境流动载体也从跨境商品销售、跨境资本流动，演进到了跨境信息流动。在数字化时代，海量信息的跨境流动关系到国家安全，因此军民两用技术界限、国家安全边界日益模糊。中美在数字化领域的遭遇和冲突，在美苏、美日等冲突当中是未曾有过的。这种数字技术带来的融合与两国信任度下降之间的矛盾，和意识形态冲突、“修昔底德陷阱”等命题纠缠在一起，使得中美之间的关系变得更为复杂和脆弱。这甚至决定了传统的贸易规则、投资环境等领域的冲突都退居次要矛盾的地位，而信息领域这样直接事关国家间顶层科技力量角逐、直接事关国家安全的冲突变得越来越突出和难以驾驭，甚至反过来进一步恶化了传统的贸易、投资领域之间的矛盾和冲突。我们也要尝试以更多的智慧和耐心来面对这一领域的冲突。

全球产业链重塑将呈现出：多元化、数字化、绿色化的特点。在新冠肺炎疫情冲击下，各国产业链均受到不同程度的影响，全球产业链面临巨大的不确定性。在此过程中，跨国公司开始反思其过去单纯以效率为主导的供应链管理思路，更多考虑效率和安全的平衡。甚至美国、日本等主要国家政府也开始反思其产业链政策，强调供应链的自主性和可控性，以社会成本作为产业配置的最终标准，对医疗、高科技等关键产业供应链布局进行调整，比如对国内应急供应链备份、引导关键产业的回流以及回归区域化、缩短价值链等。

“疫情终将过去，但世界从此不同。”疫情通过对政治逻辑、经济逻辑的冲击，影响到了全球产业链的重构趋势。我们的研究认为，未来全球产业链的发展将呈现出三个特征：首先，跨国公司将通过多元化产业集聚以增强产业链抗风险能力。多元化的过程，可能会导致中国面临一定程度的产业外移，但这与纯粹的产业外移不同。在此背景下，我们如何进一步改善营商环境，如何确保中国供应链体系的稳定性、可预期性，给全球的下游生产商提供信心和保证，将关系到中国未来在全球供应链中的地位。这对于评估中国对外国（尤其是对美国之外的国家）的经贸关系稳定性、权衡经贸制裁措施，也是一个重要的考虑因素。其次，随着全球要素禀赋格局的变化，全球产业链将在中长期呈现出知识化、数字化和资本化趋势。在此过程中，全球分工的比较优势格局将被重新定义。有一些国家虽然拥有劳动力成本比较优势，但是数字经济发展滞后，以及相关基础设施面临瓶颈。一般的发达国家在个人隐私保护和商业效率之间的权衡也面临更多障碍。相较而言，在推进产业链数字化、资本化的过程中，中国在研发，尤其是应用环节具有显著优势，但是也面临一定隐忧。尤其是美国机构给中国扣上所谓“数字威权主义”的帽子，并试图在网络世界和数字经济领域的国际标准中孤立中国，从而限制中国在数字化时代的竞争优势，这需要引起我们的高度重视。最后，生产方式的绿色化、低碳化，将主要影响到依赖能源出口，或正处于工业化进程中的发展中国家。气候变化因素使得后发国家的赶超过程又增加了一个额外的约束条件。在低碳化、绿色化的背景下，碳关税可能使出口导向模式的复制难度进一步上升。

2021 年 3 月，欧盟议会通过了“碳边界调节机制”（CBAM）的决议。作为一个参照，美国在 2008 年也对碳关税的立法进行了尝试，也就是《沃纳·利伯曼法案》。虽然该法案最终没有通过，但第 1306 条款也列出了免于征税的三类国家清单。这些享受豁免待遇的国家一般体量不大，其对于全球生产网络的影响也较小。但是另一些在最不发达国家之上，且仍处于工业化扩张阶段的国家（例如越南、印度）以及依赖于高碳资源的国家（例如石油出口国），其发展空间将可能面临额外约束。相对于这些国家而言，中国受到的影响较小。一方面，中国工业化进程已经从粗放型扩张进入到创新驱动阶段，出口贸易内涵的碳也已经开始下降。另一方面，虽然中国传统工业会受到冲击，但是中国的绿色技术、绿色产业、绿色金融市场发展较快，这使得中国能够缓释低碳化带来的冲击。总体上，全球产业链的多元化布局，可能使得部分发展中国家的产业发展暂时从中受益。但是在资金成本长期保持低位背景下，数字技术对劳动力的替代可能改变传统的比较优势逻辑，绿色低碳也将成为后发国家赶超的额外约束条件。种种迹象表明，印度、越南等后发经济体，甚至是全局意义上劳动力密集型、高碳资源密集型的后发经济体，其赶超的历史窗口期有可能将逐渐关闭。这个关闭的过程取决于数字化、绿色化生产方式的发展速度。对于全球经济格局而言，数字鸿沟、绿色鸿沟可能使得国与国之间的阶层更趋向于固化，后进发展中国家的赶超之路可能将更加艰难——对于中国而言，这方面的影响也是有利有弊，需要综合评估。

中国产业链的全球影响力和脆弱性同时并存。我们的研究显示，在全球高出口中心度的产品当中，中国在其中八成产品的出口上具有优势，供应链呈现出较强韧性。

根据联合国工业发展组织的分类标准，中国是唯一拥有全部大、中、小工业门类的国家。2017—2018 年，HS6 位码下全球贸易共包括 3556 种中间产品，中国在其中的 2247 种上出口规模位列全球前三；并且出口 858 种高中心度产品（该数量仅次于美国位居第二），中国在其中的 693 种中间品的出口规模位列全球前三（其中 444 种在 2017 年和 2018 年均排名第一）。为控制 2018 年中美贸易摩擦可能对已有贸易网络关系产生的影响，这里将 2017—2018 年出口中心度均位于前 25% 的产品记作高中心度产品。这意味着中国在高出口中心度的中间品贸易中，具有重要的出口优势。这也印证了为什么在 2020 年 2 月前后，中国在疫情防控期间对全球供应链的重要冲击，引发了全球社会的高度关注。2020 年 3 月联合国发布报告指出，全球约 20% 的制造业中间品贸易来自中国，如果中国的中间品出口下降 2 个百分点，将导致 45 个主要经济体出口下降约 460 亿美元，其中欧洲、美国、日本、韩国和中国台湾受影响最大。同时，也要客观理性地认识到中国供应链所面临的脆弱性。中国在两成高出口中心度的产品中并不具有优势，而且中国外贸呈现“大进大出”特点，中国出口的一些高中心度产品本身的生产过程，也需要从国外进口大量的中间产品。根据我们设计的产品层面复合脆弱性指标，电机—电气—音像设备、机械设备、光学—医疗等仪器是中国供应链脆弱性最高的三个行业。特别是电机—电气—音像设备行业的复合脆弱性指数是后两个行业的 3 倍以上，是中国供应链安全性值得高度关注的行业。报告还构建了指标体系，根据产业链的脆弱性将2017年中国进口的所有3285种中间品分为以下四类：第一类，62种中间品。其全球出口中心度、中国的进口集中度双高，这类中间品面临贸易摩擦和疫情等外部冲击时脆弱性最高，进行供应链备份的难度也最大。对于这类中间产品应重点关注和评估，特别是涉及国家安全和国家发展战略的，应考虑制定国家和产业层面的产业链安全规划，保障供应链安全性。第二类，812种产品。这类中间品中国的进口集中度较低，从现实来看这类产品的供应链脆弱性小。但是这些产品的全球出口中心度较高，因此未来存在恶化的潜在可能。尤其是如果涉及的是关键性产品和技术，虽然目前可能因为进口规模较小而容易分散、从而降低进口集中度，但在中长期如果这类产品进口规模明显上升，则其市场集中度也将不可避免地面临上升。在这种情况下，这类产品可能会转变成为第一类脆弱度最高的中间产品。对于这类产品，需要着眼于长期视角，加强产业链安全规划。第三类，759种产品。中国在这类产品上的进口集中度呈现聚集倾向，但是其对应的全球出口中心度较低。对这类产品可以考虑进一步分散进口来源。具体来说，中国约39.8%的高脆弱性产品进口市场集中度指数较高，但出口中心度指数较低，其中不乏电机—电气—音像设备、机械设备和光学—医疗等仪器产品。中国在这些产品上存在一定的产业链多元化空间，因此产业链安全性可提升的空间较高。第四类，还有1652种中间产品，其全球出口中心度、中国进口的集中度双双较低。这类产品的供应链脆弱性较小，而且地位较为稳定。这类产品超过全部中间品进口种类的50%，以及进口金额的48.2%，是中国进口供应链的稳定因素。当然对这部分的研究也存在缺陷：其一，HS6位码的分类还不够细致；其二，美国严格进行出口管制的产品，并不会体现在中国现实的进口贸易当中；其三，从表面上来看“卡脖子”卡在了具体的产品层面，但实际上是卡在了具体产品背后的专利技术、基础理论，甚至国际标准层面。

国家产业链的二元悖论及其权衡。报告从行业层面、国别案例等角度揭示了产业链的二元悖论：一国在某个产业链领域的全球竞争力、影响力，以及该国对这个产业链的完全自主可控，不依赖于对外国的进口两个方面难以同时兼得。首先，主要经济体的国别案例分析验证了该产业链悖论。即使包括美、日、欧在内的发达经济体、老牌工业强国和全球科技领域顶端的国家，实际上也同样强烈依赖于全球生产网络。在国别研究中发现，各国越是具有国际竞争力的产业，则对外国的进口中间品贸易就越是依赖，其脆弱性越强。例如，日本、韩国、美国的半导体产业都很强，但其脆弱度排在第一名的产业却都是电子—电气产业。同时，英国、法国、德国、意大利的机械制造业比较强，但其脆弱度排名第一的行业是机械设备。再如，法国是空客飞机的生产国，但其航空器、航天器及其零件产品的脆弱度也排到第三位。其次，对中国制造业的分行业数据进行分析，我们验证了在中国的密集型行业中存在产业链悖论，但是在劳动密集型行业中并不存在这种悖论。在这个经验研究当中，我们一方面建立了中国制造业分行业的对外依赖程度指标，另一方面使用了对外经贸大学的全球价值链指标体系（UIBE GVC）来刻画该行业在全球所处的地位（竞争力）。在控制了其他变量的影响之后，我们发现：在技术密集型行业中，随着中国某个行业在全球价值链地位的上升，该行业对外依赖程度也将呈现上升趋势。值得注意的是，这种悖论只存在于技术密集型行业，劳动密集型行业并不存在这种悖论。这可能是由于劳动密集型行业的产业链较短，比较容易实现在一国范围内的循环。最后，在所有国家当中，美国对产业链悖论的处理值得中国学习。美国在产业链悖论问题上如何实现了较高效率的平衡？研究发现，美国通过政治关系、国家间的同盟实现了产业链安全的保障。如果仅考虑经济因素，中国的全球供应链风险低于美国。但是在考虑政治关系、断供能力后，中国的全球供应链风险显著提升，但美国面临的风险则变化不大。相较于美国，中国的全球供应链风险更容易受到政治因素的影响。从美国的案例来看，在一定条件下产业链安全与竞争力可以兼得，从而也可以对前述的“产业链悖论”约束实现突破。2021 年 6 月 8 日，美国白宫发布了关键领域供应链百日评估报告。该报告中再次提及美国需要强化政治关系，从而维护供应链安全。这表明美国也意识到了政治关系对供应链安全的重要性，以及关于政治关系恶化对美国供应链可能造成潜在破坏作用的担忧。可见，中国在提升产业链安全水平的过程中，为了同时兼顾产业链的国际竞争力，需要营造与主要国家良好的政治关系，同时加强与断供能力弱的国家的供应链联系。

从空间布局上来看，全球文献大数据科学遴选出具有代表性的观点——中国产业链面临着三个调整方向：外移、内迁、区域重组。但是上述三个调整方向本身是中性的描述，对于其结果不能一概而论。或者说，三者均可能出现有利于中国的结果，当然也可能出现不利的结果。从不利的情形来看：产业过度外移可能导致中国的产业空心化。政策过度干预导致的产业向内地迁移，可能导致资源的低效配置。美国主导的产业链区域重组，可能使其生产网络向北美地区收缩，同时亚太地区其他国家为了控制价值链风险，也可能进一步减少对中国依赖。从有利的情形来看，合意的产业外移，是中国产业升级自然发生的过程，而且有助于形成以中国为关键节点的国际分工网络，扩大中国产业链的国际影响力。发挥中国的市场、技术优势推动的区域产业链整合，也将有助于更好推动区域经济一体化，使得中国经济更加深度融入到区域分工网络当中。因势利导地发挥中西部地区的比较优势，实现产业链向内地的迁移。以越南为例，我们对中国产业链外移进行观察，并对其性质进行了研究。2020 年，越南超过韩国成为了中国第三大出口目的国。以此现象作为切入点，报告就中国对越南快速增长的出口进行了拆解，从而在一定程度上回答了中国向越南产业转移的成分和性质。中国对越南的出口有两大特点：第一，中国向越南出口的大部分产品是中间品，而不是为了满足越南的最终需求。第二，中国企业对越南直接投资和产业转移是带来对越南中间品出口上升的重要原因。事实上，中国向越南的直接投资和产业转移，使得中越在国际分工上的关系更为紧密，部分中国对欧美国家的顺差转变成了中国对越南，以及越南对欧美的顺差，使中国国际收支失衡过于集中的压力得以减轻。可见，现在的中越经贸关系较类似于此前的日中经贸关系：中国已经成为全球价值链的重要节点，越南则有成为次级节点的潜力。但在如前文所述，从长远来看，全球产业链的数字化、绿色化趋势将对越南的发展空间形成一定的挑战。对于巩固国内产业链、做好中西部地区产业链承接，提出四点建议：第一，中国可以执行梯度税收优惠。中西部地区可以试点对标东南亚国家，加大减税降费力度，以税收政策工具引导和支持产业有序转移，加强省际协调，减少横向税收竞争。要特别改善中西部地区政府的激励约束机制，提升市场化水平和政府效率，改善政企关系。第二，在市场主体方面，推动内资中小企业发展壮大，使其逐步摆脱服务外资的“代工”地位，塑造稳就业、增利润、育品牌的三赢局面。第三，在中西部边境省份可以积极与越南、缅甸开展劳务合作。越南、缅甸劳动力成本低，年轻劳动力资源充裕，可在中国广西、云南等边境省份布局中低端劳动密集型产业，尝试“中国产业链＋越南劳动力”的经济一体化模式，通过提供语言培训、学历教育等方式吸引越南年轻劳动力入境学习、工作，这样既可以缓解中国年轻劳动力短缺，又可以通过引入境外劳动力要素把产业链留在国内。第四，在区域产业链重组方面，疫情冲击下欧洲汽车产业链的暂停对东亚国家造成的冲击，给我们带来了启示：汽车产业可能适合作为东亚区域产业合作的抓手。高度集成的汽车产业链是全球化生产的典型代表。受疫情冲击，2020 年 3—4 月欧洲汽车行业生产停顿，一方面导致中国汽车零部件面临进口中间品的断供冲击，另一方面则减少了欧洲从日、韩进口汽车部件的需求。在此背景下，日、韩供给与中国进口需求具备对接的可能性。尤其是从二级、三级等次级供应商来看，日本、韩国的汽车供应链可能与中国的汽车供应链形成有效匹配。汽车产业作为高度集成的产业，适合作为东亚产业链合作的抓手。尤其是在新技术、新能源革命的背景下，传统汽车产业与人工智能、绿色能源紧密相联，而且中国、日本、韩国等东亚国家在新兴汽车产业中各自都具有一定优势。中国在人工智能、无人驾驶领域较为领先，产业配套网络齐全、市场规模巨大，中国有望成为东亚区域汽车产业链合作的枢纽。但是我们也要看到，东亚地区的经济一体化合作在相当大程度上受制于地区内的政治关系，东亚地区的产业合作在该领域也面临一定挑战。

第八件全球大事要点：数字货币发展势不可挡，全球央行数字货币风起云涌。

数字货币可以认为是一种基于节点网络和数字加密算法的虚拟货币。放眼全球，各国央行数字货币领域风起云涌。据国际清算银行 2021 年 1 月发布的数据显示，全球 80% 的央行正在研究数字货币，10% 的央行即将发行本国央行数字货币。欧盟密集出台了《人工智能白皮书》《欧洲数据战略》《欧洲新产业战略》

等政策文件，以绿色新政和数字基础设施建设为具体途径，重点支持人工智能、量子通信、机器人制造、5G通信网络、数字信息服务平台、绿色交通和能源一体化等领域的研发工作，构建欧盟自主掌控的先进数字信息平台和高端制造业体系。法国、瑞典、泰国已开始测试数字货币，委内瑞拉近15%的加油站已使用石油币，美国对数字货币的态度也由消极转向积极。新冠肺炎疫情全球流行加速了向非接触式交易的迁移，并强调了所有人获得安全、及时和低成本支付的重要性。随着技术平台将私人数字货币引入美国支付系统，以及外国当局探索央行数字货币（CBDC）在跨境支付中的潜力，美联储正在加紧对CBDC的研究和公众参与。美联储理事布雷纳德（Lael Brainard）在CoinDesk 2021大会上表示，公众参与的一个重要早期步骤是计划在当年夏天发布一份讨论文件，以阐述美联储目前对数字支付的看法，特别关注在美国与CBDC相关的好处和风险。CBDC四个方面的发展——数字私人货币的作用越来越大、向数字支付的迁移、在跨境支付中使用外国CBDC的计划以及对金融排斥的担忧——正在强化我们对CBDC的关注。第一，一些技术平台正在开发用于支付网络的稳定币。稳定币是一种数字资产，其价值以某种方式与传统的价值储存方式挂钩，例如政府发行的法定货币或黄金。根据稳定币所关联的资产、用户使用稳定币兑换取锚定资产的能力、是否允许非托管钱包以及中央发行人有责任兑现赎回权的程度等方面存在的不同，不同稳定币之间差异很大。与央行法定货币不同，稳定币没有法定货币地位。根据背后的安排，有些稳定币可能使消费者和企业面临风险。如果被广泛采用，稳定币可以作为以新的私人货币形式为导向的替代支付系统的基础。鉴于与实现支付规模相关的网络外部性，存在一种风险，即广泛使用私人货币进行消费者支付，可能会使美国支付系统的某些部分碎片化，从而给家庭和企业带来负担并增加成本。私人资金占主导地位可能会带来消费者保护和金融稳定风险，因为它们具有潜在的波动性和类似奔跑行为的风险。事实上，在19世纪美国私人纸币发行人之间存在激烈竞争的时期，现在因支付系统的低效率、欺诈和不稳定而臭名昭著。这导致需要有国家政府支持的统一形式的货币。第二，新冠肺炎疫情流行加速了向数字支付的迁移。甚至在疫情流行之前，瑞典等一些国家就已经看到从现金支付向数字支付的明显迁移。在某种程度上，数字支付排挤了现金的使用，这引发了一个问题，那就是如何确保消费者能够安全获得中央银行货币。在美国，疫情流行导致加速向数字支付迁移以及对现金的需求增加。虽然现金的使用在某些时候激增，但消费者和企业已经明显转向通过电子支付促进的非接触式交易。全球文献大数据科学遴选出代表性观点——布雷纳德表示，美联储仍然致力于确保公众能够获得安全、可靠的支付方式，包括现金。作为这一承诺的一部分，我们必须探索并尝试预测随着时间的推移，家庭和企业的需求和偏好可能会在多大程度上进一步迁移到数字支付上。第三，一些国外地区和国家选择开发并在某些情况下部署自己的CBDC。尽管每个国家都将根据其独特的国内条件决定是否发行CBDC，但在一个司法管辖区发行CBDC及其在跨境支付中的突出用途，可能会对全球产生重大影响。鉴于CBDC在跨境支付中获得突出地位的潜力以及美元的储备货币作用，美国参与制定跨境标准至关重要。第四，这场大流行凸显了所有美国人获得及时、安全、高效和可负担的支付的重要性，以及与没有银行账户和银行服务不足相关的高昂成本。虽然大部分疫情救济金通过直接存入银行账户迅速转移，但以预付借记卡和支票的形式向那些在国税局没有最新银行账户信息的家庭分发救济金需要数周时间。向这些家庭支付救济金的挑战凸显了通过数字方式更快、更便宜、更无缝地交付资金款项的好处。政策考虑在对 CBDC 的任何评估中，重要的是要清楚 CBDC 将提供哪些超出当前和新兴支付选项的好处、CBDC 可能带来的成本和风险，以及它可能如何影响更广泛的政策目标。我们将简要讨论几个最突出的考虑因素。保留获得安全中央银行货币的一般途径。中央银行货币对于支付系统很重要，因为它代表了一种安全的结算资产，允许用户交换中央银行负债而无需担心流动性和信用风险。消费者和企业通常不会考虑他们使用的货币是央行的负债（如现金），还是商业银行的负债（如银行存款）。这主要是由于提供了联邦存款保险和银行监管，这两者在大多数情况下可以无缝互换，为消费者和企业提供保护。参考法定货币新形式的私人货币（如稳定币）能否提供与银行存款或法定货币相同级别的保护，这一点并不明显。尽管各种联邦和州法律都为用户制定了保护措施，私人货币的非银行发行人不像银行那样受到监管，存储在这些系统中的价值不受联邦存款保险公司直接保险的保护，消费者可能面临发行人无法履行其债务的风险。新形式的私人货币可能会以新的方式将交易对手的风险引入支付系统，这可能会导致消费者的保护面临威胁，或者在更大范围内导致更广泛的金融稳定风险。相比之下，数字美元将是一种以数字形式发行的新型中央银行货币，供公众使用。通过在数字支付系统中引入可供家庭和企业使用的安全中央银行货币，CBDC 将降低交易对手的风险以及相关的消费者保护和金融稳定风险。提高效率一个预期的好处是，CBDC 将减少甚至消除支付、清算和结算方面的运营和财务效率低下或其他摩擦。今天，消费者和企业在支付后获得资金的速度可能会有很大差异，在依赖某些工具（例如支票）时长达几天，在实时支付系统中则为几秒钟。技术进步，包括分布式账本和智能合约的使用，有可能从根本上改变支付活动的方式以及金融中介和基础设施的作用。CBDC 的引入可能为美国零售支付的有益创新和竞争提供重要基础。最直接的是，随着 Fed Now SM 服务的推出，我们正在迈出关键的一步，建立强大的基础，这是一种新的即时支付基础设施，计划在两年内投入生产。Fed Now 服务将使美国各地各种规模和社区的银行能够全天候、全年无休地提供安全高效的即时支付服务。通过使用该服务的银行、消费者和企业将能够方便地发送和接收付款，例如在移动设备上，收款人将可以立即获得资金。促进竞争和多样性并降低交易成本。如今，某些零售支付交易的成本很高，而且对最终用户而言并不总是透明的。各种支付提供商和支付类型之间的竞争有可能增加企业和消费者的选择，降低交易成本并促进最终用户服务的创新，尽管它也可能导致当前支付系统的碎片化。通过提供数字形式的安全中央银行货币，CBDC 可以为私营部门竞争的蓬勃发展奠定重要基础。减少跨境摩擦跨境支付，例如汇款，是数字货币最引人注目的用例之一。众所周知，跨境支付的中介链长、复杂、成本高且不透明。数字化以及中间商数量的减少，在降低跨境支付所需的成本、不透明度和时间方面具有相当大的潜力。虽然引入 CBDC 可能是解决方案的一部分，但需要在标准制定和防止非法活动方面进行国际合作，以实现成本、及时性和透明度的实质性改进。美国正在通过国际清算银行、支付和市场基础设施委员会以及 G7 与国际同行合作，以确保美国与国外 CBDC 相关的发展保持同步。美国正在参与多项国际努力，以提高跨境支付的透明度、及时性和成本效益。鉴于美元作为储备货币的重要作用，从一开始就参与制定可能适用于 CBDC 的任何国际标准非常重要。补充货币和银行存款任何支付创新的指导原则是它应该改进现有的支付系统。消费者可以通过私人银行账户和中央银行发行的货币获得可靠的货币，这些货币构成了当前零售支付系统的基础。任何

CBDC的设计都应该补充而不是取代货币和银行账户。保持金融稳定和货币政策传导 CBDC的引入有可能产生广泛的影响，关于CBDC如何影响金融稳定和货币政策传导存在悬而未决的问题，一些研究表明，引入CBDC可能会增加在出现金融压力时刻导致存款逃离弱势银行转而持有CBDC的风险。其他研究表明，竞争的加剧可能会导致交易账户的条款更具吸引力，以及银行系统存款的整体增加。银行在信贷中介和货币政策传导以及支付方面发挥着关键作用。因此，任何CBDC的设计都需要包括防止银行脱媒和更广泛地保护货币政策传导的保障措施。虽然考虑CBDC可能导致与当前支付系统相关的风险的方式至关重要，但相对于私人货币占主导地位的支付系统，它可能会增加弹性。为保护隐私和金融完整性，任何CBDC的设计都需要既保护家庭支付交易的隐私，又防止和追踪非法活动，这将需要对身份进行数字验证。有多种方法可以保护支付交易的隐私，同时识别和防止非法活动并验证数字身份。实现这些关键目标需要跨政府机构合作分配角色和职责，以防止非法交易，并明确确定如何保护消费者的金融数据。提高金融包容性。今天，5.4%的美国家庭无法使用银行账户以及其提供的相关支付选项，截至2017年，还有18.7%的家庭银行服务不够。无法使用银行账户给这些家庭带来了沉重的负担，他们的财务弹性往往很脆弱。在疫情最严重的时候，家庭难以获得救济金相关的挑战，凸显了所有家庭都拥有交易账户的重要性。

美联储关于加强《社区再投资法案》的提议，强调了银行为服务不到和不够的社区提供免费、低收费账户和其他银行服务的价值。Fed Now服务的一个核心目标是通过存款机构提供对即时支付系统的无处不在的访问。CBDC可能是应对实现无处不在的账户访问这一挑战的更广泛解决方案的一部分。根据设计，CB-

DC可能有能力降低交易成本并增加对数字支付的访问。在紧急情况下，CBDC可以提供一种快速直接转移资金的机制，为最需要帮助的人提供快速救助。更广泛的金融包容性解决方案还需要解决维护交易账户的任何障碍，以及维护活跃账户的最新记录，以覆盖大部分人口的需要。为了探索这些更广泛的问题，美联储正在开展金融包容性研究。亚特兰大联邦储备银行正在发起一项公私部门合作，作为支付包容性特别委员会，以确保以现金为基础的弱势群体能够安全地使用数字支付并从中受益。这项工作得到了克利夫兰联邦储备银行的一项新举措的补充，该举措旨在探索CBDC增加金融包容性的前景。该计划将确定CBDC的设计特点和交付方法，重点是推动目前不使用传统金融服务的个人能够使用。技术考虑美联储的多学科团队正在调查与支付、清算和结算方面的数字创新相关的技术和政策问题，包括与美国CBDC相关的潜在收益和风险。例如，联邦储备委员会的TechLab小组正在对货币、支付和数字货币的潜在未来状态进行研究和实验。第二组数字创新政策计划正在考虑与数字支付兴起相关的广泛政策问题，包括与CBDC相关的潜在收益和风险。为了深化我们对CBDC技术设计的研究，波士顿联邦储备银行正在与麻省理工学院（MIT）的数字货币计划合作开展汉密尔顿项目，以使用领先的技术设计选项构建和测试一个假设的数字货币平台。这项工作旨在研究CBDC核心处理的可行性，同时对一系列政策决策保持关注。麻省理工学院和波士顿联储计划将记录通过核心处理实现区域上分散交易吞吐量目标的能力，并为代码创建开源许可。后续工作将探索解决额外要求（包括弹性、隐私和反洗钱功能）将如何影响核心处理性能和设计。银行活动受监管的银行机构也在进行研究和实验，以探索新技术来增强自身的运营，并响应客户对数字资产托管等服务的需求。虽然分布式账本技术可能具有提高效率、增加竞争和降低成本的潜力，但数字资产带来了更高的风险，例如与银行保密法/反洗钱、网络安全、价格波动、隐私和消费者合规相关的风险。美联储正在积极监测该领域的发展，与行业和其他监管机构合作，并努力找出任何监管、监督和监督框架的差距。鉴于一个银行机构的决定可能会对其他机构产生影响，公众参与鉴于数字私人货币在更广泛的数字支付迁移中的作用越来越大，外国 CBDC 在跨境支付中的潜在用途以及金融包容性的重要性，美联储正在加紧研究并推进公众参与数字美元。国会议员和行政机构也在探索这个重要问题。如上所述，为了给这些努力提供信息，美联储计划发布一份讨论文件，就与美国 CBDC 相关的支付、普惠金融、数据隐私和信息安全等一系列问题征求公众意见。美联储是致力于确保为所有美国人服务的安全、包容、高效和创新的支付系统。俄罗斯是国内大型金融机构中数字化程度比较深、数字货币积极趋势比较显著的国家，是世界上向无现金支付过渡速度最快的五个国家之一，非接触式转账和支付的数量每年都在大幅上升。俄罗斯央行数字货币（CBDC）的积极场景改变了立法，积极显著地转向加密货币及其在现代金融世界中的地位问题。俄罗斯央行的政策主要集中在消除围绕加密货币的话语权，数字资产可以作为抵押、买卖和交换的对象，但不可以用作支付手段。

近年来，俄罗斯央行的数字货币发展速度进入快速上升期。在 2017 年圣彼得堡国际经济论坛上，俄罗斯央行副主席公布：俄罗斯央行正在进行大量的数字货币实验，旨在研发一种国家数字货币，全世界的监管部门都认为目前是研发国家加密货币的最佳时机，这就是未来。每个国家都会确定具体的时间，俄罗斯的试点项目完成之后，我们就会了解到哪些系统适合运行国家货币。事实上，在 2016 年 4 月，她就对国家数字货币进行公开评论，认为公有链和私有链协议混合的“混血网络”能够创造出一个统一的分布式账本，最终用于发行国家数字货币。首先，它将提高支付服务的可及性，降低支付服务的成本。这是许多银行的担忧，因为它可能导致客户外流。他们担心的是，央行方便、便宜的电子钱包可能会比目前使用的应用更受青睐。加密货币与数字卢布不同，不符合货币监管机构和税务系统的利益，也不涉及中央义务人。如今，俄罗斯的支付系统已经相当发达。即时转账、二维码、非接触式支付和便捷的银行应用界面，都可以让用户使用，所以向数字卢布过渡对消费者的吸引力还不明显。银行机构对公开客户账户及其交易信息不感兴趣。数字卢布的实施将导致数据库的唯一所有者是俄罗斯中央银行。其次，数字卢布也可以被定义为一种独立的货币，它既有数字货币（电子货币）的优点，又有货币的优点，它具有独特的特征，以及类似纸币的系列和编号。支持者强调，从长远来看，这将导致彻底消除影子经济，不可能进行任何洗钱活动，因为数字货币交易的任何阶段都很容易被追踪。俄罗斯中央银行提供的数字卢布技术机制考虑了三种选择：去中心化分布式登记册、中心化数据库和涉及第一种和第二种组合的混合选择。使用分布式登记册和混合选项可以确保更高的交易安全水平，这被数字卢布的支持者宣称为一个优势。这些方案的缺点是，与第二种方案相比，性能相对较低，而且缺乏普遍接受的会计和其他报告标准的实施。中心化登记册方案胜在其处理高负荷的能力，但由于其脆弱性而输掉了。这也意味着所有的用户数据都存储在一个地方，对数据的访问完全由中央银行控制。目前大多数商业银行机构都在使用这样的存储系统，并没有给央行带来优势。黑客入侵一个中心化存储的数据库，比获取基于区块链系统的密钥更容易。因此，任何中心化的数据库都会先验地更容易被网络犯罪分子利用。俄罗斯央行在报告中指出，如果央行在推出阶段选择去中心化的分布式注册方案和智能合约，交易速度会受到影响，但安全性会提高。2019 年，俄罗斯央行提出了四种数字货币模式：第一种模式是在没有个人和法人参与的情况下，由央行向其他金融机构实施电子钱包进行银行间结算，不过作为最没有前途的模式，目前还没有进一步发展的计划。第二种模式是将电子钱包的开通和维护完全置于央行的控制之下，这让银行业感到警惕。在这种模式下，存在流动性外流的风险。第三种和第四种模式则赋予金融机构和银行一些中介功能，让客户在熟悉的条件下，在熟悉的平台和应用上开通电子钱包。

俄罗斯数字货币的法定职能是“交换”，不可“支付”。2020 年 7 月 31 日，俄总统普京签署《数字金融资产和加密货币调解法》，其要点是：可以在俄罗斯与数字金融资产进行交易，买卖加密货币，但将禁止将它们用作支付手段。该法律出台前，俄“专家评级”机构负责银行评级的主管伊万·乌克烈英认为，这将对俄金融市场基础设施产生积极影响。关于监管加密货币前景的不确定性将被消除。制定该法草案的国家杜马（议会下院）金融市场委员会主席阿克萨科夫在接受“今日俄罗斯电视台”（RT）采访时说：“这部法律的主要任务是为在金融结算中更广泛使用数字技术赋予合法性，为这一交易市场制定官方游戏规则。”根据《数字金融资产和加密货币调解法》，数字金融资产指的是在信息系统中发行、清算和流通的数字资产权利。数字资产可以作为抵押、买卖和交换的对象，但不可以用作支付手段。俄金融市场将因此获得一种新的投资工具，会对整个经济产生积极影响。据他介绍，企业将能够利用数字资产与外国合作伙伴建立合作并加深贸易联系。公民可以从信贷机构购买数字资产。但在此有一个条件：如果某种数字资产的发行不是在俄法律框架内进行的，就不可能从俄罗斯信贷机构购买。不受俄罗斯法律约束的数字资产只能在国外平台上购买。该法将数字货币定义为信息系统中包含的电子数据（数字代码或符号）的集合体。阿克萨科夫解释说，加密数字货币不是货币单位。加密货币的民事流转受到限制。为什么俄罗斯央行数字货币的法定职能在交换时不可用作支付？“由于数字货币的合法化将对卢布构成威胁，因此数字货币不能在俄罗斯支付任何商品和服务。在法律框架内，卢布向来并且仍然将是俄罗斯唯一的合法支付手段。从一开始，俄罗斯央行就没有考虑过加密数字货币可以与卢布平起平坐，没设定过这样的目标。”当然，俄罗斯禁止使用数字资产作为支付手段，在很大程度上与当局希望将数字资产的金融诈骗风险降至最低有关。“如果允许将数字资产用作支付手段，那么会出现逃税、滥用资金、非法套现和向国外转移资金等很多漏洞。此外，由于无法跟踪支付过程，还将为不怀好意者资助恐怖组织提供便利。”也有专家认为，《数字金融资产和加密货币调解法》只是加密货币流通的第一部框架法，并未使加密货币在传统理解上合法化。国家杜马数字经济专家委员会成员波雅尔科夫认为，该法可能造成一种局面，即部分交易处于合法领域，而大部分市场首先是支付领域处于灰色区域。

俄罗斯央行数字货币（CBDC）的优缺点。数字货币的优点是提高金融交易效率、降低金融系统风险、推动金融科技创新。俄罗斯央行发行的数字货币的优缺点：俄罗斯中央银行一直研究、跟踪、分析发行央行数字货币的正面和负面影响，最近他们发布了前期的研究结果，旨在进一步探索央行数字货币的潜在用例。根据俄罗斯央行最新的研究，首先质询了央行数字货币是否能够在未来出现，并概述了在市场中推动央行数字货币可能引发的一系列潜在利益，比如可以降低交易成本、为市场提供更具流动性的资产。俄罗斯央行解释说，央行数字货币这种解决方案，能够在支付和储蓄易用性方面成为一种更好的金融工具，继而最大限度地降低交易成本。不过，虽然监管机构可以通过央行数字货币来追踪交易，但他们似乎并不鼓励用户采用这种支付方式，因为这样会对他们的隐私有所影响。

俄罗斯央行数字货币对俄罗斯传统商业银行的影响。俄罗斯央行的研究指出，当处在一个通货膨胀率低且利率适中的经济环境中时，央行数字货币可能会与传统商业银行的存款产生竞争关系。实际上，俄罗斯央行并不是第一个分析央行数字货币潜力的中央银行，此前瑞典、乌拉圭、加拿大、乌克兰和英国等国也在努力了解央行数字货币如何影响经济，以及是否会对改善某些行业领域有所帮助。但一直到现在，这些国家都没有发行央行数字货币。唯一不同的可能是委内瑞拉，它是唯一一个推出政府支持的虚拟货币“石油币”（Petro）的国家，但时至今日这个数字资产似乎并没有流通运作起来，而仅仅是作为规避美国和其他国家经济制裁的一种手段。一份最新报告称，2020 年以来暗网市场上的加密货币流动量——涉及非法毒品和武器贩运、汇款和非法资金转移——四年来首次翻了一番。因此，俄罗斯一直在更新有关使用数字货币的行贿和反洗钱的法律，以帮助数字经济的健康发展。

中俄数字货币合作前景及其影响。俄罗斯数字货币营业额 1/3来自中国商人。据报道，莫斯科的一些货币兑换商店和个人交易员正在提供用卢布和美元快速匿名购买和销售加密货币的服务。俄罗斯领先的《韦多莫斯提商业日报》（Vedomosti）进行的一项调查发现，这类似于臭名昭著的 20 世纪 90 年代的情况，当时外汇交易在大街上被敲定。现在，任何人都可以带着一袋现金去办公室，将其改为加密货币交易，而无需证明自己或资金来源。Vedomosti 在报告中写道，目前拥有最大市值的比特币（BTC）和以太坊（ETH）等加密货币受到俄罗斯交易员的欢迎。它们的流通、与法定货币的兑换以及用于商品和服务的支付，既不被允许，也不被官方禁止。与此同时，该文件指出，央行、税务机关和海关部门在很大程度上仍是隐形的。总部位于莫斯科的另一家公司国际加密货币中心（International Cryptocurrency Center）表示，每天有 10—15 名客户。该中心与爱沙尼亚的阿里迪卡资产管理公司（Aridika Asset Management）合作从事数字资产交易。该刊物 Vedomosti）还声称，莫斯科交易所登记的交易额中有 30% 来自莫斯科主要批发市场的商家，如莫斯科、萨多佛和美食城。2021 年早些时候，俄罗斯媒体报道称，其中大多数是中国公民，他们从中国进口商品时使用加密货币进行跨境支付。Vedomosti 估计，在 Bitfinex 和 Binance 费率的基础上，兑换店每天的平均佣金为 1.5%—2%，每天大约能赚 40 万美元。有消息显示，俄罗斯定购银行数字货币兑换机是要兑换中国人民币。路透社莫斯科 2021 年 5 月 24 日电称，俄罗斯央行总裁纳比乌里娜（Elvira Nabiullina）表示，俄央行看到存在数字化本币的需求，计划在 2022 年开始测试数字卢布。俄罗斯正致力于在现有的现金和非现金卢布的基础上推出数字卢布，以便利个人和企业的支付，并在面对西方制裁的情况下使卢布的使用更加全球化。同时，美国联储局理事布雷纳德表示，联储局正在加紧研究数字美元的潜在发展。她表示，作为世界储备货币的发行国，在数字支付越来越普遍、其他国家开发可用于跨境汇款的数字货币的时候，美国必须高度参与，并确保美国民众能够获得安全的央行资金。布雷纳德表示，在美国政府能够推进具有包容性和安全性的数字货币之前，需要解决重大的政策问题和技术问题。政策制定者亦需要在开发数字货币方面取得平衡，令这种货币在为家庭提供隐私的同时，亦可防止非法活动。美国亚特兰大联储银行总裁博斯蒂克（Raphael Bostic）表示，迅速发展的加密货币与数码金融是不可忽视的趋势。博斯蒂克出席网上研讨会时称，加密货币发展蓬勃，也是极度波动的市场，现时仍未可视之为类似美元的传统货币替代品。博斯蒂克认为，稳定货币已经接近成为传统货币替代品水平，但仍有众多工作有待完成。总的来说，如今中国和俄罗斯纷纷提出为数字货币制定更为标准化的规则，将进一步助推各国研发数字货币的进程，这无疑也会对美元霸权造成一定的冲击。

第九件全球大事要点：新冠肺炎疫情深度肆虐全球，全球经济停滞分化，严重制约国际社会正常交往，给人类生命健康带来重大威胁，给国家安全带来重大危机，给全球经济治理带来重大挑战，世界大变局呼唤加快构建人类命运共同体。

新冠肺炎疫情突发，危及国家根本利益，国家安全的基本态势发生改变，呈现新态势：一是国家安全战略的优先次序发生改变，全球生物安全上升为各大国国家安全的首要战略问题，人类共同安全面临威胁挑战。二是各类安全危机在疫情中集中呈现，安全危机的源头呈多发态势，传导性大幅增加，国家安全要素的联动性急剧增强。三是疫情重创全球经济往来，国家安全成为大国调整经济贸易交往和产业链重构的首要目标。新冠肺炎疫情不仅造成了短期的经济损失，还留下了潜在的长期创伤，这可能进一步加剧分化趋势。主要问题之一是学校的关闭会威胁到一整代儿童的成长。在新兴市场和发展中经济体中出现这样的断层，代价尤其高昂。因为在这些国家，远程学习实际上并不可行。如果不加以解决，那么人员技能和受教育程度的下降将产生长期影响，加剧不平等并引发社会动荡。政府必须迅速采取行动，确保所有学龄儿童都能从远程教育中受益。政府必须提供代金券，帮助家庭购买电脑等信息技术设备。政府也要确保来自贫困家庭的大量辍学学生重返校园。政府也应制订计划，让学生们弥补漏掉的课程。

不仅各国之间正出现分化，国家内部也正出现分化，令人担忧。数百万民众因封城而失去工作、陷入长期失业，而且许多人已经放弃寻找工作。在很多国家，低技能工人、女性和青年（在一些难以保持社交距离的行业中，他们的比重很高）的失业率上升最多，这又加剧了在新冠肺炎疫情前就存在的不平等状况。受新冠肺炎疫情推动，工作的自动化趋势有所加速，这是上述群体需要面对的另一个重大劳动力市场变化。用人单位加快技术运用，以减轻工人的健康风险，为未来的冲击做好准备。自助结账机取代了便利店的收银员；聊天机器人代替了呼叫中心的接线员。这些技术变革可以通过提高生产率、增加产出和提高生活水平改善整体经济，尽管在一定程度上支持与否定该结论的证据都存在，但可以确定的是，低技能工人最容易被机器所取代。另外，新冠肺炎疫情改变了商业版图，首当其冲的就是中小企业。在一些国家，中小企业吸纳了2/3 的劳动力，在受新冠肺炎疫情打击最为严重的密集接触型行业——如休闲、酒店、住宿和文娱等行业，中小企业在其就业中的比例更高。由于这些行业的需求持续疲软，长期的健康危机意味着许多中小企业将走向破产。过早实施退出政策支持会加速这一进程。随着中小企业的衰落，大量工作岗位可能消失，其中有一部分将永久消失。与其他行业相比，在受社交隔离措施严重影响的行业，中小企业员工的财富将相对下降。各国应为可持续经营但陷于困境的企业提供信贷担保、股权类融资以及类似的保障性措施；为下岗职工提供支持，包括更慷慨的失业保险、再培训援助、帮助工人转向新兴行业，这对修复劳动力市场至关重要；应放宽有关福利的获取资格，这将为在本次疫情中深受影响的工人提供支持。这类措施不仅会缓解失业工人的经济困难，还将减少疫情对收入和生产率产生的长期潜在的不利影响，同时降低与失业有关的死亡率的上升。为抗击新冠肺炎疫情，多个疫苗的研发在创纪录的极短时间内获得了成功，全世界已向结束这场百年来最严重的危机迈出了一大步。但为避免各国未来前景出现巨大分化，科学界、医学界、各国政府、多边机构应当一起行动起来。为早日化解疫情给人类生命健康和国家安全带来的重大威胁，2020 年各主要经济体均在国家安全战略上做出及时调整，并迅疾投入科研力量，就新冠疫苗研发展开极速竞赛。

习近平总书记创造性地提出总体国家安全观，倡导共同、综合、合作、可持续的全球安全观，中国更加主动有为地维护国际和平与安全，更加积极应对传统和非传统安全挑战，更加深度参与国际反恐合作和军控、裁军、防扩散进程。中国制定出台《生物安全法》，将生物安全纳入国家安全体系，同时在疫苗研制和生产上走在世界前列。美国发布《2020—2030 年国家流感疫苗现代化战略》，发布《保护生物经济》报告，从国家战略高度拟定保护和发展生物经济的长久方案。欧盟发布《欧盟疫苗战略》，加速开发、生产新冠疫苗；同时发布《欧洲药物战略》，以推动形成具有前瞻性和抗危机能力的欧盟制药体系。世界卫生组织启动“全球新冠疫苗供应计划”，提出在 2021 年底前为成员国提供 20 亿剂新冠疫苗。截至 2020 年 12 月，全球已发表新冠病毒相关研究文章 20 万余篇，已有累计 214 款疫苗处于不同临床实验阶段，7 款疫苗已投入使用，各国“预购”的新冠疫苗超过 77 亿剂，全球与新冠肺炎疫情相关的一系列生物安全基础研究和应用研究进入爆发期。

疫情给社会经济发展、人民生活健康带来了巨大的负面影响，这是毋庸置疑的，但我们大可不必拘泥于这些负能量的东西，我们还要分析疫情带来的正面影响。世界范围内的新冠肺炎疫情仍然肆虐着，从国内国外疫情防控的过程和效果，我们至少可以得到这样三点基本判断，或者是基本结论：第一，我们的执政体制是合格的。所谓的执政体制，也就是人们常说的“中国模式”。新冠肺炎疫情似乎是一次世界范围的“模考”，面对悄无声息的大考，有西方所谓的民主体制，有我们的“中国模式”，还有其他的各种体制，从目前看，“中国模式”效果最佳，可以说如果中国体制不过关，那就没有第二个国家敢说过关了。疫情防控彰显了中国体制显著的政治优势。第二，中国完备的工业经济体系具备再次跃升的基础和前提。新冠肺炎疫情对各国经济的打击可以说是毁灭性的，许多国家和城市几乎“停摆”。中国在疫情稍有好转后，便大力推动复工复产，仅以口罩生产为例，根据市场需求，中国可以一夜之间冒出无数条生产线，供全世界急需。而许多所谓发达国家，由于多轮的产业转移，工业体系早已支离破碎。中国有广大的发展纵深，即使沿海发达地区制造业转移至中西部地区，仍然是在国内这个大的工业体系之内。中国完备的工业经济体系、庞大的内需市场，将促进中国经济风景这边独好。第三，中华文化的显著特征让我们更加充满自信，中华文化的国际影响力（软实力）将会更加深远。中国传统的民本思想，中国共产党人的“以人民为中心”的执政理念，在这次疫情防控中得到很好的体现。

在疫情中，电子商务、远程办公、在线教育、物流自动化等数字业态蓬勃兴起，物联网、分布式云、区块链、人工智能等数字技术创新成为科技发展中的重要“亮点”。全球领先技术咨询公司Gartner发布的“2020年十大战略科技发展趋势”中七项涉及数字技术，包括超自动化、透明度与可追溯性、边缘赋能、分布式云、自动化设备、实用型区块链和人工智能安全。世界经济合作组织发布的《2020 年度十大新兴技术》中三项涉及数字技术，包括空间计算、数字医疗、量子传感器。

展望未来，世界各国抗疫形势依然严峻，世界经济会在重挫后开启复苏之旅，科学技术推动社会不断发展进步的进程不会停止。随着各国纷纷采取更严厉的管控措施，以及多种多批疫苗上市量产接种，预期疫情可能迎来拐点。面对疫情给全球经济、安全环境带来的重创，以及对人类生活带来的重大影响，世界各国将采取更加积极的政策措施，应对后疫情时代的经济发展和社会秩序重建。美国拜登政府上台后会大幅修正特朗普的政策偏颇，强化国内事务治理，重回多边主义体系，以期恢复美国在经济、科技及国际事务中的主导或领导地位。美国及其欧洲盟友将全力谋划新时期“跨大西洋国家伙伴关系”及重点工作，促进在危机处置、民主制度、供应链重建、技术治理等方面形成共识和合力，以重新主导世界秩序。经济形势影响各国未来研发投入预算，新冠肺炎疫情触发各国围绕国家安全加紧实施产业链、供应链重构。新冠肺炎疫情对世界各主要经济体的经济形势均产生重大影响，并进一步影响未来各国研发投入增长。从已公布的信息看，美国联邦政府 2021 财年预算申请中，研发费用与 2020 财年相比缩减了 8.8%，欧洲基础研究的主要资助机构——欧洲研究委员会的资金也遭到削减。欧洲多国虽已承诺增加科研支出，如德国承诺在 2030 年前向科学机构额外投资 180 亿美元，预算每年稳定增长 3%，英国政府宣布将研究资助从现在每年 110 亿美元增加到 269 亿美元，但如果经济复苏不力导致财政吃紧，这些承诺最终可能成为空头支票。相较欧美地区，亚洲地区受疫情影响相对更小，中国、日本、韩国等国有望进一步加大研发投入力度。新冠肺炎疫情危机暴露出全球产业链与供应链安全的脆弱性，未来世界各国会加紧实施产业链、供应链重构，多元化、本土化成为重要趋势。如美国联合澳大利亚、印度、日本、新西兰组建“繁荣经济网络”以重构关键领域供应链，解决对中国的过度依赖问题；欧盟启动“2030 年和 2050 年欧盟战略性技术和产业关键原材料”的前瞻性研究和“关键原材料行动计划”，意图摆脱对中国稀土等关键原材料供应的依赖；日本、印度、澳大利亚也已就启动三方“供应链弹性计划”进行磋商。这些计划和措施会在 2021 年得到具体落实和推进，对全球产业链格局、国家产业链安全、技术流通路径等产生重要影响。新冠肺炎疫情深刻影响与改变世界，生物威胁、生物安全引发全球高度关注。后疫情时代，各个国家将重新制定、调整和完善生物安全战略，加大生物技术研发力度，全面提升生物安全保障能力。与此同时，在新冠肺炎疫情期间，以人工智能、云计算、大数据、机器人、数字孪生为代表的智能、数字、无人化技术迎来爆发应用，并赋能相关产业，孕育巨大潜力。2021 年，各国政府、机构、私人部门必将加大对这些新兴技术的投入力度，助推这些新兴技术迎来突破式发展。当然，相关技术的广泛应用必然引发网络安全、隐私保护、数字鸿沟等问题，世界经济合作组织发布《2021 年全球技术治理报告》就指出，人工智能、区块链、数字出行等新兴技术可能被滥用而产生数据泄露、网络攻击、自动驾驶决策失误等消极后果。美国智库机构发布《技术 2021：数字创新与民主倡议》报告，将创建安全的数字身份和韧性数据架构、互联网隐私规则、全球数字交易规则、人工智能治理原则等列为美国新一届政府应重点关注的关键议题。欧盟制定《欧盟安全联盟战略 2020—2025》，提出探索身份信息防盗用、增强数字调查执法能力；通过《数字运营韧性法案》，保障数字金融参与者权益、减轻网络攻击并加强外包监管。可见，数字等技术风险防范和治理规则建立将是未来各国政府管控安全风险的重点所在。

拜登政府采用多边主义和长线思维，通过重返现有国际组织、重塑技术规则、领导技术标准制定等，增强美国自身科技创新能力并维持其科技霸主地位。拜登政府仍将中国视为最重要的战略竞争对手，高度重视中国新兴技术和产业发展对美国的冲击，因此会持续加强对中国在人工智能、量子、半导体、5G 等关键核心领域进行打压遏制，这些领域的中美竞争会更加激烈；美国新政府会大幅改善与科学界的关系，并综合施策，刺激人才、资金、技术等创新要素向美国集聚，推进关键产业领域的“去中国化”及制造业回流进程，领导建立国际技术贸易新规则和技术应用新标准。尤其需要警惕的是，拜登已明确表示将联合盟友对中国进行遏制打压。在未来几年，美国新一届政府或通过强化对华多边出口管制、建立民主国家技术联盟、主导科技规则话语权等形式，体系化地加强对华科技遏制力度，限制中国经济科技崛起，保持美国未来技术和产业的全球领导地位。由此，中国科技领域的外部安全风险仍会持续存在，部分领域风险继续加大。鉴于新冠疫苗开始接种、系统性大型经济体持续获得政策支持以及企业和家庭日益适应社交隔离措施，国际货币基金组织在 2021 年 1 月《世界经济展望》中上调了 2021 年全球经济增长的预测值。但这一预测充满了不确定性，并凸显出了各国前景的巨大差异，唯有全球一致团结应对，在全球经济治理上加强合作与协商才是正确优化方向。

坚持生命至上，中国正从以治病为中心转变为以人民健康为中心，全面提高人民健康医疗水平。习近平总书记指出，人民健康是社会文明进步的基础，是民族昌盛和国家富强的重要标志，也是广大人民群众的共同追求。要站位全局、着眼长远，聚焦面临的老难题和新挑战，拿出实招硬招，全面推进健康中国建设。

当今，数字健康医疗、精准健康医疗是全球医疗卫生健康的重要发展趋势，这是将互联网、物联网、大数据和人工智能等前沿技术集成应用于医疗卫生健康的领域，可以实现健康医疗服务的数据化、标准化和智能化。国家数字医疗健康是互联网等信息技术在医疗行业的赋能与新应用，为城乡居民提供安全、高效、方便、价廉的卫生医疗服务，切实保障人民群众身体康健和精神健康。国家数字医疗健康全要素覆盖了以互联网为载体和技术手段的卫生医疗体系的各个基本功能单位。PSM的泛在现实与基层场景：当前和未来一个时期，从事关人民健康医疗的“全局和整体”“关键和要害”“一般和日常”等泛在现实与基层场景，在综合集成的基础上，研究建立卫生医疗的基线，优化卫生医疗各种要素，按照国家“十四五”规划布局，提升医护人员培养质量与规模，扩大儿科、全科、麻醉科、精神科、老年医学等短缺医师和注册护士规模，特别是重点区域疾控中心建设、医疗资源要素优化等。在健康教育、医疗信息查询、电子健康档案、疾病风险评估、在线疾病咨询、电子处方、远程会诊及远程治疗和康复等泛在现实与基层场景中，保障城乡居民多种形式需求的健康医疗服务。

要倡导健康文明的生活方式，树立大卫生、大健康的观念，把以治病为中心转变为以人民健康为中心，建立健全健康教育体系，提升全民健康素养，推动全民健身和全民健康深度融合。要加大心理健康问题基础性研究，做好心理健康知识和心理疾病科普工作，规范发展心理治疗、心理咨询等心理健康服务。建设国家数字健康医疗新型工程，在未来一个时期实现“把以治病为中心转变为以人民健康为中心”这一事关全民健康的重大“转变”。

第一，坚持党对医疗健康工作的全面领导与政府对公立医院的主导地位，充分发挥互联网、大数据、人工智能、区块链等高技术作用，是高质量泛在现实的充要条件。要加大对卫生健康领域的科技投入，发挥新型举国体制的优势，走综合集成工程技术路线，集中力量开展核心技术攻关，持续加大重大疫病防治经费投入，加快补齐中国在生命科学、生物技术、医药卫生、医疗设备等领域的短板。要坚持正确的卫生与健康工作方针，依托新型医疗健康的大工程和大平台建设，以基层为重点，以改革创新为动力，预防为主，中西医并重，将健康融入所有政策，人民共建共享。

第二，要坚持基本医疗卫生事业的公益性，加强国家医学中心、区域医疗中心、医疗健康工程中心、县级医院建设的综合集成工程分级管理运营，加快优质医疗资源扩容和区域均衡布局，让广大人民群众就近享有公平可及、系统连续的预防、治疗、康复、健康促进等健康服务。高度重视新一代信息技术应用，加快“互联网＋医疗健康”发展。要着力推进县域医共体建设，改善基层基础设施条件，落实乡村医生待遇，提高基层防病治病和健康管理的能力。

第三，要坚持提高医疗卫生服务质量和水平，让全体人民公平获得。要坚持正确处理政府和市场关系，在基本医疗卫生健康服务领域政府要有所为，在非基本医疗卫生健康服务领域市场要有活力。要优化医疗健康资源合理布局，统筹应急状态下医疗卫生机构动员响应、区域联动、人员调集，建立健全分级、分层、分流的传染病等重大疫情救治机制，完善城乡三级医疗服务网络。

第四，要完善数字医疗公共卫生健康法律法规。要有针对性地推进传染病防治法、突发公共卫生事件应对法等法律制定和修订工作，健全权责明确、程序规范、执行有力的疫情防控执法机制。数字医疗需要更多的法律法规来监管、制约和支持，来保障数字医疗的服务质量。政策层面中国需要加强制定相关的数字健康医疗主体条件或资格审查准入机制以及监管措施，形成数字医疗跨行业的监管体系、技术标准和产业政策。普及公共卫生安全和疫情防控法律法规，推动全社会依法行动、依法行事。

发挥制度优势，走综合集成工程技术路线，统筹疫情防控和经济社会发展，坚定不移贯彻以预防为主方针，坚持防治结合、联防联控、群防群控，努力为人民群众提供全生命周期的卫生与健康服务。要重视重大疾病防控，优化防治策略，最大程度减少人群患病；要重视少年儿童健康，全面加强幼儿园、中小学的卫生与健康工作，加强健康知识宣传力度，提高学生主动防病意识，有针对性地实施贫困地区学生营养餐或营养包行动，保障生长发育；要重视重点人群健康，保障妇幼健康，为老年人提供连续的健康管理服务和医疗服务，努力实现残疾人“人人享有康复服务”的目标；关注流动人口健康问题，深入实施健康扶贫工程。创新和完善国家数字医疗健康全要素的市场化配置，是建设统一开放、竞争有序市场体系的内在要求，是坚持和完善社会主义基本经济制度、加快完善社会主义市场经济体制的重要内容。为深化包括数字医疗健康要素在内的要素市场化配置改革，促进要素自主有序流动，提高要素配置效率，进一步激发全社会创造力和市场活力，推动经济发展质量变革、效率变革、动力变革。2020年4月9日，中共中央、国务院印发了《关于构建更加完善的要素市场化配置体制机制的意见》，对土地、劳动力、资本、技术、数据五大要素市场化配置提出了明确要求，这为保障人民健康与国家数字医疗健康全要素的市场化配置提供了政策支撑：

第一，人民健康医疗的泛在现实和基层场景的总体要求：坚持以习近平新时代中国特色社会主义思想为指导，全面贯彻党的十九大和十九届二中、三中、四中全会精神，坚持稳中求进工作总基调，坚持以供给侧结构性改革为主线，坚持新发展理念，坚持深化市场化改革、扩大高水平开放，破除阻碍要素自由流动的体制机制障碍，扩大要素市场化配置范围，健全要素市场体系，推进要素市场制度建设，实现要素价格市场决定、流动自主有序、配置高效公平，为建设高标准健康医疗体系、推动人民健康高质量发展，全面优化现行制度安排，抓住重点领域与关键环节着力推进改革深化，健全医疗保障法律法规，开好局起好步。

第二，人民健康医疗的泛在现实和基层场景的基本原则：一是市场决定，有序流动。充分发挥市场配置资源的决定性作用，畅通要素流动渠道，保障不同市场主体平等获取生产要素，推动要素配置应依据市场规则、市场价格、市场竞争，实现效益最大化和效率最优化。二是健全制度，创新监管。更好发挥政府作用，健全要素市场运行机制，完善政府调节与监管，做到放活与管好有机结合，提升监管和服务能力，引导各类要素协同向先进生产力集聚。三是问题导向，分类施策。针对市场决定要素配置范围有限、要素流动存在体制机制障碍等问题，根据不同要素属性、市场化程度差异和经济社会发展需要，分类完善要素市场化配置体制机制。四是稳中求进，循序渐进。坚持安全可控，从实际出发，尊重客观规律，培育发展新型要素形态，逐步提高要素质量，因地制宜稳步推进要素市场化配置改革。“十四五”医疗保障从覆盖全民走向普惠公平，全体人民“一个不少”地被医疗保障制度所覆盖，公平主要体现在筹资责任合理分担和待遇标准统一上。

第三，人民健康医疗的五大要素：一是推进土地要素市场化配置：建立健全城乡统一的建设用地市场、深化产业用地市场化配置改革、鼓励盘活存量建设用地、完善土地管理体制。二是引导劳动力要素合理畅通有序流动：深化户籍制度改革、畅通劳动力和人才社会性流动渠道、完善技术技能评价制度、加大人才引进力度，畅通海外科学家来华工作通道。三是推进资本要素市场化配置：完善股票市场基础制度、加快发展债券市场、增加有效金融服务供给、主动有序扩大金融业对外开放。四是加快发展技术要素市场：健全职务科技成果产权制度、完善科技创新资源配置方式、培育发展技术转移机构和技术经理人、促进技术要素与资本要素融合发展、支持国际科技创新合作。五是加快培育数据要素市场：推进政府数据开放共享、提升社会数据资源价值、加强数据资源整合和安全保护。全要素泛在现实，建立以支定收理念更加符合以人民健康为中心和全民医保制度内在要求，这种理念指导下的医疗保障实践还能够倒逼筹资责任走向均衡和权责边界清晰。

2021 年 7 月 9 日下午，中共中央总书记、国家主席、中央军委主席、中央全面深化改革委员会主任习近平主持召开中央全面深化改革委员会第二十次会议，审议通过了《关于加快构建新发展格局的指导意见》。意见明确指出：要坚持问题导向，突出针对性和可操作性，选取真正的重点堵点难点集中攻关，打好攻坚战和组合拳，以重点突破带动引领发展格局的战略转型。要持续深化供给侧结构性改革，统筹推进重要领域和关键环节改革，强化有利于提高资源配置效率、有利于调动全社会积极性的重大改革。要把满足国内需要、改善人民生活品质摆在更加突出位置，更多关注人民群众的获得感、幸福感、安全感。要坚持全国一盘棋，更好发挥中央、地方和各方面积极性，推动部门高效联动、区域协同发展。要加强统筹指导，督促地方和部门找准服务和融入新发展格局的切入点，更好服务和融入全国新发展格局，绝不能脱离实际硬干，更不能为了出政绩不顾条件什么都想干。要强化底线思维，有效防范应对重点领域潜在风险，守住新发展格局的安全底线。这为新阶段新格局提供了根本遵循，为国家健康数字、健康医疗全要素的泛在现实和基层场景指明了方向。

习近平总书记强调，要聚焦影响人民健康的重大疾病和主要问题，加快实施健康中国行动，深入开展爱国卫生运动，完善国民健康促进政策，创新社会动员机制，健全健康教育制度，从源头上预防和控制重大疾病，实现从以治病为中心转向以健康为中心。2020 年 12 月 28 日，为深入贯彻落实《中共中央　国务院关于深化体制机制改革加快实施创新驱动发展战略的若干意见》《关于深化中央财政科技计划（专项、基金等）管理改革的方案》（国发〔2014〕64 号）等决策部署，规范和加强国家工程研究中心建设及运行管理，加快提高创新能力，国家发改委发布了 2020 年第 34 号令暨《国家工程研究中心管理办法》的通知。通知指出，国家工程研究中心（简称“工程中心”），以国家和行业需求为出发点，通过建立工程化研究、验证设施和有利于技术创新、成果转化的机制，培育、提高创新能力，搭建产业发展与科技创新之间的桥梁，推动产业关键共性技术、前沿引领技术、现代工程技术、颠覆性技术创新，加快科研成果向现实生产力转化，促进重大科研成果转化应用以及产业基础高级化和产业链现代化。国家发展改革委根据有关重大战略部署、重大规划实施、重大工程建设、重点区域创新发展等需要，遵循“少而精”的原则，择优择需部署建设工程中心。国家发展改革委会同有关方面研究提出工程中心建设领域布局，并采取适当形式发布通知。这为具备工程中心建设条件与要求的健康医疗教学、科研机构，整合资源承担人民健康医疗责任的科学家、教育家和企业家，提供了发展机遇与创业平台。

习近平总书记明确要求，把人民健康放在优先发展战略地位，努力全方位全周期保障人民健康，加快建立完善制度体系，保障公共卫生安全，加快形成有利于健康的生活方式、生产方式、经济社会发展模式和治理模式，实现健康和经济社会良性协调发展。要深化医疗卫生体制改革，加快健全分级诊疗制度、现代医院管理制度、全民医保制度、药品供应保障制度、综合监管制度，合理制定并落实公立医疗卫生机构人员编制标准并建立动态核增机制。优化人民健康医疗保险现行制度安排，是以人民健康为中心的前提和基础。进一步明确法定医疗保险制度的主体地位与功能定位。取消医保个人账户，矫正法定医疗保险的制度性缺陷。积极稳妥地推进筹资责任均衡化和医保待遇清单统一。提高法定医保制度统筹层次，在全面做实市级统筹的基础上，积极推进省级统筹，进一步推进法定医疗保险制度整合。优化事关人民健康医疗保险的各种政策，凝神聚力形成合力，促进人民健康医疗提质增效，不断提高人民生活质量，增强人民健康医疗的获得感、幸福感、安全感。要坚持基本医疗卫生事业的公益性，加快优质医疗资源扩容和区域均衡布局，让广大人民群众就近享有公平可及、系统连续的预防、治疗、康复、健康促进等健康服务。要大力弘扬伟大抗疫精神，认真总结疫情防控中经过实践检验的经验和模式，用制度形式予以固化。要加强国际交流合作，完善我国参与国际重特大突发公共卫生事件应对工作机制，履行国际义务，发挥全球抗疫物资最大供应国作用，推动构建人类卫生健康共同体。

第十件全球大事要点：世界科技全面步入量子时代，工业化、产业化、数字化突飞猛进。科学技术的广度和深度深刻揭示了世界科技前沿不断向宏观拓展、向微观深入的趋势和特征。

习近平总书记在 2020 年 9 月 11 日的科学家座谈会上要求我们“不断向科学技术广度和深度进军”。爱因斯坦预言：“未来科学的发展，无非是继续向宏观世界和微观世界进军。”宏观世界大至天体运行、星系演化、宇宙起源，微观世界小至基因编辑、粒子结构、量子调控，都是当前世界科技发展的最前沿，而宏观和微观世界的科学研究成果又会深刻影响和有力推动事关人类生存与发展的科技进步。中国科技实力正在从量的积累迈向质的飞跃、从点的突破迈向系统能力提升，科技创新取得新的历史性成就：一是基础研究和原始创新取得重要进展。基础研究整体实力显著加强，化学、材料、物理、工程等学科整体水平明显提升。在量子信息、干细胞、脑科学等前沿方向上取得一批重大原创成果。成功组织了一批重大基础研究任务，“嫦娥五号”实现地外天体采样返回，“天问一号”开启火星探测，“怀柔一号”引力波暴高能电磁对应体全天监测器卫星成功发射，“慧眼号”直接测量到迄今宇宙最强磁场，500 米口径球面射电望远镜首次发现毫秒脉冲星，新一代“人造太阳”首次放电，“雪龙二号”首航南极，76 个光子的量子计算原型机“九章”、62 比特可编程超导量子计算原型机“祖冲之号”成功问世。散裂中子源等一批具有国际一流水平的重大科技基础设施通过验收。二是战略高技术领域取得新跨越。在深海、深空、深地、深蓝等领域积极抢占科技制高点。“海斗一号”完成万米海试，“奋斗者”号成功坐底，北斗卫星导航系统全面开通，中国空间站天和核心舱成功发射，“长征五号”遥三运载火箭成功发射，世界最强流深地核天体物理加速器成功出束，“神威·太湖之光”超级计算机首次实现千万核心并行第一性原理计算模拟，“墨子号”实现无中继千公里级量子密钥分发。“天鲲号”首次试航成功。“国和一号”和“华龙一号”三代核电技术取得新突破。三是高端产业取得新突破。C919 大飞机准备运营，时速 600 千米高速磁浮试验样车成功试跑，最大直径盾构机顺利始发。北京大兴国际机场正式投运，港珠澳大桥开通营运。智能制造取得长足进步，人工智能、数字经济蓬勃发展，图像识别、语音识别走在全球前列，5G移动通信技术率先实现规模化应用。新能源汽车加快发展。消费级无人机占据一半以上的全球市场。甲醇制烯烃技术持续创新带动了我国煤制烯烃产业快速发展。四是科技在新冠肺炎疫情防控中发挥了重要作用。科技界为党和政府科学应对疫情提供了科技和决策支撑。成功分离出世界上首个新冠病毒毒株，完成病毒基因组测序，开发一批临床救治药物、检测设备和试剂，研发应用多款疫苗，科技在控制传染、病毒溯源、疾病救治、疫苗和药物研发、复工复产等方面提供了有力支撑，打赢了一场科技抗疫战。五是民生科技领域取得显著成效。医用重离子加速器、磁共振、彩超、CT等高端医疗装备国产化替代取得重大进展。运用科技手段构建精准扶贫新模式，为贫困地区培育科技产业、培养科技人才，科技在打赢脱贫攻坚战中发挥了重要作用。煤炭清洁高效燃烧、钢铁多污染物超低排放控制等多项关键技术推广应用，促进了空气质量改善。六是国防科技创新取得重大成就。国防科技有力支撑重大武器装备研制发展，首艘国产航母下水、第五代战机歼-20正式服役、东风-17弹道导弹研制成功，中国在高超声速武器方面走在前列。实践证明，中国自主创新事业是大有可为的！中国广大科技工作者是大有作为的！中国广大科技工作者要以与时俱进的精神、革故鼎新的勇气、坚忍不拔的定力，面向世界科技前沿、面向经济主战场、面向国家重大需求、面向人民生命健康，把握大势、抢占先机，直面问题、迎难而上，肩负起时代赋予的重任，努力实现高水平科技自立自强！

当前中美科技竞争的新趋势、新驱动力来源于两个方面：数字时代新技术的快速发展，以及新上台的拜登政府与前任政府的不同理念。在数字空间，美国毫无疑问已经将中国视为最大的竞争对手，这场战略性的竞争将会在未来数十年中持续。在这一点上，拜登政府与特朗普政府有共同之处。但与此同时，拜登政府在科技领域扼制中国的思路与前任又有显著不同。从专利技术层面，对中国在全球科技竞争中所处的地位进行了全面客观的评估。曲江报告基于过去20年全球专利技术数据研究显示，中国的国际专利呈现出四个方面的特征：数量巨大，核心专利占比低，近5年来进步神速，但“偏科”严重，专利技术大量集中在数字通信领域。将中国与美国核心专利的行业分布进行比较，还可以看到：尽管中国在2020年已经成为全球PCT专利数量最多的国家，但是就PCT核心专利的总体层面、分行业层面而言，中国与美国、日本仍有很大差距。我们应客观认识到这种差距，处理好自主创新与国际科技合作的关系，积极参与全球科技治理与合作。2021年2月4日，拜登总统在其首次外交政策讲话中将中国定位为“最严峻的竞争对手”，称其挑战了美国的“繁荣、安全和民主价值观”，但只要符合美国的利益，美国就准备与中国进行合作。具体而言，拜登政府更加关注科技遏制政策的负面影响。拜登政府在竞选中获得了科技公司的广泛支持，其候选委员会的前10位捐款人中，谷歌、微软、亚马逊、苹果和Facebook占了5席（而特朗普的前25位捐款者中根本没有大型科技公司），副总统哈里斯与硅谷的关系更是密切。拜登政府必然会对特朗普时期两败俱伤的对华科技政策做出调整，充分考虑科技遏压措施对美的负面影响。回顾特朗普时期的对华科技遏制政策，其在以下三方面已经显现出了负面影响：其一，美国对华过宽的出口管制损害了美高科技公司商业利益，从而影响其研发投入；其二，美国对华人员交流过于严格限制也损害了美国特定高科技领域的研发人力资本；其三，美国的国际科技合作中心位置相对弱化。贸易战以来美中科技合作降温，但与此同时中欧、中日科技合作增强，部分弥补了中美科技合作下滑的空缺。基于上述背景，拜登政府更加关注对华科技竞争政策的负面影响，因此其政策框架的三方面特征将更为明显：第一，加大美国自身的科研投入；第二，以原有和新增先进技术为特征的精准扼制政策；第三，借助盟友圈和多边平台的杠杆，在关键技术领域形成针对中国的“盟友圈”，缩小中国的外交回旋空间。在拜登政府时代，对中美科技竞争的新趋势做出了三方面展望：

第一，中美在网络空间的技术竞争和对抗加剧，平行体系出现的可能性上升。作为大国竞争的一个核心场域，地缘政治对抗使国家安全概念极度泛化，供应链安全与数据安全成为当今大国竞争的焦点。由于竞争性上升，国家间合作意愿大大降低，多边治理机制的有效性下降。在美国的大力鼓动下，两个平行体系出现的可能性上升。但是由于中美在全球产业链中的互相嵌入程度极深，两个平行体系出现的过程可能在很大程度上被推迟或面临阻滞。我们的研究就显示：美国的出口管制政策在制裁华为的同时，也对华为的美国供应商产生了显著的反向冲击。而且，制裁华为的金融市场反应不仅会影响供应商，同时还会形成行业扩散效应。在华为供应商所在的9个行业中，至少有3个行业存在显著的行业扩散效应，并且覆盖了24家供应商中的16家。行业扩散效应可能促使行业协会对政策进行干预，加强供应商受到的反向冲击对出口管制政策的反作用。其间，美国半导体产业协会也干预了政策实施。最后，受到反向冲击的供应商对政策采取了应对措施，包括在政策实际生效前加快对华为的出口、将相关生产线转移至海外、向政府施压等。

第二，未来的中美科技竞争将进入全政府—全社会模式的融合国力竞争时代。一方面，信息革命正在渗透到经济、社会、政治、安全的方方面面，各个领域都需要在时代大潮中重新调试；另一方面，互联网企业的崛起正在分享原本属于政府的部分权力，无论是产业发展还是网络安全都需要各方协作来完成。哪个国家能够更有效的融合各领域的国力并将其投射在网络空间，哪个国家就能够在新一轮科技革命竞争中获胜。

第三，中美博弈围绕新技术的国际规则、国际话语权争夺将更为激烈。过去两年来，欧美国家以及联合国的多个不同机制就网络空间的国际规则、法律框架进行磋商。在该领域新的规范不断涌现，大浪淘沙的过程到了一个重要节点。随着网络空间国际规范的生命周期由规范兴起向规范普及过渡，大国围绕规范制定话语权的博弈将更加激烈。

近代科学诞生以来，已经发生了五次科技革命，对人类社会的发展进程产生了深远的、革命性的影响，从根本上改变了全球政治经济格局。白春礼院士在《世界科技前沿发展态势》一文中表示，当前，面对百年未有之大变局，科技创新已成为影响和改变世界经济版图的关键变量。在新一轮科技革命和产业变革的重大历史机遇期，谁抓住了这一战略机遇，就能站在世界发展的潮头，将发展主动权掌握在自己手里。以下重点从宏观、微观、中观三个层面，介绍当前最新科技前沿和发展态势具有指导价值。主要观点如下：

目前，中国科学院计划在2021年前后发射具有高灵敏度加大视场特性的“爱因斯坦探针”卫星，核心科学目标就是探索黑洞等致密天体及沉睡中的黑洞。2020年的诺贝尔物理学奖就颁发给了一项关于黑洞的研究工作，让人们的目光又一次聚焦黑洞研究。中国还将实施“黑洞探针”“天体号脉”等探测计划，将有力推动中国在黑洞研究方面取得一批重大原创成果。习近平总书记对引力波的研究十分关注，曾作出重要批示。中国近年来先后启动了“太极计划”“天琴计划”，目前正在建设的阿里原初引力波观测站，主要也是用于探测原初引力波，预计将于2021年给出北天最精确的宇宙微波背景辐射极化天图。深空探测成为科技竞争的制高点。各航天大国积极开展载人航天、月球与深空探测等重大航天工程，在全球范围内掀起新一轮空间探索热潮。比如，美国的“勇气号”登陆火星，朱诺探测器抵达木星，“旅行者1号”飞出太阳系，欧洲空间局的“菲莱”着陆器登上彗星。日本的“隼鸟一号”探测器完成人类首次将小行星样本带回地球；“隼鸟二号”在“龙宫”小行星上投放了着陆器，并把采集的密封在返回舱中的首个来自小行星的地下物质样本抛到澳大利亚南部沙漠地带的伍麦拉火箭试验场。2021年，阿联酋的“希望”号、中国的“天问一号”、美国“毅力”号先后奔赴火星开展探测。中国的“嫦娥探月”工程也取得一系列重要进展，2019年“嫦娥四号”成为世界首个在月球背面软着陆和巡视探测的航天器，最近刚刚发射的“嫦娥五号”，是人类时隔44年再一次采集月球样品并带回地球。围绕深空探测和研究，一批大科学装置发挥了重要作用。2019年，美国的哈勃太空望远镜公布了最新的宇宙照片“哈勃遗产场”（HLF），这是迄今为止最完整、最全面的宇宙图谱，记录了从宇宙大爆炸后5亿年到当代宇宙不同时期约26.5万个星系，其中有些已至少133亿岁“高龄”，展现了一部壮丽的宇宙星系演化史。2016年由中科院建设运行的500米口径球面射电望远镜（FAST）“中国天眼”正式启用。这是目前世界上最大单口径、最灵敏的射电望远镜，接收面积达到25万平方米（相当于30个足球场），灵敏度是第二名的单口径射电望远镜的2.5倍，将在未来10年内保持世界领先地位。目前已经发现了超过240颗脉冲星，近期在快速射电暴的研究中取得了重要成果。一批性能更为先进的大科学装置正在加快建设。比如，多国正在共同建设平方公里阵列射电望远镜（SKA），由位于澳大利亚西部的低频阵列和位于南非的中频阵列两部分组成，接收面积约 1 平方千米，这是人类有史以来建造的最大的天文装置。预计 2030 年前后投入使用，将开辟人类认识宇宙的新纪元。中国也是 SKA 的创始成员国之一，积极参与承担了反射面天线、低频孔径阵列、信号与数据传输、科学数据处理、中频孔径阵列等建设和研究工作。

探究物质世界和生命的终极奥。从微观结构探究物质世界和生命的本质及运行活动规律，是世界科技前沿的另一个发展方向。在粒子物理学里，标准模型描述了强力、弱力及电磁力这三种基本力，及组成所有物质的基本粒子，而且能够对实验进行精确预言，并接受实验的精确检验。2013 年科学家依靠大型强子对撞机（LHC）发现了希格斯粒子，完成了标准粒子模型确认工作的最后一环，标准粒子模型预言的 61 种基本粒子已经全部被发现。粒子标准模型取得了巨大成功，是人类认识微观世界的一个重要里程碑，多次诺贝尔物理奖授予了标准模型的相关研究，也推动了天体物理、宇宙学和核物理等学科的重大发展，诞生了新的交叉学科如粒子宇宙学、高能天体物理学等。中科院科学家利用大亚湾中微子实验装置，发现了一种新的中微子振荡模式，被认为是该领域最重要的突破之一。该项成果获得了国家自然科学一等奖，以及国际“基础物理学突破奖”。近日，中科院微尺度国家研究中心发现了标准模型以外的一种全新的自旋—物质相互作用方式，这是一种与现有标准模型框架下已知的相互作用都不相同的相互作用形式，可以说是标准模型之外的全新物理，为研究暗物质打开了一个全新的窗口。量子调控成为当前物质科学与信息技术的重要前沿。理论和实验手段的进步，已经可以让科学家能够观察和定位单个原子，且在低温下可以利用探针尖端精确操纵原子。微观物质结构研究开始从“观测时代”走向“调控时代”，也为能源、材料、信息等产业发展提供新的理论基础和技术手段。2012 年，诺贝尔物理学奖就授予了测量和操纵单个量子系统的突破性试验方法。中国在这一领域具有很强的理论和技术储备，取得了一批重大研究成果。中国科学家在拓扑绝缘体、外尔费米子、马约拉纳束缚态等方面，也取得了具有世界影响的重大成果。作为量子调控领域最重要的应用方向，量子通信和量子计算是当前的研究热点，国际竞争非常激烈。2018 年，欧盟启动了“量子科技旗舰项目计划”，美国正式颁布了“国家量子计划法”，日本也发布了“量子飞跃旗舰计划”。美国白宫又于 2021 年 2 月发布了《美国量子网络战略构想》、10 月发布了《国家量子信息科学战略投入的量子前沿报告》。2016 年，中科院成功发射了世界首颗量子通信科学实验卫星“墨子号”，在国际上首次实现千公里级星地双向量子密钥传送和量子隐形传态，并成功实现洲际量子密钥保密通信，为构建覆盖全球的量子密钥保密通信网络奠定了坚实的基础。中科院牵头建设的“京沪干线”量子密钥通信骨干网，已于 2017 年正式开通，这是世界上第一条量子密钥通信保密干线，标志着中国已构建出全球首个天地一体化广域量子密钥通信网络雏形。量子计算也是各国高度关注的战略制高点。一台操纵 50 个微观粒子的量子计算机，对特定问题的处理能力可超过目前运行能力最强的超级计算机，相比经典计算机实现指数级别的加速，具有重大社会和经济价值，如密码破译、大数据优化、材料设计、药物分析等。2017 年，中国科大的研究团队构建了世界首台超越早期经典计算机（ENIAC）的光量子计算原型机。2019 年，谷歌宣布开发出了 54 量子比特的超导量子芯片，对一个电路采样 100 万次只需 200 秒，而当时运算能力最强的经典计算机 Summit 需要 1 万年，率先实现了“量子优越性”（指当可以精确操纵的量子比特超过一定数目时，量子计算机在特定任务上的计算能力就能远超经典计算机）。刚刚发布的消息，中国科大与中科院上海微系统所、国家并行计算机工程技术研究中心等合作，构建了 76 个光子的量子计算原型机“九章”，实现了具有实用前景的“高斯玻色取样”任务的快速求解，比目前最快的超级计算机快 100 万亿倍。目前，谷歌、微软、IBM 等跨国企业都在这方面投入巨资，可以预见未来围绕量子计算机的国际竞争将更加激烈。

随着对基因、细胞、组织等的多尺度研究不断深入，以及基因测序、基因编辑、冷冻电镜等新技术的进步，大大提升了生物大分子结构研究的效率，生命科学领域研究正在从“定性观察描述”向“定量检测解析”发展，并逐步走向“预测编程”和“调控再造”。分子生物学、基因组学、合成生物学等领域成果不断涌现，全面提升了人类对生命的认知、调控和改造能力。基因组学是生命科学最前沿、影响最广的领域之一。人体细胞 DNA 分子大约有 10 万个基因，由这些基因控制 10 万种人体蛋白质的合成。基因工程就是要寻找目的基因，通过对其进行剪切、剔除、连接、重组等操作，实现对生命体的调控。近年来，基因测序成本以超过信息领域摩尔定律的速度下降，2003 年全球完成人类基因组测序用了 13 年、耗资 30 亿美元，目前只要几百美元、数小时就可完成，这对基因组研究、疾病研究、药物研发、生物育种等具有巨大的推动作用。基因编辑技术有人将其比喻为“上帝的手术刀”，就是对 DNA 序列进行精准的“修剪、切断、替换或添加”。自 20 世纪 80 年代出现以来，基因编辑技术不断改进和发展，2021 年获得诺贝尔奖化学奖的 CRISPR/Cas9 技术，已成为基因编辑最有效、最便捷的工具，广泛应用于生命科学研究和临床研究。合成生物学被誉为是继 DNA 双螺旋结构和人类基因组测序之后的“第三次生物学革命”，也被认为是改变世界的颠覆性技术。目前，科学家已经能够设计多种基因控制模块，组装具有更复杂功能的生物系统，甚至创建出“新物种”。比如，利用合成生物学技术，可以培养出用于诊断早期癌症与糖尿病的细菌，合成出抗疟药物青蒿素、抗生素林可霉素等药物，更简单高效地生产生物燃料，很有可能引发相关领域的产业革命。近期，谷歌DeepMind的AlphaFold算法在国际蛋白质结构预测竞赛（CASP）上击败了所有的参赛选手，在原子水平上精确地基于氨基酸序列预测了蛋白质的3D结构，解决了困扰生物圈50年之久的“蛋白质折叠问题”。传统上基于X射线晶体学、核磁共振、冷冻电镜等实验技术解析蛋白质3D结构需要花费数年时间，而AlphaFold仅需数天时间。这一成果被Nature评价为“可能改变一切”，对更好地理解人类生命形成机制、加快药物发现速度、重大疾病治疗等具有非常重要的意义。

推动经济繁荣、造福人类科技创新作为引领发展的第一动力，已呈现出多点群发突破态势，推动人类活动范围不断扩展，信息传递和交换能力实现质的跃升，生命健康水平持续提升，都达到了前所未有的高度，深刻改变人类的工作方式、生活方式。信息技术的飞速发展打破了空间限制，人与人、人与物的联系日趋紧密，我们正在进入一个“人—机—物”三元融合的万物互联时代。最近几年，物联网、云计算、大数据、人工智能、区块链等飞速发展和广泛应用，引起了经济社会各个方面的深刻变革。而且，信息技术的发展速度还在加快，新的技术、颠覆性技术还在持续不断地涌现，持续推动经济社会加速向数字化转型。一方面，以芯片和元器件、计算能力、通信技术为核心的新一代信息技术正处在一个重要突破关口。硅基芯片和元器件是信息技术发展的基石，其制程工艺不断提高，处理速度越来越快、存储能力越来越强、能耗越来越低。目前已大规模应用的7纳米手机芯片，集成了69亿个晶体管；而5纳米手机芯片可以集成300亿个晶体管，2020 年已经开始试产；3 纳米的芯片也正在研发。图形处理器、现场可编程门阵列、神经网络芯片等也在加速发展。另一方面，“互联网 +”“智能 +”使经济活动更加灵活、智慧，不断催生出新业态、新模式，深刻改变人们生活、工作、学习和思维方式。从无人驾驶到智慧交通，从直播带货到智慧物流，从 5G 通信到数字货币，从网络扶贫到数字乡村，数字经济加速发展，为经济发展打开新的空间，为产业转型升级提供新的动力。各种智能终端、可穿戴设备不断推陈出新，远程办公、远程教育、远程医疗、无人酒店、无人超市、无人餐厅等飞速发展，推动经济社会全方位数字化转型。据统计，数字经济在发达国家经济中占到 60% 以上，中国目前占 36.2%，对 GDP 增长的贡献率达到 67.7%。以 5G 为例，其数据速率是 4G 的百倍以上，下载一部高清电影只需几秒钟；且数据传输延迟在 1 毫秒以下，能够支持在 1 平方千米内连接 100 万台设备，大约是 4G 的几十到上百倍。由于这些明显的技术优势，5G 可以随时随地实现万物互联，成为数字经济乃至数字社会的“神经系统”，并带来一系列产业创新和巨大经济及战略利益。中国的华为、中兴等企业，在 5G 方面已摆脱了 4G 之前的跟跑状态，目前在全球竞争中具有一定优势。

全球新一轮能源革命正在兴起，在化石能源清洁高效利用、可再生能源、第四代核能、大规模储能以及动力电池、智慧电网等方面，都取得了一批突破性进展，推动能源技术加速向绿色、低碳、安全、高效、智慧的方向转型。比如，与直接燃烧相比，如果将煤炭转化成油品，不仅会减少对环境的污染，还能大幅度提高煤炭的附加值。2018 年，以中科院技术为核心，全球单套规模最大的煤炭液化装置、年产 400 万吨煤制油工程成功投产，实现煤炭资源清洁高效转化，拓宽中国油品供给渠道，保障能源供应安全，习近平总书记专门致信祝贺。新材料领域正在向个性化、绿色化、复合化和多功能化的方向发展，金属、陶瓷、高分子和复合材料快速进步；石墨烯、柔性显示材料、仿生材料、超导材料、智能材料、拓扑材料等层出不穷。材料强度与韧性不断强化，抗疲劳、耐高温、耐高压、耐腐蚀等性能进一步提高，为制造业发展和极端环境作业提供了更加可靠的保证。比如，应对航天器与大气层的高速摩擦产生的高温，以及在太空中高真空、极高和极低温度、各种高能带电粒子等极端环境作业，对材料提出很高的要求。再如深海探测领域，中科院金属所为“奋斗者”号球形载人舱研发的高强度、高韧性新型钛合金－Ti62A，在搭载了3名潜航员的大尺寸下，还要承受超过110兆帕的压力，相当于2000头非洲象踩在一个人的背上，难度可想而知。在先进制造领域，以智能感知、智能控制、自动化柔性化生产为特征的智能工厂大量涌现，3D、4D打印技术快速发展，先进机器人、工业互联网技术广泛应用于制造业，个性化订制、柔性化生产、制造业服务化等，成为新趋势。比如，德国西门子安贝格电子工厂被称为全球最接近工业4.0的工厂，生产过程实现了从产品到制造全价值链的数字化，一条生产线一天可进行350次切换，能生产1000多种不同的产品，且产品的合格率高达99.9989%。

生命科学研究新技术新方法加速走向临床应用，推动医学走向“个性化精准诊治”和“关口前移的健康医学”新发展阶段。2015年，美国政府提出“精准医学计划”，目标是“为每个人量身定制医疗保健”，在世界范围内掀起了精准医学的热潮。目前，精准医疗在癌症等重大疾病的预防和治疗方面，取得了多项突破。美国《科学家》杂志评选的2018年十大科技进展中，2项与精准医学有关：一项是中科院的基于自组装的DNA折纸技术，构造出携带凝血酶的纳米机器人系统，在遇到肿瘤特异蛋白白时释放出凝血酶，选择性切断血液供应来“饿死”肿瘤；另一项是通过人工智能处理海量数据，可发现医生无法诊断的疾病模式。干细胞和再生医学为有效治疗心血管疾病、糖尿病、神经退行性疾病、严重烧伤、脊髓损伤等难治愈疾病，提供了新的途径，有望成为继药物治疗、手术治疗后的第三种疾病治疗途径，引发新一轮医学革命。比如，中科院基于干细胞技术制备出引导脊髓组织损伤再生的生物材料，已开展修复脊髓损伤的大动物（狗）实验168例，显示出良好的临床前景，已经开始进入临床。2018年，中科院完成世界上首例脐带间充质干细胞复合胶原支架材料治疗卵巢早衰临床研究，成功让一名卵巢功能衰竭的患者诞下健康婴儿。2019年，中国完成首例基因编辑干细胞治疗艾滋病和白血病患者。脑科学被看作是自然科学研究的“最后疆域”。主要科技大国都高度重视脑科学研究，美国、欧盟、日本等国相继启动了脑科学研究计划，发起成立了国际大脑联盟；中国也将“脑科学”研究纳入到“科技创新2030——重大项目”。目前，科学家已经绘制出全新的人类大脑图谱，是脑科学、认知科学、认知心理学等相关学科取得突破的关键，为发展新一代神经及精神疾病的诊断、治疗技术方法奠定了坚实的基础。人脑重大疾病诊治也取得重要进展，对帕金森、阿尔茨海默症、抑郁症等重大疾病机理研究不断深入，新的治疗手段和药物不断涌现。中科院研发的抗阿尔茨海默症新药“九期一”，已于2019年底正式上市，填补了该领域全球17年无新药上市的空白。生命健康领域的技术进步也极大提高了传染病的预警、预防、诊断和治疗水平。在此次抗击新冠肺炎疫情中，中国科研人员快速分离鉴定出病毒毒株并与世界卫生组织共享了病毒全基因组序列，为全球科学家开展药物、疫苗、诊断研究提供了重要基础，为打赢疫情科技攻坚战做出了重要贡献。

在海洋研究与开发方面，关注的重点已从近海走向深海大洋，更加重视海洋资源的保护和开发利用。美国、法国、俄罗斯、日本已拥有6000米级深海载人潜水器；2019年，美国的载人深潜器第二次突破1万米深度。中国的“蛟龙号”载人潜器在2012年突破了7000米深度，中科院自主研制全海深自主遥控潜水器“海斗一号”，于2020年5月9—26日，在马里亚纳海沟成功完成4次万米下潜，连续下潜次数居世界前列，最大下潜深度10907米，使中国成为继日、美之后第三个拥有万米级无人潜水器的国家。2020年11月10日，中科院作为主要单位参与研制的中国首艘万米级载人潜水器“奋斗者”号下潜深度达到10909米，在马里亚纳海沟成功坐底，再一次刷新了中国载人深潜纪录。在地球探测方面，围绕科学研究、资源开发利用、防灾减灾等目标，人类活动范围不断向地球深部拓展。人类地下建筑的深度一般到百米量级，如世界上最深的地铁（朝鲜平壤地铁）建在地下200米左右，最深的海底隧道（日本的青函隧道）位于地底240米；核废料的存储深度一般在地下500米—1000米的深度；中国在地下2400米建设的锦屏地下实验室，是目前世界上岩石覆盖最深的地下实验室，用岩石屏蔽宇宙射线开展暗物质研究；世界上最深的金矿（南非姆波尼格金矿），深度达到4350米。再往深处走主要就是科学超深井钻探项目，如美国联合多国实施的大洋钻探计划，在各大洋完成过千个钻孔，取芯深度最大超过9500米；2018年中国实施了全球首个钻穿白垩系的科学钻井，钻探及取芯深度达到7018米；目前，世界上最深钻井记录还是苏联在冷战时期创造的科拉超深钻孔，深度达12262米。总的来说，人类对我们赖以生存的地球了解还十分有限，直接探测深度还未突破地球最外层的地壳（平均厚度约17千米），探测的手段和能力还需不断加强。随着科学技术的前沿不断向深度和广度进军，人类对自然规律的认识不断向宏观和微观两个极限拓展，对人类自身和我们赖以生存发展环境的理解也在不断深化，从而让我们更好地认识自然、理解自然、改造自然，推动人类社会和文明不断向前迈进。

二、未来20年全球大势的主题进程

当前和未来20年是世界大变局加速演进期，和平与发展仍是全球大势的主题进程，大规模传染病、自然灾害与局部冲突等会时常发生。习近平总书记明确要求，希望广大科学家和科技工作者肩负起历史责任，坚持面向世界科技前沿、面向经济主战场、面向国家重大需求、面向人民生命健康，不断向科学技术广度和深度进军。如何洞察“全局和整体”，把握“关键和要害”，活跃“一般和日常”等，充分发挥市场在资源配置中的决定性作用，更好发挥政府作用，按照国家“十四五”规划布局，实现高质量发展。

《中共中央关于制定国民经济和社会发展第十四个五年规划和二〇三五年远景目标的建议》指出，当今世界正经历百年未有之大变局，新一轮科技革命和产业变革深入发展，国际力量对比深刻调整，和平与发展仍然是时代主题，人类命运共同体理念深入人心，同时国际环境日趋复杂，不稳定性不确定性明显增加，新冠肺炎疫情影响广泛深远，经济全球化遭遇逆流，世界进入动荡变革期，单边主义、保护主义、霸权主义对世界和平与发展构成威胁。面对百年未有之大变局，准确把握未来5—20年全球大势，对于提前谋划、做好前瞻应对至关重要。

未来5年全球趋势与中国。当今世界正经历百年未有之大变局，中国发展面临的国内外环境发生深刻复杂变化，中国“十四五”时期以及更长时期的发展，对加快科技创新提出了更为迫切的要求。当前，我国社会主要矛盾已经转化为人民日益增长的美好生活需要和不平衡不充分的发展之间的矛盾，为满足人民对美好生活的向往，必须推出更多涉及民生的科技创新成果：一是加快科技创新是推动高质量发展的需要。建设现代化经济体系，推动质量变革、效率变革、动力变革，都需要强大科技支撑。二是加快科技创新是实现人民高品质生活的需要。三是加快科技创新是构建新发展格局的需要。推动国内大循环，必须坚持供给侧结构性改革这一主线，提高供给体系质量和水平，以新供给创造新需求，科技创新是关键。畅通国内国际双循环，也需要科技实力，保障产业链、供应链安全稳定。四是加快科技创新是顺利开启全面建设社会主义现代化国家新征程的需要。从最初提出“四个现代化”到现在提出“全面建设社会主义现代化强国”，科学技术现代化从来都是我国实现现代化的重要内容。五是我国经济社会发展、民生改善、国防建设面临许多需要解决的现实问题。比如，农业方面，很多种子大量依赖国外，农产品种植和加工技术相对落后，一些地区农业面临污染、耕地重金属污染严重。工业方面，一些关键核心技术受制于人，部分关键元器件、零部件、原材料依赖进口。能源资源方面，石油对外依存度达到70%以上，油气勘探开发、新能源技术发展不足；水资源空间分布失衡，带来不少问题。社会方面，我国人口老龄化程度不断加深，人民对健康生活的要求不断提升，生物医药、医疗设备等领域科技发展滞后问题日益凸显。对能够快速突破、及时解决问题的技术，要抓紧推进；对属于战略性、需要久久为功的技术，要提前部署。

现在，我国经济社会发展和民生改善比过去任何时候都更加需要具有科学技术的解决方案，都更加需要增强创新这个第一动力。同时，在激烈的国际竞争面前，在单边主义、保护主义上升的大背景下，我们必须走出适合国情的创新路子，特别是要把原始创新能力提升摆在更加突出的位置，努力实现更多“从0到1”的突破。这表明，在前进的征程上，中国坚持和平发展道路，奉行互利共赢的开放战略，继续同世界各国人民一道推动共建人类命运共同体。

未来15年的国际经济格局与中国。全球大数据文献系统科学遴选出具有代表性的国务院发展研究中心课题组报告。报告显示未来将有十大变化趋势：第一，全球经济将处于低速增长期。综合考虑技术、城镇化、人口、环境等重大基础因素变化，全球经济增长速度将呈现趋势性下降，在未来较长一段时间可能会保持较低的增速。2020—2035年，全球经济增长平均速度为2.6%左右。第二，全球经济格局多极化将更明显。第三，新技术革命将重塑产业格局。第四，国际贸易将呈现数字化等特点。第五，跨境投资规则制定出现新趋势。第六，全球人口老龄化加速。第七，绿色发展成为重要取向。第八，全球能源结构与格局将深刻变化。第九，全球粮食安全总体有所改善。第十，国际金融中心将多元化。国际货币多元化，到2035年，美国仍是对全球综合影响力最大的国家，美元仍将处于国际货币体系的核心地位，越来越多的经济体进入到国际货币体系当中。

三、未来20年全球演进的科学理论

在全新的时空维度中深度探索人类进步的共同性问题，若定义大变局下发展进程与体系结构处在历史的超高速时代，可谓是一个复杂的、开放的、已认知与未认知的、超越了“拉普拉斯宇宙系统论”的全宇宙系统（Whole Universal System，WUS）。WUS 理论泛函式涵盖了过去、现在和未来的全部系统，以及各个历史点文明的继承和开创，用于深入研究和科学描述《全球要事报告》从“大事看大势”的逻辑结构与全球大势“万三合一”的景循环。

全宇宙系统（WUS）理论的思想来源和理论源泉是“拉普拉斯宇宙系统论”“伦兹变换与爱因斯坦相对论”等。

第一，拉普拉斯宇宙系统论。拉普拉斯的科学贡献是根据计算提出太阳系的运行是绝对准确有序的。拉普拉斯在 1812 年提出了他著名的“神圣计算者”观点：如果在创造世界的时候，存在于自然界的一切力量和各个组成部分的详细状态，被一个智慧渊博的“神圣计算者”全部掌握，那么，他就可以“用一个公式来概括宇宙中最大物体的运动和最微小的原子运动，也就是说，没有任何东西不是智慧者确切知道的，它对于未来的东西如同对于过去的东西一样了如指掌”。因而，“神圣计算者”能够预见整个宇宙在无论多少世代以后的一切事情。抛弃了牛顿把宇宙间天体运行的动因归之于“第一推动力”的观点，比起牛顿、康德，拉普拉斯大胆取消了“上帝”的作用。宇宙系统论的拉普拉斯变换，从数学角度通过积分变换进行函数到函数的变换，将微分方程变为代数方程；从物理推导角度，本质上依然是将信号分解为多个正交的子信号的和（积分），或可以从 FT 推广出。拉普拉斯方程又名调和方程，是一种偏微分方程，由数学家拉普拉斯首先提出而得名。求解拉普拉斯方程是电磁学、天文学和流体力学等领域经常遇到的一类重要的数学问题，因为这种方程以势函数的形式描写了电场、引力场和流场等物理对象（一般统称为“保守场”或“有势场”）的性质。拉普拉斯方程的解称为调和函数，此函数在方程成立的区域内是解析的。任意两个函数，如果它们都满足拉普拉斯方程（或任意线性微分方程），这两个函数之和（或任意形式的线性组合）同样满足前述方程。这种非常有用的性质称为叠加原理。可以根据该原理将复杂问题的已知简单特解组合起来，构造适用面更广的通解。

第二，伦兹变换与爱因斯坦发现。经典力学中的速度合成法实际依赖于如下两个假设：一是两个事件发生的时间间隔与测量时间所用的钟的运动状态没有关系；二是两点的空间距离与测量距离所用的尺的运动状态无关。爱因斯坦发现，如果承认光速不变原理与相对性原理是相容的，那么这两条假设都必须摒弃。这时，对一个钟同时发生的事件，对另一个钟不一定是同时的，同时性有了相对性。在两个有相对运动的坐标系中，测量两个特定点之间的距离得到的数值不再相等，距离也有了相对性。如果设K坐标系中一个事件可以用三个空间坐标x、y、z和一个时间坐标t来确定，而K′坐标系中同一个事件由x′、y′、z′和t′来确定，则爱因斯坦发现，x′、y′、z′和t′可以通过一组方程由x、y、z和t求出来。两个坐标系的相对运动速度和光速c是方程的唯一参数。这个方程最早是由洛伦兹得到的，所以称为洛伦兹变换。利用洛伦兹变换很容易证明，钟会因为运动而变慢，尺在运动时要比静止时短，速度的相加满足一个新的法则。相对性原理也被表达为一个明确的数学条件，即在洛伦兹变换下，空时变量x′、y′、z′、t′将代替空时变量x、y、z、t，而任何自然定律的表达式仍取与原来完全相同的形式。人们称之为普遍的自然定律对于洛伦兹变换是协变的。这一点在探索普遍的自然定律方面具有非常重要的作用。

狭义相对论建立以后，对物理学起到了巨大的推动作用，并且深入到量子力学的范围，成为研究高速粒子不可缺少的理论，而且取得了丰硕的成果。然而在成功的背后，却有两个遗留下的原则性问题没有解决。第一个是惯性系所引起的困难。抛弃了绝对时空后，惯性系成了无法定义的概念。我们可以说惯性系是惯性定律在其中成立的参考系。惯性定律实质是一个不受外力的物体保持静止或匀速直线运动的状态。不受外力是指一个物体能在惯性系中静止或匀速直线运动。这样，惯性系的定义就陷入了逻辑循环，这样的定义是无用的。我们总能找到非常近似的惯性系，但宇宙中却不存在真正的惯性系，整个理论如同建筑在沙滩上一般。第二个是万有引力引起的困难。万有引力定律与绝对时空紧密相连，必须修正，但将其修改为洛伦兹变换下形势不变的任何企图都失败了，万有引力无法纳入狭义相对论的框架。当时物理界只发现了万有引力和电磁力两种力，其中一种就冒出来捣乱，情况当然不会令人满意。爱因斯坦只用了几个星期就建立起了狭义相对论，然而为解决这两个困难，建立起广义相对论却用了整整 10 年时间，然而科学探索永无止境。

第三，全宇宙系统（WUS）理论及其提出。在宇宙科学中自然科学与社会科学的进步是一对孪生密码，虽然特征码不同但是基因码相通。全球大事要事的发生以及效应是自然界与人类社会在宇宙中共同作用的结果，这个结果的正负效应在 WUS 中是一一对应、时时均衡、推陈出新、时事一新，这一结论是 WUS 理论的前提条件，也是宇宙中人类社会的公理性认知。然而，自然界与人类社会的部分与个体，必然是趋利避害、减弱负面效应、增强正面效应，这就是事物事件发生的“周期和叠加的关系问题”，即是从“大事看大势”的数理问题，这是《全球要事报告》研究的核心框架理论及其关键技术。

拉普拉斯变换提供了一种变换定义域的方法，把定义在时域上的信号函数映射到复频域上。这是一个数学家的思考，函数定义了一种“从一个集合的元素到另一个集合的元素”的数理关系，而两个或以上的函数组合成的集合，就是函数空间，即函数空间也是一个集合；拉普拉斯变换的“定义域”，就是函数空间，可以说，拉普拉斯变换就是一种处理函数的函数。由于拉普拉斯变换定义得相当巧妙，所以它就具有一些特质，只要存在一种从给定复频域到收敛域的一一对应关系，给定一个时域函数信号，它就能通过拉普拉斯变换到一个复频域信号，不管这个信号是实信号还是复信号。因此，只要我们对这个复频域信号进行处理，也就相当于对时域信号进行了处理。拉普拉斯宇宙系统论的局限性，在于过于迷信牛顿经典力学，未认识到高级运动与低级运动、复杂运动与简单运动之间的差别。

爱因斯坦的相对论，把时间与空间联系起来了。科学巨人的脚步并没有满足“神圣计算者”的奢望而停顿下来。爱因斯坦认为物理的现实世界是各个事件组成的，每个事件由四个数来描述。这四个数就是它的时空坐标 t 和 x、y、z，它们构成一个四维的刚性连续时空，通常称为“明可夫基里平直时空”。在相对论中，用四维方式来考察物理的现实世界是很自然的。狭义相对论导致的另一个重要的结果是关于质量和能量的关系。在爱因斯坦以前，物理学家一直认为质量和能量是截然不同的，它们是分别守恒的量。爱因斯坦发现，在相对论中质量与能量密不可分，两个守恒定律结合为一个定律。他给出了一个著名的质量—能量公式：$E = mc^2$，其中 c 为光速。于是质量可以看作是它的能量的量度。计算表明，微小的质量蕴涵着巨大的能量。在后来的核反应试验中证明了这一点。狭义相对性原理还仅限于两个相对做匀速运动的坐标系，而在广义相对性原理中匀速运动这个限制被取消了。他引入了一个等效原理，认为不可能区分引力效应和非匀速运动，即任何加速和引力是等效的。他进而分析了光线在靠近一个行星附近穿过时会受到引力而弯折的现象，认为引力的概念本身完全不必要。可以认为行星的质量使它附近的空间变成弯曲，光线走的是最短程线。基于这些讨论，爱因斯坦导出了一组方程，它们可以确定由物质的存在而产生的弯曲空间几何。利用这个方程，爱因斯坦计算了水星近日点的位移量，与实验观测值完全一致，解决了一个长期解释不了的困难问题。

相对论要求物理定律要在坐标变换（洛伦兹变化）下保持不变。经典电磁理论可以不加修改而纳入相对论框架，而牛顿力学只在伽利略变换中形式不变，在洛伦兹变换下原本简洁的形式变得极为复杂。因此经典力学要进行修改，修改后的力学体系在洛伦兹变换下形式不变，称为相对论力学。探幽索微，永无止尽，继研究低速、宏观世界之后，人类又向高速、微观世界进军。

CCIEE 博士后研究王宪磊院士小组，采用综合集成工程精准调控系统基线（Precise control System baselines for Metasynthetic engineering，PSM）方法，引入宇宙系统论、相对论和现代量子理论，研究探索建立与量子理论相适应的全宇宙系统（WUS）理论，用于科学认识揭示从“大事看大势”的内在规律和优化方向，深入探索从经典传统文化中抽象概括“万物归一”“天人合一”到“万三合一”的技术路径和认识本质。WUS 思想汲取了拉普拉斯宇宙系统论的要素独立性的规律结论，采用相对论和现代量子力学的景态演进的认知理论，在近 3 年的《全球要事报告》主报告中，与量子理论概念的介绍与传统的做法不同，与物理学家樱井纯一样没有受制于量子力学发展的历史线索，力求从一开始就摆脱牛顿经典力学的束缚，直接围绕量子纠缠景态的概率特征和叠加原理展开对于量子理论基本概念和基本原理的阐述。从空间平移、空间转动及时间演化等对称性变换出发，引入活要素、量子纠缠及哈密顿算符等基本概念，研究提出量子纠缠的经济意义以及经济量子纠缠的概念，直接研究大事要事发生演变的本征值问题，演变效应的运动方程以及可控滑模的数学关系，从而直接切入量子理论的核心问题。先后研究推出“太程序思维”和“活要素计算的数学原理”等思想原理，以及“活要素独立原理”“活要素转换原理”“活要素替代原理”“活要素融合原理”和“活要素循环原理”等理论方法，回答与构成“周期和叠加的关系问题”的数理关系和系统内容。在2021年第九部《全球要事报告》的主报告中，王宪磊院士小组推出《全球要事报告》研究的理论框架即“全宇宙系统（WUS）理论”。至此，甚至开始探索了克服量子理论的局限性、探索在活要素第一生命周期内生命力最强的算法节点的“程子理论”。WUS用活要素熵值的数学化表示。

在基础理论中，熵值法是客观赋值法的一种，在WUS系统中活要素可用指标本身数值的大小确定其权重。熵的概念最早来源于热力学，后来在信息论中加以利用，用熵来反映系统的无序程度；熵值越小，信息量就越大，确定性就越大，有序程度越高；反之，熵值越大，信息量就越小，确定性越小，无序程度越高。作为权数的熵权，并不是在决策或评估问题中某指标实际意义上的重要性系数，而是在给定被评价对象集后，在各种评价指标值确定的情况下，各指标在竞争意义上的相对激烈程度系数：一是建立原数据矩阵，设有m个评估对象，n个评估指标，建立原数据矩阵。二是原数据的标准化处理（数学公式略）。由于指标中所反映的内容都不一样，不具有可比性，需要对原始数据进行标注化的处理，以此来消除量纲的影响，使得指标之间可以进行数量的运算，对于正向指标而言，数值越大越好，对于负向指标而言，数值越小越好，两种指标均采用极差标准化方法进行处理。通过正向指标标准化和负向指标标准化后，计算指标占评价指标的权重，即可求出活要素的信息熵。

直面大变局、引领大变革。面对人类共同未来，如何把握和怎样塑造全局和整体、关键和要害、一般和日常的泛在现实场景与优化方向，这个是WUS理论的研究对象。面对人类共同性问题，全球只有推动构建人类命运共同体，和衷共济、和合共生，共同安全、同时安全，才是实现人类文明可持续发展的科技进步和最优方向，这是WUS理论的研究目的。特别是从“大事看大势”的角度，推动建设新型国际关系，推动国家治理体系和治理能力现代化，在全球治理体系变革中科学把握和统筹做好WUS理论的系统基线均衡及其技术标准体系，这是PSM理论的研究任务和研究内容，也是人类的伟大梦想和科学家及工程师们孜孜追求的目标。科学家钱学森认为，处理开放复杂巨系统的方法论是从定性到定量的综合集成，这个方法不同于近代科学一直沿用的培根式的还原论方法，是现代科学条件下认识方法论上的一次飞跃。由于对复杂巨系统用直接综合方法、统计方法概括起来不科学，这就是普里戈金（Ilya Prigogine）和哈肯（Haken）的贡献——自组织理论，这为综合集成工程系统研究提供了优化路径。

PSM研究是当今全球科学界的学术高地，是全球系统科学方向研究的制高点，是量子科学工程、人工智能、基因工程、生命工程与探索宇宙奥秘的皇冠明珠。PSM是从整体上考虑并解决系统问题，是把各系统、多要素、按时空统筹多目标的精准调控系统基线的方法论。在理论上，PSM是对自然系统和认知系统、社会系统和人文系统、宏观经济系统和微观经济系统、生命系统和生命演化、生态系统和修复系统、数字系统和数据系统等开放的复杂巨系统研究实践基础上，采用量子理论思维提炼、概括和总结，形成的科学技术与工程。在实践上，PSM是系统科学、先进技术与泛在现实的相融合，是定性与定量的有机结合，是科学理论与经验知识的结合，是系统思想把多种学科的综合，是复杂巨系统的层次结构的匹配协同，是宏观与微观的相统一，是包括决策支持系统、管理信息系统、人工智能系统等相协同的大型计算机系统支持。PSM是由牛顿科学技术体系到量子科学技术体系在实践中的创新发展，更是综合集成工程精准调控的基线在量子工程领域的实践，也是在程子工程领域的探索。

四、2041年全球大势：预景

未来20年的全球远景与中国。马克思讲过："在科学上没有平坦的大道，只有不畏劳苦沿着陡峭山路攀登的人，才有希望达到光辉的顶点。"科技创新特别是原始创新要有创造性思辨的能力、严格求证的方法，不迷信学术权威，不盲从既有学说，敢于大胆质疑，认真实证，不断试验。原创一般来自假设和猜想，是一个不断观察、思考、假设、实验、求证、归纳的复杂过程，而不是简单的归纳。假设和猜想的创新性至关重要。爱因斯坦说过："提出一个问题往往比解决一个问题更重要。"如果问题选不准，即使花费很大精力，也很难做出成果。广大科技工作者要树立敢于创造的雄心壮志，敢于提出新理论、开辟新领域、探索新路径，在独创独有上下功夫。要多出高水平的原创成果，为不断丰富和发展科学体系作出贡献。科学研究特别是基础研究的出发点往往是科学家探究自然奥秘的好奇心。从实践看，凡是取得突出成就的科学家都是凭借执着的好奇心、事业心，终身探索成就事业的。有研究表明，科学家的优势不仅靠智力，更主要的是专注和勤奋，经过长期探索而在某个领域形成优势。要鼓励科技工作者专注于自己的科研事业，勤奋钻研，不慕虚荣，不计名利。

要广泛宣传科技工作者勇于探索、献身科学的生动事迹。好奇心是人的天性，对科学兴趣的引导和培养要从娃娃抓起，使他们更多了解科学知识，掌握科学方法，形成一大批具备科学家潜质的青少年群体。科技是第一生产力，生产力决定生产关系，这就为洞察全局和整体、把握关键和要害、活跃一般和日常提供了科学的逻辑框架。

美国国家情报委员会（NIC）2021年4月8日发布了《全球趋势2040：一个竞争更加激烈的世界》报告预期，认为中国再获全球大国地位，美中竞争加剧。它展望今后20年内世界可能会出现“民主复兴、飘忽世界、竞争共存、独立孤岛、悲剧动员”五种情形。在每个情形之中，美中竞争或多或少都发挥作用。报告表示，人口、环境、经济和技术的趋势正在为我们未来的世界奠定基础并构筑界限。趋势的融合将激发更多创新，造成不安全感，人与社会必须被迫适应。未来20年最确定的趋势将是人口结构的重大转变。包括欧洲和东亚在内的一些发达和新兴经济体，将更快地老龄化，并面临人口收缩，给经济增长带来压力。相比之下，拉丁美洲、南亚、中东和北非的一些发展中国家有机会获得人口红利。气候变化将可能会在未来20年加剧，并与环境退化交织在一起，造成新的脆弱性，加剧人类和国家安全的风险，迫使各国做出艰难的选择和权衡。这些负担将会分配不均，加剧竞争，导致不稳定，使军事准备紧张，并很可能导致政治运动。未来20年里的全球经济趋势包括：国债不断增加、贸易环境更加分散、服务贸易向全球扩散、新的就业中断、强大企业的持续崛起，这些趋势正在重塑国家内部和国家之间的关系。对大型平台、电子商务公司的规划和监管的要求将进一步加强。其中，亚洲经济体在未来几十年将保持增长，但增速放缓，并且其GDP（人均和总值）不太可能达到现有发达经济体水平。技术发展的速度和范围将会加快，衍生技术和应用将使快速采用成为可能，从而改变人类的经验和能力，同时也在社会、行业和国家内部和之间制造新的紧张和混乱。同时，对技术核心要素的全球竞争将加剧。技术在世界范围内以越来越快的速度被发明、使用、传播，然后被丢弃，新的创新中心正在出现。国家和非国家竞争对手将争夺科技领域的领导权和主导权，这可能会给经济、军事和社会安全带来连锁风险和影响。这些结构性力量，使全球将在社会、国家和国际体系的层面上相互作用，创造机会和挑战，产生更大的争议。为了应对破坏性的经济、飞速发展的技术和人口趋势，人们失去安全感，并对社会信任能力下降。人们被聚集到志同道合的小团体之中，如种族、宗教、文化身份，以及围绕特定利益的团体等。在每个团体中获得新的身份，形成孤立的信息环境，造成社会内部的断层，增加波动性。但同时，人们更有能力表达自己的需求。在国家层面，公众需求和政府能力之间的差距越来越大，将加剧紧张局势。这预示着更多的政治动荡、民主侵蚀以及替代性治理角色的扩大。随着时间的推移，可能会刺激新的或不断变化的治理来源和模式，开启国家治理的重大转变。国际体系中的权力将演变为：没有一个国家在所有地区或领域占据主导地位。美国和中国将对全球动态产生最大影响，迫使其他行为者做出更明确的选择，加剧对全球规范、规则和制度的争夺，并增加国家间冲突的风险。

在科技进步中基础研究是重中之重。基础研究是科技创新的源头。我国基础研究虽然取得显著进步，但是同国际先进水平的差距还是明显的。我国面临的很多“卡脖子”技术问题，根源是基础理论研究跟不上，源头和底层的东西没有搞清楚。基础研究一方面要遵循科学发现自身规律，以探索世界奥秘的好奇心来驱动，鼓励自由探索和充分的交流辩论；另一方面要通过重大科技问题带动，在重大应用研究中抽象出理论问题，进而探索科学规律，使基础研究和应用研究相互促进。要明确我国基础研究领域方向和发展目标，久久为功，持续不断坚持下去。要加大基础研究投入，首先是国家财政要加大投入力度，同时要引导企业和金融机构以适当形式加大支持，鼓励社会以捐赠和建立基金等方式多渠道投入，扩大资金来源，形成持续稳定投入机制。对开展基础研究有成效的科研单位和企业，要在财政、金融、税收等方面给予必要政策支持。要创造有利于基础研究的良好科研生态，建立健全科学评价体系、激励机制，鼓励广大科研人员解放思想、大胆创新，让科学家潜心搞研究。要办好一流学术期刊和各类学术平台，加强国内国际学术交流。

人才是第一资源。国家科技创新力的根本源泉在于人。“十年树木，百年树人。”要把教育摆在更加重要位置，全面提高教育质量，注重培养学生创新意识和创新能力。要加强数学、物理、化学、生物等基础学科建设，鼓励具备条件的高校积极设置基础研究、交叉学科相关学科专业，加强基础学科本科生培养，探索基础学科本硕博连读培养模式。要加强基础学科拔尖学生培养，在数理化生等学科建设一批基地，吸引最优秀的学生投身基础研究。要加强高校基础研究，布局建设前沿科学中心，发展新型研究型大学。要尊重人才成长规律和科研活动自身规律，培养造就一批具有国际水平的战略科技人才、科技领军人才、创新团队。要高度重视青年科技人才成长，使他们成为科技创新主力军。要面向世界汇聚一流人才，吸引海外高端人才，为海外科学家在华工作提供具有国际竞争力和吸引力的环境条件。未来2041年7个预景如下：

景态一，疫情：……终点，始点……

景态二，科技：量子时代，未来以来。

景态三，贸易：分布式交易，全球泛在。

景态四，货币：数字货币，改写全球财富版图。

景态五，文明：悠久文明，爆发青春活力。

景态六，脱钩：多行不义必自毙。

景态七，未来：大道不孤，天下一家。

面对体系对体系的竞争，国际科技合作是大趋势。我们要更加主动地融入全球创新网络，在开放合作中提升自身科技创新能力。越是面临封锁打压，越不能搞自我封闭、自我隔绝，而是要实施更加开放包容、互惠共享的国际科技合作战略。一方面，要坚持把自己的事情办好，持续提升科技自主创新能力，在一些优势领域打造“长板”，夯实国际合作基础。另一方面，要以更加开放的思维和举措推进国际科技交流合作。在当前形势下，要务实推进全球疫情防控和公共卫生领域国际科技合作，开展药物、疫苗、检测等领域的研究合作。要聚焦气候变化、人类健康等共性问题，加强同各国科研人员的联合研发。要逐步放开在我国境内设立国际科技组织、外籍科学家在我国科技学术组织任职，使我国成为全球科技开放合作的广阔舞台。当前和未来一个时期，在中国到处可见：全力以赴创新创造，神州大地自信自强、充满韧劲，一派只争朝夕、生机勃勃的景象。

Main Report: Global Trend 2041: Accelerated Evolution of the World Pattern

Abstract: Using WUS theory and method, The 2021 Global Important Events Report adopts a time span of 20 years as the reporting year to “see the general trend from major events” and roll out the annual report: First, take major events and important events of the year as the starting point and present them in a two direction front-and-back-through way;

Second, focus on the first five-year step, scientifically study and judge the nature and causes of major events, and put forward strategic elements and technical paths to grasp the overall situation; Third, look forward to the development direction of major events in the next 15 years, as well as the scientific prediction of the global trend, and explore the optimization direction and key links of leading and heading; Fourth, in the next 20 years, develop and enrich the ideas, theories and methods of "viewing the general trend from major events" . Scientifically select ten global events in 2021 and study the future: First, learn from history and create the future. China has moved forward to the second Centennial goal; Second, "rising in the East and falling in the West" . The policy adjustment of Biden government has accelerated, but the impact is weak; Third, Russia's military strength is the second largest in the world, but under the long-term sanctions of the United States, Russia's economy is undergoing transformation and waiting for a period of recovery and stability. The heads of state of China and Russia announced a joint statement and officially decided to extend the Russia China Treaty of good neighborliness, friendship and cooperation, laying a more solid foundation for the long-term development of Russia China relations; Fourth, the United Kingdom has leaved the EU, and the economic recovery of Europe and the United Kingdom has a long way to go; Fifth, the global debt hit another record, reaching 355% of the world GDP in 2020, dragging down the global economic recovery. Sixth, the world's major powers have increased military R & D investment in the epidemic situation, the United States, China, Russia and other countries have abandoned the development of this generation of equipment, and the global arms investment has increased since 2020; Seventh, the global industrial chain, supply chain and innovation chain are rapidly reshaped, and China takes the lead in the "double cycle" drive with internal cycle as the main body. Eighth, the development of digital currency is unstoppable, and the digital currency of central banks around the world is surging; Ninth, the novel coronavirus pneumonia epidemic is deeply wreaking havoc around the world, the global economic stagnation and differentiation, seriously restricting the normal international exchanges, and bringing major threats to human life and health, bringing major crises to national security, and bringing major challenges to global economic governance. Tenth, the world's science and technology has fully entered the quantum era, and industrialization, industrialization and digitization have advanced by leaps and bounds. The study and judgment gives seven scenes for 2041 in the future, Scene 1, Epidemic situation: ...End point, start point; Scene 2, Science and technology: Quantum era, the future is coming; Scene 3, Trade: Distributed transaction, global ubiquitous; Scene 4, Currency: Digital currency, rewriting the global wealth map; Scene 5, Civilization: A long civilization with youthful vitality; Scene 6, Decoupling: Many wrongs will kill themselves; Scene 7, The future: The road is not alone, the world is one.

Key Words: WUS Theory and Method, Global Trend 2041, Scene

专题报告一　新冠肺炎疫情下全球治理面临的挑战及应对

（中国国际经济交流中心美欧研究所副所长、
研究员）张焕波
（中国国际经济交流中心美欧研究所助理
研究员）孙珮

2020 年，新冠肺炎疫情席卷全球，人们的生产生活方式发生了深刻改变，国际交流和人员往来严重受阻，世界经济遭受了严重冲击，全球贸易和投资大幅下降。近年来，经济全球化深度调整，增长和分配、资本和劳动、效率和公平的矛盾愈加突出，发达国家和发展中国家都倍感压力。新冠肺炎疫情进一步加剧了经济全球化的低迷态势，单边主义、保护主义和民粹主义持续发酵，一些国家在区域合作中搞排他主义，以意识形态划线、策动地缘政治，人为地搞“筑墙”“脱钩”“断链”，违背经济规律和人心所向。

尽管如此，我们也看到许多积极的变化。在全球范围内，区域经济一体化进程在加快；新一轮科技和产业革命正在驱动全球贸易结构和产业结构向数字化转型；全球供应链、产业链、价值链呈现本地化、区域化特点，而且更加注重效率和安全的平衡。

一、当前全球治理机制面临的挑战

（一）多方面问题交织带来的挑战

全球性挑战越来越复杂、越综合，往往是多个领域的问题相互交织、相互推动，单纯解决一个方面，不能够真正解决问题。现有的全球治理平台功能较为单一，是专业化的、分散的，在面对综合性的复杂的全球性挑战时，出现治理空缺。例如，当前全球新冠肺炎疫情肆虐和全球经济大衰退交织，应同时协同好两个方面，一起来解决。单纯依靠世界卫生组织（WHO）和二十国集团（G20）都不足以发挥有效的作用，需要有新的机制让不同的平台发挥协同作用。

（二）新技术新业态治理缺乏的挑战

随着技术的发展进步，数字经济、人工智能、服务贸易等在全球化中占的份额会越来越大，这使全球治理产生了新的挑战。传统的治理机制正在为适应这些新的变化而变革，但是由于受限于根深蒂固的惯性思维和固有机制的内在约束，很难快速适应这种变化。同时，在一些领域，西方经济体具有明显优势，而具有发展优势的新兴经济体在传统的全球治理体制中的话语权又相对单薄。因此，单靠过去的传统全球治理体系和平台，很难产生相对公平公正的规则。

（三）约束力不足带来的挑战

全球治理机制约束力不够，在应对重大全球性挑战方面难以发挥各国合力。一些国家可以不负责任地随意退出，缺乏惩罚机制。而在履约机制方面，在信息透明度、信息共享、合作应对等方面也缺乏具有强大约束效力和执行力的规则。这次新冠肺炎疫情的应对，可以说给全球治理敲响了警钟。尽管我们有 WHO 等组织，但是各国应对合力明显不够。这引起我们反思，如果遇到更大的全球性灾难，人类是否能够真正携手应对。除了新冠肺炎疫情，我们未来还会面对其他大规模流行疾病，以及恐怖主义、自然灾害、气候变化等全球性挑战。这需要有强有力约束的全球治理机制，在以联合国为核心的国际框架下，共建人类命运共同体。

二、全球治理机制需要通过变革来适应新全球化

全球化有效促进了生产要素和商品的全球化，极大提高了全球的生产效率，但是也存在一些亟待解决的问题。

（一）利益分配失衡问题

全球化产生的利益，主要存在三个方面的分配：国家间的利益分配；国家内部不同群体的利益分配；国家与跨国集团的利益分配。一些国家认为在全球化中利益遭受损失，把贸易逆差认为是自身经济利益的损失，这样的理解是把国家治理作为企业经营来理解了。从企业会计的角度来认识国际贸易，从根本上是错误的。在以 WTO 为核心的贸易框架下，贸易存在逆差与一国的经

济结构和产业结构有很大关系，都是市场主体进行的一手交钱一手交货的公平贸易，不存在谁吃亏的问题。在全球化过程中，一国的一些产业转移到其他国家，会带来失业人口，这也造成一国内部不同群体收入的失衡。这个问题一方面需要通过新的产业、新的业态来创造新的就业岗位解决。更为重要的是，需要解决好第三个分配。跨国公司通过国际配置资源获得了超额利润。理想的情况是，这些利润的一部分可上交到国家。国家可以用这些钱来对因为产业转移造成的失业人口来提供教育培训和社会保障。

（二）产业链、供应链和价值链安全问题

由于跨国生产，一个产品不同的零部件和材料在不同国家和地区生产，发挥了各国的比较优势，极大提高了生产效率。但是，这也面临安全问题。有的大国奉行霸权主义，以国家安全为由任意切断其他国家的关键产品零部件供应，轻则导致一个企业的倒闭，重则对一个行业的全球生产体系造成巨大冲击。当然，对一些关系国计民生的具有安全性的产业，过长的全球产业链可能导致在面对重大灾难时出现需求短缺。这些行业缩短了全球生产链条，更加符合区域化、本地化的实际。

（三）意识形态强化问题

全球化在冷战后快速发展，各国超越意识形态在全球范围内进行经济发展，在社会和人文、环境保护等各领域进行大合作。但是，近年来我们看到一些国家开始突出意识形态问题。长期以来，美国自由派战略专家就力推“民主联盟”战略，试图以共同的价值观将西方民主国家联合起来，以意识形态为工具加强西方国家主导国际事务的能力，巩固美国的“制度霸权”。由于各种原因，“民主联盟”战略一直没有被美国政府正式采纳。现在拜

登政府核心成员布林肯重提构建“民主国家联盟”，拜登计划就任后召开全球民主峰会，其根本用意就是纠集一批价值观相同的国家和人士，在全球构建一道以意识形态为界限的国际联盟圈。这种以意识形态为核心的联盟式多边主义是有悖于全球化发展的，将给以联合国为核心的国际体系和以国际法为基础的国际秩序带来严重冲击。各国应超越意识形态分歧，相互尊重彼此的价值理念、社会制度和发展道路，尊重差异，坚持开放包容，防止世界走向分化，陷入所谓“新冷战”。

三、以“一带一路”机制建设推动全球治理变革

自 2013 年我国提出共建“一带一路”倡议以来，它已经成为广受欢迎的国际公共产品，成为国际合作的重要平台，随着“一带一路”建设的深入推进，其机制建设会进一步加快。这也是全球经济治理体系改革和完善的重要内容。“一带一路”机制建设将进一步丰富和完善国际公共产品供给体系。中国作为一个发展中的大国，更是全球最大的发展中国家，在承担自身巨大发展任务的同时，也努力承担与自身能力相匹配的国际责任，中国将与“一带一路”沿线国家一道，积极探索构建国际公共产品供给的新机制，共同推进区域性与全球性跨国合作机制，促进国际经济新秩序进一步完善。

（一）“一带一路”机制建设体现各方相互尊重、互不干涉内政和务实合作

近年来，单边主义和保护主义抬头，全球治理体系面临“碎片化”和“意识形态化”双重压力。全球治理机制改革，必须

恪守主权平等、不干涉内政、和平解决争端等国际关系基本准则，反对单边制裁和长臂管辖。“一带一路”机制建设不带任何政治标准，强调求同存异、和而不同。在与有关国家共建“一带一路”进程中，中方从不强加于人，每一个项目都是有关各方相互协商的结果。“一带一路”倡议之所以受到沿线国家和人民的欢迎，一个重要因素就是它不强调意识形态，没有地缘政治算计，反对“冷战”思维。“一带一路”机制建设维护多边贸易体制和国际经贸规则，推动贸易和投资的自由化、便利化，尊重WTO框架下的争端解决机制，倡导以积极的谈判和磋商消除国际贸易分歧，反对贸易保护和长臂管辖。

（二）“一带一路”机制建设体现包容性、共享性和开放性

中国国家领导人指出，“一带一路”是共赢的，各国共同参与，遵循共商共建共享原则，实现共同发展繁荣。这条路不是某一方的私家小路，而是大家携手前进的阳光大道。共商共建共享是“一带一路”建设的黄金法则。中方在与有关国家共建“一带一路”进程中，始终坚持平等、开放、透明、按照市场规律和通行国际规则行事。“一带一路”是共商共建共享的联动发展倡议，其体制也是由沿线国家一起建设，让沿线各国成为世界和平与发展的参与者、贡献者、受益者。“一带一路”机制注重与现有区域合作机制相铺相成、相互对接，能够让不同区域的合作机制包容共存，不是要替代现有地区合作机制和倡议，而是要在已有基础上，坚决维护以《联合国宪章》宗旨和原则为核心的国际秩序，推动沿线国家实现发展战略相互对接、优势互补，推动构建以合作共赢为核心的新型国际关系和治理体系。

（三）“一带一路”机制建设体现宽领域、多层次和综合性

“一带一路”建设内容是丰富的、全面的，体现的也是宽领域多层次的综合性国际合作机制。除了贸易和投资，沿线国家在很多领域与中国存在合作空间，包括公共卫生、产业链合作，能源合作、金融合作、应对气候变化合作、科技合作等等。“一带一路”机制建设也是多层次的，既有双边合作机制对接，也有多边合作机制的创建和连接。在贸易和投资方面，可以积极探索构建“一带一路”框架下经贸投资机制安排，在充分考虑沿线各国国情，体现灵活性和差别性基础上，探索研究“一带一路”沿线主要国家的自贸协定（FTA）。根据形势发展需要和沿线各国诉求，在共同协商的基础上，可以考虑适时完善、建立和“一带一路”的公共卫生合作机制、能源合作机制、气候变化合作机制等。“一带一路”机制建设参与主体是综合性的，既包括沿线国家政府组织、民间组织，也包括现有的诸多多边合作平台，包括上海合作组织、亚太经合组织、亚欧会议等。同时，除了国家层面，在地区层面、城市层面都可以有相关机制安排。

四、中美在经济全球化和区域经济一体化中的合作大有可为

面对经济全球化带来的机遇和挑战，正确的选择是充分利用一切机遇，合作应对一切挑战，引导好经济全球化走向，使之在政府与市场、发展与安全、自由与公平之间实现平衡。在这个背景下，作为世界前两大经济体、最大的发展中国家和最大的发达国家，中美关系超越双边范畴，在全球和区域层面，双方可以合

作的领域有很多。

（一）加强在应对全球性挑战方面的双边合作

在共同应对全球性重大挑战上，中美存在广泛共同利益，也肩负着重要责任，应对彼此有正确认知，顺应和平发展、合作共赢的历史潮流。当务之急是共同抗击新冠肺炎疫情。双方应在药物与疫苗研发、生产、分配等方面加强合作，携手提高全球疫苗的可获得性和可负担性。同时，开展宏观经济政策协调，推动两国和全球经济尽快复苏，加强在基础设施、人工智能、清洁能源、数字经济等领域的合作，共同稳市场、保增长、护民生。另外，中美两国政府在应对气候变化方面有明显的政策共识，应借鉴曾携手促成《巴黎协定》的成功经验，继续加强气候领域的合作，共同引领世界各国减缓和适应气候变化。在防止核扩散、反恐、救灾、减贫等问题上，中美都有过良好的合作基础，当前双方应积极在这些领域重建对话、开展合作。

（二）积极合作推动全球治理变革

全球治理体系只有适应国际经济格局新要求，才能为全球经济提供有力保障。当前对全球治理机制体制进行相应调整比以往任何时候都更加迫切。中美作为世界上两个重要国家，在国际事务中具有重要影响，应该在推动全球治理方面相向而行，加强各个层面上的合作与协调，寻找更具可行性和包容性的办法，推动全球治理体系朝着更加公正合理有效的方向发展。双方应坚持多边主义，维护以联合国为核心的国际体系和以国际法为基础的国际秩序，加强在联合国、二十国集团、亚太经合组织等多边机制内的沟通和协调，在多边贸易、国际金融、数字经济、公共卫生、全球安全等全球治理规则的制定和完善方面加强合作，共同构建人类命运共同体。

（三）共同推动提升区域经济合作的开放度和包容性

将一国国内法凌驾于国际法之上、将一国意愿强加于其他国家的做法是不可持续的。中美双方应积极推动各国在相互尊重、平等协商、互利共赢的原则基础上，凭借市场潜力、政策环境等要素，吸引贸易伙伴；在开放、包容、透明的原则基础上，推动区域经济一体化。中美需推动各国寻找“最大公约数”，摒弃意识形态争论，跨越文明冲突陷阱，共建“求同存异，和而不同、相互尊重、共担责任”的区域一体化轨道。

（四）共同推动形成高水平的亚太区域经济合作

中美双方都是亚太大家庭的一员，完全可以拥有共同的“朋友圈”。双方应尽快与各亚太国家一起在 APEC 的发展方向、推进方式、发展目标等方面达成重要共识。加快在亚太地区推动形成高水平的区域经济合作。在双边层面尽快重启双边投资协定（BIT）谈判，考虑在 BIT 的基础上，再加入贸易谈判内容，把 BIT 扩展到《双边投资贸易协定》（BITT），使之与《全面和进步跨太平洋伙伴关系协定》（CPTPP）和《区域全面经济伙伴关系协定》（RCEP）规则互联互通，进而成为二者之间的纽带或桥梁，共同推动形成涵盖更多成员国和更广泛自由贸易空间的亚太自由贸易区（FTAAP）。

（五）共同推进高质量的第三方市场合作

第三方市场合作顺应经济全球化的历史潮流，契合各国开放合作、联动发展的现实需要，发展前景广阔。中美开展第三方市场合作，不仅对于构建长期稳定的中美关系具有重要的战略意义，还有助于造就全球经济增长新动力。双方应在第三方市场积极开展合作，将中国的优质产能同美国的关键技术和先进装备等要素相结合，并与第三方市场的工业化、城镇化需求相对接，为第三方提供高质量的基础设施和可持续的产业体系，实现三方共赢。

专题报告二　共同富裕思想的物理学和数学原理

（陆军研究院系统工程研究所价值工程研究室研究员）欧阳国华

［摘　要］ 共同富裕是共同体成员共同支配丰富资源进而实现人类共生共存的比较优势作用机制。共生共存是共同富裕的动力学机制。共同富裕思想高度契合量子力比较优势叠加规律，遵循物理学惯性定律和动量定理，满足斐波纳契数列和黄金分割规律，是科学的、稳定的、可以传承并近乎永恒的制度设计，是一定条件下人类生存发展的最先进选择。共同富裕机制具有科学意义上的先进性和终极永恒性，是社会主义和共产主义的内在本质要求和根本目标，是人类命运共同体长治久安的千古良策。

［关键词］ 共同富裕　科学性　物理学原理　数学原理

中国共产党第十九次全国代表大会宣示“中国特色社会主义进入新时代”，这个新时代“是全国各族人民团结奋斗、不断创造美好生活、逐步实现全体人民共同富裕的时代”[①]；到2035年，“全体人民共同富裕迈出坚实步伐”，到2050年，“全体人民共同富裕基本实现，我国人民将享有更加幸福安康的生活”。中国共产党十九届五中全会提出2035年“全体人民共同富裕取得更为明显的实质性进展”现代化远景目标，强调“扎实推动共同富裕，不断增强人民群众获得感、幸福感、安全感，促进人的全面发展和社会全面进步”。共同富裕思想具有鲜明的唯物主义性质，从物理学、数学方面揭示了共同富裕思想科学性的作用机理，有利于正确理解共同富裕思想产生的客观性、先进性和规律性，有助于正确认识中国特色社会主义的性质及所处的历史地位，有助于加强共同富裕理论自信、制度自信和道路自信，支撑中华民族伟大复兴工作。

一、共同富裕思想的内涵与外延

（一）共同富裕思想的内涵条件

“共同富裕”是指共同体成员共同支配丰富资源进而实现人类共生共存的作用机制。它包括五个内涵条件：一是共同富裕的主体是共同体参照系，而不是个体参照系；二是共同体成员共同创造“丰衣足食”的物质和精神条件，基本满足共同体生存，基本消灭贫困；三是共同体成员共同支配“丰衣足食”的物质和精神条件，成员间物质和精神分配不存在两极分化，也不存在平均主义；四是共同富裕是一个长时间的效能累积过程，不会一蹴而

① 习近平：《决胜全面建成小康社会 夺取新时代中国特色社会主义伟大胜利——在中国共产党第十九次全国代表大会上的报告》，北京：人民出版社，2017年版。

就，尤其是在生产力水平很低的情形下；五是共同富裕是一种人类共生共存的比较优势叠加机制，这种叠加机制使人类共同体得以使人类物种保存下来而不致于很快瓦解消亡，个体富裕则使人类物种消亡的风险极大。凡是同时满足五个内涵条件的自然存在都属于共同富裕的范畴。

（二）共同富裕思想的外延体系

共同富裕内涵条件叠加其他条件特征，形成其外延体系。内涵条件越丰富，外延体系越小。按照组织形式标准，共同富裕可以分为家庭共同富裕、家族共同富裕、社团共同富裕、国家共同富裕等；按照国别标准，共同富裕可以分为国内共同富裕、国际共同富裕；按照内容标准，共同富裕可以分为物质共同富裕、精神共同富裕、物质精神共同富裕；按照速度标准，共同富裕可以分为同步共同富裕和异步共同富裕；按照结构，共同富裕可以分为少数人共同富裕、多数人共同富裕和全员共同富裕；按照程度，共同富裕可以分为基本共同富裕、充分共同富裕等。共同富裕外延体系的划分从不同角度满足人类对共同富裕需求的认知和行动。

（三）共同富裕思想源远流长

中华民族五千年传统文化中，蕴含着丰富的共同富裕思想。从先秦哲学中“内圣外王”理想、儒家大同思想、太平天国思想、康有为的大同思想、孙中山的大同思想到中国共产党人的共同富裕思想，中国人民一直对共同富裕社会抱有美好期盼与崇高追求。在欧洲，空想社会主义者、马克思、恩格斯、列宁、斯大林等都对共同富裕思想进行了孜孜以求地探索和实践。共同富裕思想是人类命运共同体千百年来的智慧结晶，是人类文明的伟大创造。

二、人类共生共存是共同富裕的动力学机制

（一）人类共同体是一个比较优势力量共同体

人类共同体是一个命运共同体。从量子力学看来，人类生命体是多量子主体（包括微观主体、中观主体、宏观主体和宇观主体）共享共有、同频共振、同轨共生①的一致性比较优势力量积分，是一种自然选择的比较优势力量叠加，是一种能够处理复杂量子凝聚和辐射问题的比较优势力量共同体。

人类命运共同体必须也必然是一个比较优势力量共同体。只有在共同体机制下，人类物种才能生存下去，才能在自然界立足。

（二）人类共生共存是共同富裕产生的逻辑起点和归宿

人类共同体是一个比较优势力量共同体，这是人类存在的物理学前提，这个比较优势的产生来源于单个生命体能量的同频共振、同轨叠加，如果没有个体能量的纠缠叠加，整体的比较优势就很难形成，人类共同体也就很难存在。在分子生物学和社会学

① 生物工程学生命机理研究发现，“生命不是简单的原子、分子组成，而是由‘共生统一体’形式建构而成的，或者说是以酶的形式存在着”。由于微观生命现象被发现，使共生概念不仅具有生命科学内涵，而且因为它与共存、共处概念如此接近，更具有社会科学、历史文化直至哲学上的意义。吴飞驰的《企业的共生理论》一文中，把共生具体定义为“人类社会中人与人之间相互需求、相互依存的生存状态或生存结构”，提出人类共生的经济学规律——共生律。它是市场经济“看不见的手”的本质，它是冥冥之中引导着每个人走向合作，融合共生的神奇的最基本的“自然律”。遵循共生律的“经济人”在现实世界中不由自主地变为一个“共生人”，因为“共生”是生存成本最低、生存愉悦度最高的理性选择。

上，单个生命体能量共享共有、同频共振、同轨叠加，就是共生共存。共生共存要求生命体共同创造丰富能量、共同支配能量、同频使用能量、同轨叠加能量，一致且极限地使能量积分，大概率形成比较优势，进而生存和壮大。也就是说，人类共同体要生存下去，客观上需要“共生共存”这种能量凝聚机制，而“共生共存”机制在政治经济学上则等效置换为“共同富裕”这种能量凝聚机制。共生共存是共同富裕产生的逻辑起点，也是其逻辑归宿。人类共生共存是共同富裕的动力学机制。

（三）共同富裕是实现人类共生共存的比较优势机制

人类发展史表明，相比个体富裕，共同富裕是人类生存的最优机制。无论是原始共产主义、奴隶制主义、封建主义、资本主义、社会主义实践，还是个体、婚姻家庭、民族、党派、国家、国家联盟的产生演化，都表明共同富裕是实现人类共生共存的最优能量凝聚机制，是客观的自然选择，是主观的必然使然。既是历史的证明，也是逻辑的推导。

（四）资本主义是局部的共同富裕机制

电子、中子、质子、原子、分子、组织、器官等自然存在的形成都具有“共有共享—同频共振—共生共存”力量共同体的特征。从这个意义上讲，儒家学说、佛教学说、基督教义[①]等都或

① 以往的宗教信仰大多建立在对非科学理论的尊崇之上，追求的是超离现实世界的虚构存在，如“来世”“天堂”，是一种典型的自我安慰和麻醉，以此来消解人们为实现现世生活目标的艰苦努力。共同富裕思想信仰建立在科学的理论和客观社会发展规律之上，揭开了人类命运的自然特征，超越了宗教宣称的彼岸幸福和来世解脱，追求的是可以实现的人类大同的美满幸福，体现的是现世的自然人文关怀，只要通过人类“共有共享—同频共振—共生共存”的革命奋斗，就可以在现世实现最美好的梦想。

多或少具有共同富裕思想的微观性质，是一种局部的“微共同富裕机制”，但其未来宿命，只能是共同富裕性质的，或者是极限共同富裕性质的。

需要明确的是，在资本主义、封建主义、奴隶制等私有制结构内部，同样分布着“共有共享—同频共振—共生共存”力量共同体的基因。资本主义、封建主义越发达、越先进、越有效率，其内部的共同富裕性质越明显，从而高效形成“共我”。可以说，极致发达的资本主义内部是一种“微共同富裕机制”，具有和经典共同富裕思想相似性的特征。

在私有制个体外部，充斥着异化的、非同轨同频的力量共同体，相互间产生大量矛盾和冲突，乱象丛生。这是资本主义世界动荡的一种必然。马克思说，“私有制使我们变得如此愚蠢而片面。”[①] 个体主义、私有制不过是共同富裕机制的过程性产物及中间产品。个体主义、私有制对人类来说不是自由王国，也不是必然王国。个体主义经过比较优势力量博弈，最终走向同轨同频，走向有序，走向大同。相比于资本主义来说，共产主义是一种终极意义上的共同富裕思想，更加符合自然规律，符合量子力学和牛顿力学，符合斐波纳契数列和黄金分割律，更能代表人类社会的发展方向。

三、共同富裕思想遵循惯性定律和动量定理

（一）惯性定律与共同富裕惯性

牛顿《自然哲学的数学原理》定义惯性定律：“任何物体都

① 《马克思恩格斯全集》，第42卷，北京：人民出版社，1979年版，第124页。

要保持匀速直线运动状态或静止状态，直到有外力迫使它改变运动状态为止。”[①] 爱因斯坦《狭义相对论论说》表述惯性定律：“一物体在离开其它物体都足够远时，一直保持静止状态或匀速直线运动状态。”[②]

惯性作为物质客观存在的一种定性特征，不论宏大物体，还是微小粒子，不论固体、液体、气体，不论静止物体，还是运动物体，不论物体在地球上，还是在月球上，一切物体在任何时刻、任何情况下都具有惯性。制度作为多量子的一致性作用力积分，是一种客观的物质存在，同样具有惯性，即制度惯性[③]。不论是风俗、习惯、传统、道德，还是国家法律制度，如果没有外力或足够大的外力迫使制度改变状态，制度将保持原来的运动状态。

共同富裕作为一种能量作用机制，具有制度惯性。共同富裕惯性是其机制微分内核包括生产资料共有制、财富共同分配制、财富共同创造制、财富同频共轨制等作用方式，具有保持原有运动状态不变的一种“动量态”存在，是机制内在微分内核本身具有的，无论共同富裕机制是否受外力作用，其“动量态”惯性一直存在，直到被改变为止。根据历史实践和黄金分割规律，共同富裕共有机制在人类社会呈显著力量优势，惯性量极大，共有机制一旦形成，很难被“异化”的私有制力量破坏或改变。在制度力量共同体生成过程中，异化的、非同类的力量将被规制或被消

---

① 牛顿著，赵振江译：《自然哲学的数学原理》，北京：商务印书馆，2006 年版，第 15 页。

② 范岱年、赵中立、许良英编译：《爱因斯坦文集》，北京：商务印书馆，2009 年版。

③ 非初始的万有引力、电磁力、强作用力、弱作用力都是一种制度共同体作用力，生产力、战斗力、综合国力、人的语言表达能力、社交能力、学习能力、工作能力、生存能力、发展潜力、影响力、创造力、发现力等一切所有能力，都是一种制度共同体力量，都是比较优势作用力。

灭，除非受到更大的外力冲量改变其运动方式。共同富裕“共有共享—同频共振—共生共存”的制度惯性将极端稳定并长期存在下去，它决定着“人类命运共同体”的极限存在趋势。

“共有共享—同频共振—共生共存”机制遵循牛顿[①]惯性定律，当出现急剧社会变革时，共同富裕机制也适用牛顿加速度定律，显而易见的是，共同富裕机制与私有制是一对矛盾，自然也满足牛顿第三定律（作用力和反作用力等量）的条件。

（二）动量定理与共同富裕动量

物体的惯性内禀于物体的内在动量。动量是物体运动的一种量度。用物体的质量（m）和它的速度（v）的乘积来描述物体运动状态的物理量叫做动量（P）。其大小等于物体的质量跟速度的乘积。作用在物体上的力和力的作用时间的乘积，叫做该力对物体的冲量。冲量的作用是使受力物体的动量发生变化。

动量定理明确，物体的动量的增量，等于相应时间间隔内物体所受合外力的冲量。数学表达式是：$\Delta\Sigma(Ft)=\Delta mv$。根据动量定理，制度惯性用动量 mv 表示，来源于前手的冲量 Ft（制度生成时的力量与时间的积分）碰撞，通过碰撞，外力的冲量转化为制度的动量，即制度惯性。当不受新的外力作用时，制度惯性一直存在并起作用。

共同富裕的惯性即制度动量，来源于共同富裕机制设立的人力、物力、财力、信息力的矢量和与时间的积分即冲量，通过碰撞如立法、革命、建章立制等行为转化而来。共同富裕机制一旦

---

① 牛顿力学当时被视为理解自然的普世模型，连人体系统及社会力学也不例外。1728 年，法国自然哲学家让·泰奥菲尔·德萨古烈曾在诗中赞颂牛顿力学的普世力量：重力般的引力普遍存在，“在哲学领域可以看到，在政治领域亦然”。

形成，就具备了初始的内在制度动量，即初始惯性，初始惯性动量连续比较优势碰撞叠加（滚雪球效应），形成更大的制度惯性动量，以致极限、永恒。共同富裕“共有共享—同频共振—共生共存”机制严格满足动量定理条件。这为刻画共同富裕机制以及共产主义制度的效能提供了科学的分析工具。

四、共同富裕思想遵循量子力比较优势叠加规律

（一）量子力比较优势叠加规律

量子力学主要研究微观领域基本粒子的运动方式及其规律。量子力学认为，宇观、宏观、中观的物质性质都可以还原到微观量子（即能量子）的运动特征。微观领域基本粒子的量子作用力基于比较优势叠加机理而成中观、宏观和宇观领域的物质作用力。

在任何量子组的博弈系统中，都是比较优势量子组叠加在起主导作用，是量子组比较优势作用力在起作用，只要有最低单位量子的比较优势，量子组叠加作用力就会占主导，作用力主导的行为就会发生，这就是量子力比较优势叠加规律[①]。所谓优势，是指力量在数量对比上表现出较大一方的特征[②]。在一个博弈系统中，较大力量一方的特征总能得到显性的表现。用以描述的比较优势方程为：如果系统中各作用力的博弈之和等于零，则该系统是均衡稳定的系统。实际上，世界是运动着的，这种一般均衡

① 欧阳国华著：《军事经济法原理》，北京：军事科学出版社，2008年版，第21页。

② 我们通常讲的“势力范围”，实际上是指比较优势作用力的范围。

稳定的系统很难观察得到。量子组比较优势作用力的存在，是世界不断运动的根源。没有比较优势[①]作用力，世界将是静止的。

（二）共同富裕机制严格遵循量子力比较优势叠加规律

量子力比较优势叠加规律本质上是一种自我优势进化机制，它使自然界具有了共同体的典型优势力量——“共有共享—同频共振—共生共存”的共同体力量。

“共有共享—同频共振—共生共存”机制的技术路线是：通过“共有共享”量子，实现量子“同频共振”；通过“同频共振”，实现量子叠加；通过量子叠加，形成量子比较优势；通过量子比较优势，实现“共生共存”目的。周期性连续实施量子比较优势叠加机制，进而取得更大比较优势量子体，即形成更大更优的力量共同体[②]。

“共有共享—同频共振—共生共存”周期性生成比较优势力量机制，是自然界得以稳定存在的基本作用形式，是大千世界运行的自然密码，是宇宙运动的基因（DNA），是自然界最普遍的运动规律之一。没有量子的“共有共享—同频共振—共生共存”周期性叠加机制，自然界将处于一种极限无序的境界。

① 比较优势是一个相对的、辩证的概念，不是绝对的、机械的范畴。在这个领域是比较优势，在那个领域可能就是比较劣势；现在是比较优势，瞬间可能就是比较劣势；有因果条件存在是比较优势，没这个条件存在就是比较劣势。不管怎样，只要有量子力比较优势，作用就会发生。

② 实际上，共同富裕思想、社会主义、集体主义形成的原因也在于此。当一个永恒的、唯一的力量共同体形成之前，存在着多个自在的、自行运动的小规模的力量共同体（如行星、恒星），这是私有制主义的一种表现形式。一定规模的私有制主义内部，起作用的仍然是制度的共生作用力机理，即一致性的、共同的、共享的积分叠加机理。私有制本质上是一种微分的公有制。资本主义是一种微分状态的、趋向积分的共同富裕思想。

共同富裕作为典型的“共有共享—同频共振—共生共存”机制，在生命进化过程中起着极为重要的从无序到有序的规制作用，无论是男人还是女人，无论是老人还是孩子，“共有共享—同频共振—共生共存”机制无处不在，无处不起作用。它把各生命体“自由”运动的量子纳入到一个共同的比较优势轨道之内，减少了人类社会的复杂性，减少了内部矛盾和冲突，形成显著比较优势惯性，塑造着人类命运共同体在自然界的比较优势地位。从这个意义上讲，达尔文的自然选择理论与量子力比较优势叠加规律是等效的。宏观世界与微观世界在这里实现了高度统一。

（三）共同富裕是人类命运共同体的初心机制

依据量子力比较优势叠加机理，人类可以设计不同制度形成力量共同体，同时借助外部强制力来推动力量共同体的建立。

生产资料产权公有制是共同富裕最显著的力量共同体模式，异化的、非同轨的力量被规制并趋向于零。相比私有制的个体力量，共同富裕塑造的力量共同体是一个巨额效能体，惯性巨大，稳定性强，优势明显，具有先进性①。共同富裕机制可以大幅度降低社会复杂化和不确定性，遏制机会主义，降低时间成本，给人们以心理上的幸福感和安全感：自己归属于一个有序的、稳定的同轨同频的力量共同体，不是行为异类，不会或很少产生行为冲突；在力量共同体中，生存成本很低，风险极少。“共同富裕力量共同体”是大势所趋，它最终使人类从被动的“应付王国”

① 制度的稳定性遏制不确定性和机会主义，具有先进的一面，当然也有其消极的一面，这主要表现制度一旦形成后，其作用和影响则是长期性的，当这种制度已经不再适应社会经济发展的要求时，其稳定性将使这种制度成为社会经济发展的长期阻力。

走向同轨道、同命运的“自由王国”，走向世界大同，走向宇宙一体。显而易见，共同富裕力量共同体是目前人类历史上最理想、最进步、最美好的社会组织形式[①]，是实现个人参照系目标的最优势路径，这个美好的社会目标一直激励着全世界无产阶级为之奋斗。马克思、恩格斯关于消灭剥削和压迫等一切不公正社会制度、实现全人类解放和幸福的共产主义学说，反映了整个人类进步的理想追求。

共同富裕思想基于“共有共享—同频共振—共生共存”力量共同体模式设计，就是遵循“宇宙的原本初心”，就是不忘自然世界的初始密码，就是看齐人类社会的运动基因，就是把人类导入到“自由使然”的天然境界。共同富裕作用机理就像“量子纠缠的手”一样，社会越是冷漠自私、越是贫富分化、越是等级森严、越是矛盾冲突，就越是需要同频共振，就越是需要共享共荣，就越是需要命运大同。因为它是人类“同频共振—共生共存初心”的自然流露和直接要求。对于“初心”日益“异化”的当代社会来说，共同富裕思想的人性“初心”更是弥足珍贵。经过周期性的波动后，现在是再度回归“初心”的正当时。

---

① 天下“人同此心、心同此理”。自古便有均平富、求大同的思想。《礼记》讲“大道之行也，天下为公”；《大同书》言“无私产则无有田宅、工商、产业之讼”，这些文化具有共同富裕思想的萌芽性质。可以说，共同富裕思想反映着人类最美好的社会愿景，更是对人类社会发展规律的深刻揭示。

五、共同富裕思想遵循斐波纳契数列和黄金分割规律

（一）斐波纳契数列和黄金分割规律

斐波纳契数列[①]指的是这样一个数列：0，1，1，2，3，5，8，13，21，34，55，89，144，233，377，610，987，1597，2584，4181，6765，10946，17711，28657，46368……

这个数列从第3项开始，每一项都等于前两项之和。

如果设F（n）为该数列的第n项（$n \in N$），那么这句话可以写成如下形式：F（n）=F（n-1）+F（n-2）。

这是一个线性递推数列，完全是自然数，通项公式能用无理数来表达。且当n趋向于无穷大时，前一项与后一项的比值越来越逼近黄金分割0.618（或者说后一项与前一项的比值小数部分越来越逼近0.618）。

斐波纳契数列（Fibonacci sequence）又称黄金分割数列，由意大利数学家列昂纳多·斐波纳契（Leonardo Pisano Fibonacci）发现提出。黄金分割数列反映着自然界大概率事物的存在和运动规律，是自然界的遗传密码。

斐波纳契数列契合量子力学叠加原理，形成量子黄金分割理论。广义相对论框架下，斐波纳契数列等效于量子线性迭代数列，满足人类社会作为量子运动对数学分析的基本条件要求。

① 在现代物理、准晶体结构、化学等领域，斐波纳契数列都有直接的应用。为此，美国数学会从1963年起出版了以《斐波纳契数列季刊》为名的一份数学杂志，用于专门刊载这方面的研究成果。

（二）共同富裕机制的黄金分割性质

人是自然的组成部分，人的自然属性派生出社会属性和经济属性。人的主流行为制度都遵循且必须遵循自然规律，遵循和符合物理、化学和数学规律。

牛顿力学、量子力学和数学是理解社会力学包括共同富裕思想、资本主义制度的良好分析工具，它能解释个体主义如何形成整体社会经济活动的共同富裕行为这一发展规律。

1. 根据量子力学，自然万物都由最基本的、不可再分的量子（即能量子）构成，自然万物的不同表现形式是量子的不同组合。电子、质子、中子、原子、分子、细胞、日月星辰、生物、人类物种都是一种量子组合体。假定人类社会存在公有制向心聚合力和私有制离散力两种性质的力量[①]形式，其他力量形式忽略不计；任何形态的人类社会都存在一定的公有制向心聚合力量和私有制离散力量，整个社会的力量等效于公有制向心聚合力和私有制离散力相加的和，且两种力量的大小可以波动变化。

2. 公有制向心聚合力量和私有制离散力量大小可微分为自然数（即一份一份的量子）表达。

---

① 马克思充分研究了人类的历史、经济和科技的发展，发现人类社会是以物质生产为基础的，现有生产力所决定的分工造成的不同人的经济地位决定了不同人的社会地位，人们之间的经济关系（资源的支配关系）决定了整个社会的形态，法律、道德等上层建筑只是由经济地位占统治地位的群体而决定的。简要地说，人类社会是一个群体的社会，在群体社会的管理过程中人们对社会资源占有（或社会分配）的方式，大概可以分成三种形式：“两极分化”，即一小部分人占有社会的绝大部分资源，也就是人们的贫富差距很大，占有绝大部分社会资源的一小部分人就是统治阶级；“相对平等”，即整个社会的人们贫富差距不大，仍旧是私有制社会，人们各自的财产被限制在社会相对均衡的数量里，控制社会财富分配的是统治阶级；“按需所取”，即人们共同占有社会资源并根据自己的需求而自由提取，社会资源已成为人们共享资源，没有私有制，也没有统治阶级。

3. 根据万有引力定律和牛顿第三定律，两种力作用方向近似相反，并且线性相互作用。线性作用的结果即合外力的方向和大小，反映这个社会的公有制性质还是私有制性质。私有制离散力量大时，为私有制社会，如资本主义、封建主义、奴隶制；公有制向心聚合力量大时，为公有制社会，如社会主义、共同富裕社会。

4. 共同富裕机制是以公有制向心聚合力量占主导的社会资源力量配置制度，资本主义、封建主义、奴隶制是以私有制离散力量占主导的社会资源力量配置制度。

5. 共同富裕机制下，私有制离散力量小于公有制向心聚合力量，且私有制离散力量加上公有制向心聚合力量等于人类社会力量。

适用以上假设，共同富裕机制显著满足斐波纳契数列的基本条件，遵循斐波纳契数列的基本规律，且：

私有制离散力量/公有制向心聚合力量≈0.618

或公有制聚合力量/私有制离散力量≈1.618

1.618 为公有制向心聚合力量相对于私有制离散力量的最低作用力倍数；这是共同富裕机制稳定存在的最低力量结构比例。根据牛顿惯性定律，公有制向心聚合作用力倍数上限趋向于无穷大时，其在整个社会中所占的力量比例趋向于极限大，人类社会合外力趋向于零或不受外力，社会系统保持原有的运动状态。

显而易见的是，在目前主要社会主义国家，公有制向心聚合力量远远大于私有制离散力量，无论是 GDP，还是税率比例、银行存款结构指标，都充分体现了黄金分割规律。当社会生产力大力发展的时候，公有制向心聚合力量比例还会上升。根据黄金分割规律，标准的共同富裕机制力量结构为公有制向心聚合力量占比为 61.8% ~94.4%。低于 61.8%，社会将极不稳定，共同富裕机制得不到充分体现，不能称之为共同富裕思想；高于94.4%，社会运行成本将急剧增加，边际收益急剧减少，处于一种新的不稳定的失衡状态，也不是共同富裕思想所要追求的。在社会主义初级阶段，公有制向心聚合力量占76.4% ~85.4%是比较适宜的。习近平总书记指出，国有企业是壮大国家综合实力、保障人民共同利益的重要力量，必须理直气壮做强做优做大①。论断充分契合了共同富裕机制公有制向心聚合力量结构的黄金分割性质，满足斐波纳契数列机理，有着显著的科学性，是可以“理直气壮”的。

六、结论：共同富裕思想具有科学意义上的先进性和终极永恒性

共同富裕机制下，生产资料公有制占主导地位，界定私有产权归属边界所需要的费用成本极限降低，维系成本也极限降低，人力资源和物力资源满负荷饱和使用，闲置率极致降低，使用效益极致升高，真正做到人尽其才、物尽其用；社会结构极限稳定，社会管理费用极限降低，个人之间的相互作用力极限减少，人的安全和自由得到最大限度保障，受到的外界不确定影响力最大限度减小，人类的幸福水平、自由指数会越来越高，人类自由使然的生命状态最大限度地得到实现，人类的自然性质得以极致体现。人的自然本质和社会本质保持一致性，矛盾和冲突极致少，人极限接近成为一个自然的人、自在的人。总而言之，共同富裕思想的提出给予人们对于无限未来的伟大理想和希望，为人

① 习近平：《理直气壮做强做优做大国有企业》，求是网，2018年6月6日。

们改善不满足的生活状态指明方向，为改善其精神世界提供了依据。对于生活在痛感之中追求快乐的人们，这是共同富裕思想的伟大之处。

个体通过“共有共享—同频共振—共生共存”机制形成人类命运共同体，这是共同富裕机制的内在逻辑链条。从物理学和数学角度来看，共同富裕机制高度契合量子力比较优势叠加规律，遵循物理学惯性定律和动量定理，符合斐波纳契数列和黄金分割规律，是科学的、稳定的、可以传承的并近乎永恒的制度设计，是一定条件下人类生存发展的最先进选择、自然而然的选择。共同富裕机制具有科学意义上的先进性和终极永恒性，是社会主义和共产主义制度的核心内容，是共产主义理念的简明表达，是人类命运共同体长治久安的千古良策。

专题报告三　后疫情时期我国宏观调控思路

（国家信息中心高级经济师、中国国际经济交流中心博士后）宋瑞礼

[摘　要] 2021 年是我国实施“十四五”规划和全面开启社会主义现代化新征程开局之年，也是探索构建新发展格局的关键之年，更是中国共产党建党 100 周年的光辉之年。与此同时，新冠肺炎疫情变化和外部环境存在诸多不确定性，世界经济形势仍然复杂严峻，国内经济恢复基础尚不牢固。这就意味着谋划好后疫情时期的宏观调控意义很大、任务很重、难度很高。本文坚持系统观念，注重目标导向和问题导向相结合，强调提高政策成效，研究提出了宏观调控要把握好“四个统筹”、做到“三个准”和找好“五个切入点”的思路，以便更好推动国民经济行稳致远。

[关键词] 成效　精准　切入点

一、宏观调控要把握好“四个统筹”

经济社会是个复杂多变的动态大系统，贯彻好稳中求进的工

作总基调，需要宏观调控抓住主要矛盾和矛盾的主要方面，统筹好新战略、新理论、新政策和新形势，更好提升经济发展的整体性和协同性。

（一）统筹好畅通国内大循环与促进国际国内双循环

当今世界正经历百年未有之大变局，经济全球化遭遇逆流，美国对中国贸易科技采取空前封锁打压，疫情冲击带来的衍生风险尚难评估。中国经济规模和制造业产值位居世界前列，消费市场全球成长最快，部分新技术新业态接近或超越发达国家。世情国情划时代的大转折，要求宏观调控精准把握新发展格局的内涵实质，加速重构国内与国际经济关系。要立足国内大循环，尽快贯通生产、分配、流通、消费各环节，提升供给体系对国内需求的适配性，稳步拓展国内供给和国内需求交集，适度降低商品和生产资料大进大出规模，筑牢应对“修昔底德陷阱”和外部疫情风险的屏障。同时，也要统筹促进国际国内双循环，这既是做好“补缺”的必选，比如进口粮油食品、能源矿产、关键设备零部件等国内供给相对不足的产品；更是实现“领先”的首选，只有吸收一切有利于生产力发展的高级要素，才能尽快缩小与发达国家发展水平的差距。这就要求注重发挥比较优势，以国内大循环吸引全球优质资源要素，充分利用国内国际两个市场两种资源，积极促进内需和外需、进口和出口，引进外资和对外投资协调发展。

（二）统筹好供给侧结构性改革与需求侧管理

中国人口红利消失和资本边际报酬递减，单靠扩大资源投入的增量驱动模式，很难达到预期的政策效果。改革不仅可以提高增量资源的使用效率，还可以提升存量资源的使用效率，具有很强的“倍增效应”。供给侧结构性改革既注重适当增加资源投入量，更注重让改革变量发挥更大作用，是应对需求侧管理政策边际效应递减的根本出路，也是破解当下中国经济增长瓶颈的必然选择，理应成为宏观调控的主题和主线。同时也应意识到，实际经济增长边界由供给和需求两侧共同决定，只要供需一侧有短板，经济增长成效就会打折扣。这就要求宏观调控把加强需求侧管理与供给侧结构性改革结合起来，用好扩大内需这个战略基点，合理引导消费和投资，加快培育完整内需体系，动态衔接好供给总量和结构，形成需求牵引供给、供给创造需求的更高水平动态平衡，不断提升国民经济体系整体效能。

（三）统筹好逆周期调节与跨周期政策设计

经济周期实时动态变化，政策工具发挥效力存在时滞，容易导致逆周期调控出现顺周期的调控效果。这就要求宏观调控不仅要看当前，更要谋长远，统筹好逆周期调节和跨周期政策设计。从时空维度来看，逆周期调节是纵向调控，即通过调试政策对短期经济周期波动进行削峰或填谷，防止经济超级繁荣和严重衰退交替出现；跨周期政策设计是横向调控，即政策调整要着眼于未来不出现大的周期过度波动，杜绝埋下“短多长空”的政策隐患，确保经济实现长期平稳增长。因此，宏观调控需要加快构建“纵横双向”调控机制，在搞好经济预测和测度政策工具释放效力的时间曲线的前提下，合理搭配财政、货币和就业等政策工具，形成更有效的政策组合，拿捏好政策力度，更好地把解决短期经济问题与五年发展规划确定的各项任务有机衔接起来。统筹考虑全球疫情可能带来的超出预期变化，宏观调控在完成常态任务的同时还要“干一手、备一手”，合理配置政策资源，避免短期内打光所有政策“子弹”，为守住经济基本盘留足余地。

（四）统筹好疫情防控常态化与保持经济平稳增长

经济价值创造来源于循环，新冠肺炎疫情最好的防疫措施是隔离，隔离会阻碍循环，这导致疫情破坏力远超过 20 世纪美国“大萧条”以来所有的经济危机。要意识到，一旦疫情防控出现失误，影响到社会正常的经济运行秩序，前期的抗疫和经济发展成果有可能得而复失。因此，统筹好疫情防控常态化和保持经济平稳增长是宏观调控的重中之重。要加快完善“对外疫情防控网、对内疫情监测网”，毫不放松抓好“外防输入、内防反弹”工作，阻断冷链等新传播通道，建立重点易感人群定期抽查机制，力争早发现、早处置，确保不出现规模性输入和反弹；备足口罩和药品等物资，扩大新冠肺炎疫苗接种人群规模，提升疫情防控能力。同时，要用好我国疫情防控形势稳定的宝贵时间窗，抓紧部署国民经济发展各项任务，确保疫情防控和经济发展“两不误”、全面开启建设社会主义现代化强国新征程“不停滞”。

二、宏观调控要力争做到“三个准”

面对近年来中国经济少有的复杂严峻、高度不确定性局面，宏观调控需坚持目标导向和问题导向相结合，聚焦突出问题和短板，把形势搞准、把目标选准、把政策对准，确保经济运行稳质量优。

（一）形势判断要搞准

科学把握分析经济形势，既要看表面也要看内在。中国率先控制住新冠肺炎疫情，经济正常秩序得到基本恢复，出口增速超预期增长，叠加同期低基数影响，按照趋势外推，季度 GDP 增速走势“前高后低”，全年 GDP 增速有望创出近几年以来的新高，国际货币基金组织等绝大多数国内外知名研究机构的预测中值为8%左右。生猪供给改善，居民消费价格指数将冲高回落。2021 年我国宏观经济运行大概率将表现出“高增长、低通胀”的“形稳”特征。但同时也应看到，中国经济恢复基础尚不牢固，深层次结构性矛盾依然突出，新旧增长动能转化尚未完成，疫情变化和外部环境存在诸多不确定性，全球经济大衰退背景下的出口“非典型繁荣”持续性不足，美国等主要经济体流动性宽松增加大宗商品价格上涨压力，这表明2021 年宏观经济“形稳”之下仍存在多种负向冲击因素交织带来的“势不稳”挑战。

（二）调控目标要选准

基于对形势的判断，“稳住势”应是2021 年宏观调控的首要目标。“势”的内涵体现“一主多维”的目标体系：“一主”即 GDP 要保持合理增速。只有速度稳，发展势头才能稳。党的十九届五中全会《建议》提出，到 2035 年人均 GDP 达到中等收入国家水平的目标，据测算未来 15 年年均增长速度应保持在 4. 73%以上。统筹考虑当前中国内外部发展环境的艰巨性和复杂性，以及 2020 年疫情带来的低基数影响，应尽力确保 2021 年 GDP 增速保持在 7. 6%左右。“多维”即 GDP 增长要有质量。一是广义物价总水平基本稳定，既要确保 CPI 和 PPI 涨幅处于合理区间，避免实体经济通胀或通缩，也要确保资产价格波动符合基本面走势，防止股价与企业利润、房价与居民收入水平明显背离；二是经济结构更优化，要兼顾效率和安全，理顺内外需关系，研究提出制造业占 GDP 的合理比例；三是实现充分就业，要确保城镇调查失业率低于 5. 5%，更加注重人力资本在促进高质量就业中的作用；四是收入分配结构合理，既要确保居民收入增长和经济增长基本同步，也要确保企业利润和政府税收合理增长，避免“此消彼长”零和调整，更加依靠增量改革实现稳妥调整；五是生态环境持续改善，研究制定碳排放指标，单位 GDP 能耗和主要污染物排放要继续下降。

（三）政策举措要对准

面对新冠肺炎疫情、经济转型和逆全球化“复合型”挑战，宏观经济政策要对接好国家“十四五”发展规划，紧扣主要调控目标，统筹运用财政、货币、就业、产业、投资、消费、环保、区域、防疫等政策工具，分类设计“一揽子政策组合拳”，操作上要更加精准有效、不急转弯，把握好政策时效度，着力提高阶段性政策的适应性，做到根据形势收放自如，避免形成单向操作市场预期与增长不稳定性因素共振，进而增加恢复增长难度。一是对准供需“两侧发力”，既要扩大国内需求破解有效需求不足的矛盾，助力建设超大规模国内市场，也要持续推进供给侧结构性改革，提高供给体系对国内需求的配适性，尽可能扩大增长边界，确保经济运行在合理区间；二是对准弱项“强本固基”，要统筹好安全与发展，重点解决初级原材料、关键核心技术、重要生产中间品、外需市场等对外依赖过高风险，多措并举提高本土供给消化能力；三是对准民生“升降并举”，要促进高质量就业，优化收入分配格局，扩大民生投资，提升居民收入、中等收入群体规模和公共服务质量；加大民生财政支出强度，着力降低居民住房、教育、医疗支出等生活成本；四是对准生态“科学作为”，要部署开展碳达峰、碳中和相关工作，强化环境保护、节能减排约束性指标管理，完善能源消费双控制度，深入打好污染防治攻坚战。

三、宏观调控要找好“五个切入点”

要坚持系统观念，加强前瞻性思考，善于把握经济运行客观规律，在战略上布好“局”，在关键处落好“子”，找准“牵一发而动全身”的切入点，以小带大，以点带面，配置好政府资源，引导好市场资源配置，着力提高宏观调控政策成效，以达到事半功倍的目的。

（一）把科技自立自强作为创新驱动发展的切入点

创新是经济增长永不衰竭的唯一动力，需要把创新放在中国现代化建设全局中的核心地位长期不动摇。当前，中国创新面临的环境发生了重大变化。一方面“卡脖子”问题越来越凸显。美国对中国科技封锁打压，导致以芯片制造为代表的技术陷入暂时困境。实践反复告诉我们，关键核心技术是要不来、买不来、讨不来的，需要把关键核心技术掌握在自己手中。另一方面可学习借鉴的技术越来越少。经过多年努力，中国科技事业密集发力、加速跨越，实现了历史性、整体性、格局性重大变化，重大创新成果竞相涌现，一些前沿方向开始进入并行、领跑阶段。这就说明，实现科技自立自强，已到了刻不容缓的阶段。因此，宏观调控要把科技自立自强作为推动创新驱动发展的重要切入点。当务之急是要在遵循市场规律的前提下，充分发挥新型举国体制优势，注重提升龙头企业引领带动作用，调动一切可以调动的力量，推动优势科研资源归集聚焦，组织实施好关键核心技术攻关工程，争取打赢“卡脖子”技术攻坚战。同时，也要加快建立科技自立自强长效机制。一是健全特殊拔尖科研人才培养和发现机制，完善“揭榜挂帅”制度，促使更多优秀人才脱颖而出；二是探索由政府出资设立国家天使科研基金[①]，重点支持青年科研人员兴趣导向研究，提升原始创新能力；三是改革科研考核评价机制，不以数量论英雄，广泛推行代表作制度，改善科技创新成果质量；四是强化企业创新主体地位，促进创新要素向企业集中，推动产学研深度融合，贯通科技创新与产业创新循环，着力提高科技创新成果转移转化效率。

（二）把提振有效投资作为扩大内需的切入点

投资具有需求和供给双重属性，不仅是总需求的组成部分，也是决定下一期生产能力规模和质量的关键变量，直接影响着居民收入、企业利润和政府税收，间接影响着消费和出口；中国仍是追赶型经济体，缩小人均 GDP 水平与发达国家差距仍需依靠投资持续扩大资本积累；相对于消费和出口，投资需求对财政和货币政策工具最敏感，这说明，保持投资合理增长，增强投资增长后劲，对于中国稳增长、促发展和缩差距仍具有重要作用。当前，中国投资领域的主要矛盾是质量不高而非规模和比例过大，因此，宏观调控要把提振有效投资作为 2021 年扩大内需的重要切入点，用好财政货币政策工具，增强中央预算内投资带动力，提高差异化信贷政策精准性，发挥好政府投资“四两拨千斤”撬动功能，推动形成投资品“生产端和使用端”高质量循环，引导好全社会进行有效投资。一是投资品生产端提质增效。据 2017 年投入产出表测算，我国房屋建筑和土木工程建筑占全社会资产形成总额的比重高达 54%，设备工器具购置比例相对偏低。要加大研究和试验发展投入，提高软件服务质量，增加专用设备、金

① 借鉴天使投资思路，不以提高短期科研成果产出为考核目标。

属加工机械和通信设备等高科技含量，扩大优质投资品供给规模；研究出台提高建筑工程质量的举措，防止投资资源低效浪费。二是投资品使用端配置高效。一方面要合理确定投资规模。把经济增长目标增速、负债水平、政府和全社会投资潜力等作为重要参考依据，既不过度投资引发经济过热，也不过度收缩加剧经济下行压力；另一方面要科学确定投资范围。重点选择新消费供给行业、战略性新兴产业、传统产业设备更新和技术改造、新兴基础设施、教育医疗等外溢性强、就业带动能力大、社会效益高领域的投资项目；严禁重复和落后项目投资。

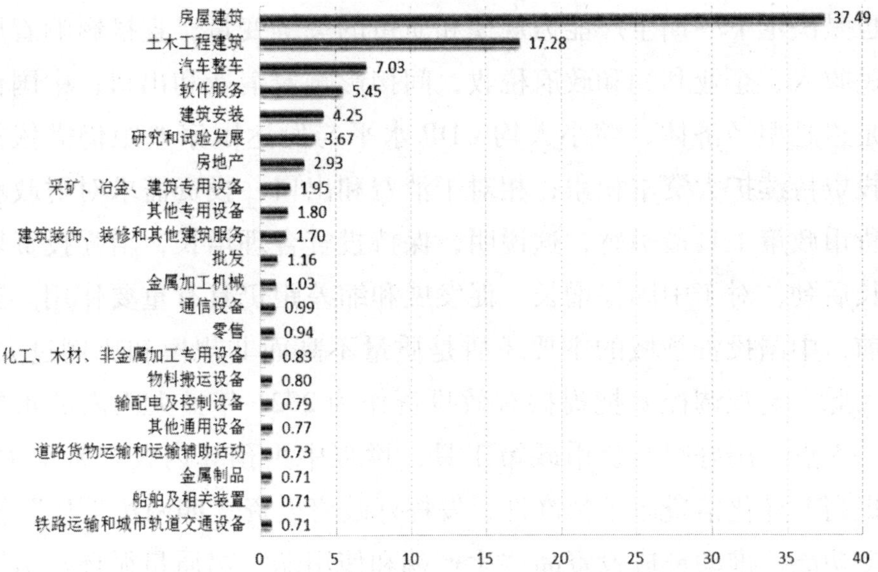

图 1　中国资本品供给占比排名前 20 位的行业

资料来源：根据 2017 年全国投入产出表整理。

（三）把增强盈利能力作为发展实体经济的切入点

实体经济是一国经济的立身之本，是财富创造的根本源泉，是国家强盛的重要支柱。中国是全世界唯一拥有联合国产业分类当中全部工业门类的国家，又是全球消费大国和制造大国，实体经济稳国内经济基础才能牢固。保持实体经济健康可持续发展的关键核心是盈利。只有实体经济盈利能力强，才能从根本上解决资金“脱实入虚”、企业高负债高杠杆和制造业投资内生增长乏力等问题。当前，中国实体经济盈利承受着需求市场扩张速度放缓、生产成本增长过快和疫情冲击等多重挤压。这要求宏观调控把发展实体经济的工作重心放到增强盈利性上，围绕“降低、提升、贯通”三方面设计一套政策组合拳，助力经济尽快转入自主复苏轨道。一是降低综合性生产成本。统筹做好宏观上国际对比和微观上“解剖麻雀”，有序降低能源、物流、税费和利率等方面可能存在不合理成本；同时，适度调控人民币汇率波动速率，注重依托国内超大市场提升对国外大宗商品定价议价权，防止周期性躁动因素放大短期生产成本。二是提升生产成本消化能力。要推进产业基础高级化、产业链现代化，科学引导专业化精细分工，建立高效产业空间组织形式，提升产业创新能力、竞争力和综合实力，形成更高效率和更高质量的投入产出关系。三是贯通实体与金融资金循环。要着力推进金融供给侧结构性改革，抑制“以钱生钱”金融模式过度创新，支持金融服务实体经济创新，持续优化融资结构和金融机构体系、市场体系、产品体系，为实体经济发展提供更高质量、更有效率的金融服务，确保金融行业收益主要在服务实体中实现。

（四）把深化改革作为提高经济发展效率的切入点

通过深化改革提高效率，是未来中国经济发展的最大潜力所在。只有改革到位，单位生产要素投入才能带来更高的产出。让市场在资源配置中的决定性作用，更好发挥政府作用，都要求通过深化改革同步提高市场和政府在资源配置中的效率。当前，中国社会主要矛盾变化带来的新特征新要求，错综复杂国际环境带来的新矛盾新挑战，全面深化改革的阶段性新特点新任务，意味着改革又到了一个新的关头。因此，要推动改革和发展深度融合、高效联动，在一些关键点上发力见效，起到牵一发而动全身的效果，更好发挥改革对于提高经济发展效率的“倍增效应”。一是强化反垄断和防止资本无序扩张。要完善平台企业垄断认定、数据收集使用管理、消费者权益保护等方面的法律规范；加强规制，提升监管能力，坚决反对垄断和不正当竞争行为，切实降低不合理垄断带来的效率损失。二是改革重要宏观调控政策工具。要深化预算管理制度改革，强化预算约束和绩效管理，提高财政资源使用效率；完善货币供应调控体系，健全市场化利率形成和传导机制，提高货币流动速度，降低经济发展对货币数量的依赖；探索构建发展规划与宏观调控常态化对接衔接机制，提升政策中长期资源配置效率。三是持续深化现代企业制度改革。要加快完善中国特色现代企业制度，深化国有企业混合所有制改革，优化民营经济发展环境，弘扬企业家精神，加快建设世界一流企业，提升微观主体资源配置效率。四是深化农村土地改革。要加快建立规范高效的“所有权、承包权、经营权”运行机制，构建新型农业经营体系，发展多种形式适度规模经营，鼓励运用先进农业技术，提高土地产出率和劳动生产率。五是健全自然资源开发利用制度体系。要推进资源总量管理、科学配置、全面节约、循环利用，健全自然资源资产产权制度和法律法规，完善资源价格形成机制，加快构建废旧物资循环利用体系，推行垃圾分类和减量化、资源化，提高自然资源配置和使用效率。

（五）把稳住大城市房价作为搞好房地产调控的切入点

房地产是集实体经济、虚拟经济、政府收入和居住民生多重属性于一身的特殊产业，调控难度很大，处理不好容易顾此失彼，引发经济和社会问题。当前，中国房地产市场走势出现了新特点，从发展趋势来看，由过去的普涨格局转变为结构性地区分化，新经济发展较好和人口流入的大城市房价上涨压力大；从短期来看，为应对新冠肺炎疫情冲击，货币供给宽松度有所提升，进一步强化了大城市房价上涨预期，部分大城市已出现或正在出现上涨苗头。一旦大城市房价过快上涨的“势”确立，就会触发大量投机需求，增加中低收入群体购房生活成本，通过示范效应带动周边城市房价上涨，进一步放大并积累金融风险，这对于刚从疫情冲击中恢复的国民经济具有较大副作用。因此，宏观调控要稳字当头，坚持“房子是用来住的，不是用来炒”的定位，牢牢扭住大城市房价这个“牛鼻子”，协调推进住房供给侧结构性改革和需求侧管理，确保既不出现房价大涨，也不出现房价大跌。一是探索构建大城市人口反向流动机制。要以推动统一市场建设、基础设施一体高效、公共服务共建共享、产业专业化分工协作等为重点，提升大城市与周边城市同城化水平，做优大都市经济圈，有效疏散大城市人口，降低大城市住房需求强度。二是匹配好住房供给与人口规模。要深化大城市土地供给侧结构性改革，以合理需求确定供给规模，加快居住用地供地节奏，调整住房和商业办公用地比例，通过城市更新释放新空间，着力解决住房结构性供给不足的矛盾。三是搞好房价逆周期调节。要落实大城市主体责任，健全政策协同机制、监测预警机制和舆论引导机制，建立房地产金融审慎管理制度，全面开展房地产市场调控评价考核工作，分档设置房地产贷款余额占比和个人住房贷款余额占比两个上限，建立区域差别化调节机制，掌握好住房信贷供给规模的度，着力稳地价、稳房价、稳预期，促进房地产市场平稳健康发展。

专题报告四　我国数据交易平台面临的挑战与对策

（国家信息中心办公室副主任、研究员）吕欣
（国家信息中心助理研究员）岳未祯

［摘　要］数字经济时代，数据要素发挥价值的关键在于流通。数据交易平台是数据交易流通的基础设施和重要载体。从整体看，目前我国数据交易平台面临交易活跃度不高、交易规则不健全和数据安全保护不足三大挑战，应从打通交易堵点、解决交易难点、消除交易痛点等方面发力，建设数据交易平台，激发数据要素活力，助推数据要素市场高质量发展。

［关键词］数据交易　交易平台　交易规则　数据安全

习总书记强调要发挥数据的基础资源作用和创新引擎作用，2020年4月发布的《中共中央、国务院关于构建更加完善的要素市场化配置体制机制的意见》提出要加快培育发展数据要素市场。随着数据要素市场化配置进程的不断推进，数据交易流通在促进数据价值释放方面的作用越来越凸显。

一、全球愈加注重数据要素的价值释放

进入数字经济时代，世界各国都非常重视数据要素在重塑经济运行模式、促进社会发展变革和提升国家治理能力等方面产生的重要作用。

（一）发达国家纷纷立法助力数据交易流通

以美国、英国、日本、欧盟等为代表的发达经济体均把发展大数据上升为国家战略，从数据交易合法化、数据开放共享、数据安全保护、个人隐私保护、个人数据价值、数据权属问题等方面积极布局数据交易流通领域的法律规制建设。

一是注重数据交易合法化。美国的数据交易行为主要通过数据经纪商进行，官方通过立法明确数据交易、数据经纪商、数据交易者等的合法性。二是积极推进数据开放共享。美国较早推动本国政府数据开放共享，并在全球发起政府数据开放运动；德国出台一系列法律致力于实现政府数据的统一开放管理。三是加强数据安全保护。德国重视数据交换过程中的安全问题，率先打造数据空间，构建安全可信的数据交换途径。四是重视个人数据隐私保护。美国针对不同人群的个人数据隐私保护出台法律，如《儿童在线隐私保护法案》等。新加坡立法严控企业盗用、欺诈个人信息行为，处罚力度非常沉重。五是注重个人数据价值释放。日本通过“数据银行”交易模式，推动个人数据交易和流通。六是立法明确数据权属问题。欧盟明确任何可识别的个人数据权归属于个人，而企业享有非个人数据的数据生产者权。

（二）我国数据交易平台发展进入突破期

加快培育和发展数据要素市场，充分释放数据红利和创新红利，加快发展数字经济，已经成为党和政府以及社会各方面的广泛共识。目前我国仍在积极探索推进数据交易流通。与国外相比，我国数据交易平台起步较晚，仍处于初级发展阶段，其发展进程可进一步划分为起步期、成长初期、过渡期和突破期四个阶段。在起步期，数据交易雏形初步显现。2014 年，大数据首次写入政府工作报告。国内首个大数据交易平台——数海大数据交易平台的启动，标志着我国数据交易产业就此起步。在成长初期，平台成立数量成井喷态势。2015—2017 年，我国数据交易平台成立数量迅猛增长。贵阳大数据交易所、华中大数据交易所、武汉长江大数据交易所、武汉东湖大数据交易中心、上海数据交易中心、河南中原数据交易中心等相继成立。在过渡期，平台成立速度急剧减缓。从 2018 年开始，各地成立数据交易平台的热情迅速削减，交易市场并未达到预期的活跃程度，多数交易平台在市场运营中遭遇困境。在突破期，新型平台积极探索突破交易困境的新模式、新思路。自 2019 年年底以来，各地重新布局数据交易平台。山东数据交易公司、湖南大数据交易中心、北部湾大数据交易中心、北京国际大数据交易所纷纷挂牌成立或开工建设。这些新型平台的相继成立，以及全国数据交易联盟的正式揭牌，将为当前数据经济时代探索数据产权制度、数据定价机制等数据交易相关问题贡献新思路和新范式，对于我国培育数据要素市场、推动数字经济高质量发展具有重要意义。

二、我国数据交易平台发展面临三大挑战

全球新冠肺炎疫情的暴发凸显了加速数字化转型、释放数据要素价值的紧迫性与战略重要性。新发展阶段，我国在推动数据交易流通方面还有完善空间，在数据交易平台建设过程中面临“数据交易活跃度不够”的交易堵点、“数据交易规则不健全”的交易难点和“数据安全保护不足”的交易痛点三大挑战。

（一）数据交易活跃度不够，行业发展远不及预期

我国数据交易平台自2014年起步以来，运营情况大多不尽如人意，数据交易规模远不及预期，究其原因主要有以下三个方面。

一是数据交易有效供给不足。国内数据交易平台的数据来源主要包括政府公开数据、企业内部数据、数据供应方提供的数据和网页爬虫数据等。从政府数据来看，截至2020年10月，我国已上线数据开放平台的省级、副省级和地级政府共有142个，平台总数比2019年下半年增长近4成。然而，与发达国家比较而言，我国政府数据开放共享仍处于起步阶段，据统计，全国开放数据集规模仅为美国的1/9。从企业数据来看，很大一部分企业内部沉寂数据资源难以得到有效利用。根据互联网数据中心（IDC）和希捷科技的调研预测，未来两年，企业数据将以42.2%的速度保持高速增长，但仅有32%的数据价值能够被激活。

二是数据需求方交易意愿不强。一方面企业业务部门数据需求不明确，由于对大数据以及大数据的应用场景和价值不了解，

故很难提出对数据的准确需求；另一方面平台进入壁垒相对较低，数据质量参差不齐，数据需求方难以判断数据的质量和价值，交易风险较大，试错成本高，影响交易意愿和积极性。

三是数据交易平台定位不明。各地大数据交易机构遍地开花，在建设中存在定位相似、功能重复、各自为战等问题，数据交易供需双方在选择上存在困扰。此外，数据黑市产业链庞大、交易成本低，且一些大的互联网企业或者第三方数据商都会有自己的数据交易渠道，数据交易平台并不是数据交易流通的必选之项。

（二）数据交易规则不健全，行业缺少整体规划和指引

各地数据交易平台运行在数据交易制度、数据确权、数据定价等关键环节上未能统一规划，进而愈发加剧数据交易壁垒的形成。

一是数据交易制度保障仍缺乏。当前大多数数据交易平台自成体系，自行探索交易规则。如，贵阳大数据交易所制定了《贵阳大数据交易观山湖公约》规范交易行为；数据堂依据《数据堂数据用户服务协议》进行数据交易。数据交易平台缺乏交易规范，不相统一的交易数据格式、交易管理方法等问题制约了全国范围内的数据流通。

二是数据权属问题尚未达成共识。数据交易涉及复杂的权属界定问题，对不同类型数据进行确权的难易程度不一，即使同类数据在不同处理阶段的权属也可能不一，这都增加了数据确权的难度。以个人数据为例，从舆论层面看，社会各界对如何划分数据生产者与数据控制者的产权边界尚存在争论；从法律层面看，我国《民法典》《网络安全法》《数据安全法》等现有法律仅明确了法律对个人信息和数据的保护，但并未对数据权属问题进行

清晰界定。

三是数据资产评估体系尚待建立。不同于其他传统生产要素，数据自身的无形化、复用性高、边际成本低等特性，使得市场法、收益法及成本法等传统资产价值评估方法均存在局限性，较难形成合理的数据评估体系。此外，中国数据交易平台市场未表现出预期的活跃性，数据供需交易量较少，还不足以形成市场化的数据定价机制。目前国内数据交易平台所采用的定价方式主要有第三方平台预定价、协议定价、拍卖定价、按次计价和实时定价五种。

（三）数据安全保护不足，数据交易存在隐私泄露风险

数据作为重要资产，在安全保护方面面临严峻挑战。安全保障压力大、交易监管难度大且缺乏监管细则等安全问题严重阻碍数据交易平台的运营与发展。

一是数据交易安全保障压力大。随着大数据应用的不断深入，网络攻击带来了数据安全风险，隐私数据泄露事件频发，数据交易黑、灰地下产业链活动猖獗。尤其是政务、医疗等高敏感数据，一旦泄露，带来的损失远远超出行业范畴，极大地限制了数据要素价值的释放。根据美国分析机构 Canalys 的统计结果，2020 年全球数据泄露数量比过去 15 年的总和还多，呈爆炸式增长趋势。2020 年勒索软件攻击事件数量与 2019 年相比增长了 60%。这些数据安全的风险影响范围已经从个人、企业逐步辐射到产业甚至是国家，数据安全风险隐患非常突出。

二是数据交易监管难度大。首先，中国经济社会运行数据规模列全球首位。据 IDC 测算，从 2018—2025 年，中国拥有的数据量将从 7.5ZB 增长到 48.6ZB，占全球 27.8%。其次，数据交易涉及环节众多，各种基础性、人为性或合规性原因均可能导致数据发生泄漏，任何一个环节出现问题都将造成后期交易无法完成。最后，中国交易平台数据来源较为复杂，主要包括政府公开数据、企业内部数据、数据供应方提供的数据、网页爬虫数据和合作伙伴数据等多种渠道。数据规模庞大、交易环节众多和来源渠道复杂都在一定程度上增加了数据监管的难度。

三是数据监管法律法规缺乏实施细则。目前中国有关数据方面的法律法规在实际操作中缺乏具体细则。以数据分类分级保护制度为例，于 2021 年 9 月 1 日开始实施的《数据安全法》规定国家建立数据分类分级保护制度，根据数据在经济社会发展中的重要程度以及危害程度进行分类分级，然而该法尚未根据数据的分级做出具体规定。

三、推动我国数据交易平台高质量发展的对策建议

立足我国数据交易平台发展实际，结合以上分析，从打通堵点、解决难点和消除痛点三方面有针对性的提出以下几点对策建议：

（一）打通堵点，提升平台数据交易市场活跃度

一是提升我国数据开放共享质量。夯实数据开放共享制度，提高数据分级分类的精细度，分批分步分类制定和发布公共数据开放共享清单。推进政企数据融合对接，探索企业数据开放激励机制，拓宽政企数据共享范围。建立数据质量管理体系，制定政府数据处理关键共性技术标准和管理规范。二是壮大数据要素应用体系。以应用为场景，以需求为牵引，推进数据开发利用，驱动数据交易业务，围绕数字经济重点产业，推动数据要素全面深

度应用，在应用服务环节实现数据要素的流通和价值变现。选取政务、医疗、交通等若干重点行业开展应用试点示范，探索特色数据应用模式。三是完善数据市场准入机制。严把市场准入关口，建立正面引导清单和负面禁止清单相结合的交易平台准入机制。合理引导数据交易平台差异化定位，对现有各级各类数据交易平台进行适度整合，依据地方特色推动不同领域不同行业的数据交易平台建设，推进数据市场的有序化发展。

（二）解决难点，健全平台数据交易规则体系

一是加快推进数据交易制度建设。尽快出台全国层面的数据交易规章制度及实施细则，明确数据交易全流程规则规范，确保行业发展有规可循开展标准验证和应用试点示范，推动各类数据交易平台能在统一交易制度规范下互联互通。二是建立数据确权基本框架。探索建立覆盖数据全产业链的确权框架，分层分类对不同类型数据及其处理阶段进行动态管理。加快推进《数据产权法》的出台，构建具有法律约束力的数据产权制度，明确数据产权归属，研究制定数据“所有权和使用权”分离机制，厘清边界，保护所有者权益，规范使用者行为。探索借助技术手段实现“不影响数据主体所有权的前提下交易数据使用权”的可行性。三是探索数据分类定价机制。研究制定针对不同类型数据特点采用不同定价机制的定价策略。对于供需方很多的交易数据，可将定价权交给市场；对于供需方较少的交易数据，可探索市场法、收益法等多种定价方式相结合的策略，并确保数据资产定价依据可追根溯源。

（三）消除痛点，落实平台数据交易安全保障机制

一是健全数据安全法律法规和标准建设。加强数据安全监管

法律法规建设，设立数据可交易流通负面清单，明确数据交易各方主体的数据安全法律责任，加强跨境数据流动监督管理，完善打击大数据犯罪相关立法，统筹推进各数据要素市场主体协同发展。持续推动数据质量标准建设，考虑将安全技术指标纳入国家和行业标准中。二是完善协同共治监管机制。理顺政策制定部门、数据管理部门和业务部门的关系，明确任务分工。系统梳理数据要素市场监管环节和线上线下监管需求，从用户监管、平台监管、数据监管等多视角全方位对交易过程进行监管。搭建数据交易协同治理平台，探索政府监管、行业自律和社会公众监督的协同治理方式。三是创新新技术新模式应用。鼓励探索“隐私计算”“动态加密”等数据安全技术和“数据可用不可见”“数据可算不可识”等新模式在数据交易过程中的推广应用，结合应用场景解决数据交易中的可信存证问题。

参考文献

1. 何培育、王潇睿：《我国大数据交易平台的现实困境及对策研究》，《现代情报》2017 年第 8 期。

2. 王卫、张梦君、王晶：《国内外大数据交易平台调研分析》，《情报杂志》2019 年第 2 期。

3. 于施洋、王建冬、郭巧敏：《我国构建数据新型要素市场体系面临的挑战与对策》，《电子政务》2020 年第 3 期。

4. 中国信息通信研究院：《大数据白皮书（2020 年）》。

5. 国家工信安全中心：《中国数据要素市场发展报告（2020—2021 年）》。

专题报告五　数据应用服务产业的发展与展望

（中国国际经济交流中心世界经济部研究员）任海平

［摘　要］数据应用服务是将数据要素转化为生产力要素的前提和基础，数据应用服务产业的形成是数字经济社会分工的必然。美欧等发达国家开源网络情报等数据应用在维护国家安全、保证社会稳定、完善社会治理、促进经济发展、处理国际关系等方面发挥了重要作用。我国基于开源网络数据的数据应用服务还处于萌发阶段，产业发展具有十分紧迫的必要性、比较成熟的可行性和巨大的社会、经济、技术效益空间。亟须抢占数据应用服务产业这个大数据产业发展的制高点，创造培育新产业的新机制，破除数据要素市场化配置的发展障碍，形成数据驱动型创新体系和发展模式。

［关键词］数据应用服务　产业发展　政策建议

当今世界已进入由数据主导的“大时代”。大数据意味着大机遇、大价值，也意味着大考验、大挑战。大数据时代，数据正在成为一种新的生产要素和社会财富，将形成数据材料、数据探矿、数据加工、数据服务等一系列新兴产业。正如习近平总书记所强调的："当今世界，科技进步日新月异，互联网、云计算、大数据等现代信息技术深刻改变着人类的思维、生产、生活、学习方式，深刻展示了世界发展的前景。"

一、大数据、大数据分类、开源网络数据

大数据是指人类在认识和改造世界中，有意采集或无意获取的具有数量十分巨大（volume）、传输极为迅速（velocity）、结构异常复杂（variety）、价值密度较低（value）的特点，且同时具有可溯源、可认知、可表示、可关联特点的数据构成的数据集合。

大数据分类从数据持有角度可分为公权机构数据、法人私有数据和开源网络数据。公权机构数据是指公权机构持有的进行社会管理包括行业管理的相关数据；法人私有数据是指法人持有的自身产生的管理数据以及支撑法人正常运行的相关数据；开源网络数据是指不使用非法手段从网络空间采集的"野生性"原始数据。

开源网络数据没有明确持有者，其特点是海量化、碎片化、无规则、无归属、分布广等；开源网络数据是独立的数据源，经融合分析后具有很高价值，与公权机构数据和法人私有数据结合使用将产生更大价值；开源网络数据是大数据的主体和重要组成部分，其来源公开，使用合法，蕴藏着巨大价值，值得深入研究、挖掘和利用。

二、数据应用服务、数据应用服务企业、数据应用服务产业

数据应用服务是指将数据资源转化为数据产品并提供给不同层次、不同需求消费者的经济社会活动；数据应用也服务是将数据要素转化为生产力要素的前提和基础。

大数据价值只能通过大数据应用服务体现；提供数据应用服务必须依靠数据应用服务企业（这里指广义的企业，包括各类社会组织）；为全社会提供多方位、深层次、更完善的数据应用服务必须发展数据应用服务产业。

数据应用服务企业是指凭借技术、管理、教育、法律等各种手段将数据资源转化为数据产品的各类专业企业；数据应用服务企业是构成数据应用服务全链条的主体。

数据应用服务产业是指以数据应用服务需求为导向，依靠专业化和高质量服务，形成的可以为全社会提供多方位、深层次、更完善的数据应用服务的企业集群；数据应用服务产业的形成是数字经济社会分工的必然。

在整个大数据产业生态中，数据应用服务是生态中重要一环，下接底层技术平台，上接顶层应用。数据应用服务企业的特点不仅仅是技术和数据源，还有对数据基于场景应用的理解，为用户提供问题导向，旨在解决问题的差异性、针对性服务。数据应用服务的市场规模前景巨大、业务差异化大，使得各个垂直行业中都可能会产生数据应用服务的巨头公司。

三、数据应用服务产业现状

（一）国外基本情况

在全球范围内，随着互联网的普及，大数据越来越受到各发达国家的高度重视，纷纷出台了一系列战略性政策，大大推动了大数据的开发和应用，大数据已成为强化国家安全、推动经济发展、完善社会治理、服务社会民生的重要手段。据以色列情报机构统计，过去仅一年时间，投资大数据和人工智能超过 5000 万美元的公司数量就从 2018 年的 27% 飙升到 2019 年的 34%；美国在相关领域仍处于世界领先地位，北美地区市场总额占比全球市场总额达 35% 以上。

在开源网络数据应用方面，据美国中央情报局统计，其对开源网络数据的使用比例在全部数据占比中已超过 70%；欧洲主要国家、澳大利亚、加拿大、以色列等其他发达国家也越来越重视开源网络数据，相继成立诸多开源网络数据研究机构、应用服务公司。基于开源网络数据的开源网络情报，在全源情报中占比越来越重。据美国情报机构统计，仅占情报经费支出 5% 的开源网络情报，为最终的情报产品作出了 80% 的贡献，而占经费支出 95% 的其他情报（人力情报、信号情报、图像情报、测量与特征情报），仅做出了 20% 的贡献。美欧等发达国家的开源网络情报，从宏观上看，在维护国家安全、保证社会稳定、完善社会治理、促进经济发展、处理国际关系等方面，发挥出越来越大的作用；从微观上看，在突发事件预警、金融风险防范、投资利益保护、刑事案件调查、社会情况研判等方面，也发挥出越来越大的作用。

（二）国内基本情况

目前，国内基于公权机构数据和法人私有数据的数据应用服务产业，基本形成规模。比如，基于公权机构数据的医疗健康服务大数据、社会保障服务大数据、教育文化大数据、交通旅游服务大数据等公共服务大数据平台相继建立；基于法人私有数据的诸如手机导航服务、网络购物服务、微信和支付宝支付服务等面向公众的大数据服务平台也相继建立。这些数据应用服务已成规模并显成效。但是，基于开源网络数据的数据应用服务产业还在刚刚萌发、初步形成阶段，是目前国内大数据产业集群中最缺失的重要部分。

四、数据应用服务产业的效益

数据应用服务产业是数字经济社会发展中新的经济增长极，将能迅速、有效满足数据应用服务需求侧对数据要素市场化的迫切需求。

（一）社会效益

助力维护国家安全和社会稳定。数据应用服务可以通过提供宏观态势性和微观精准性数字信息情报产品，有效助力国家安全和社会稳定。

助力社会治理能力和治理体系现代化。数据应用服务本身即是社会治理现代化建设的重要内容之一。数据应用服务可以通过提供针对性、精准性、定制性的数字信息情报产品，及时、准确反映国内外真实情况的方方面面。

助力经济发展和企业提质增效。数据应用服务在金融风险防控、“一带一路”海外利益保护、不良资产调查、防范化解重大社会事件、重要经济案件调查等关乎国家经济发展和企业提质增效方面，已经发挥出重要作用。发展数据应用服务产业更大范围、更深层次地实现在“发现、跟踪、追溯、研判、预警”等方面的功能作用，将能更好地助力经济发展和企业提质增效。

助力普惠民生和社会生活质量提升。数据应用服务可提供直接面向社会公众的数据产品，诸如手机导航服务、网络购物服务、微信和支付宝支付服务、网络约车服务等数据应用服务已经在社会生活中发挥出重要作用，社会生活质量得到明显提升。发展数据应用服务产业，更大范围、更深层次地提供直接面向社会公众的个性化、精准化、定制化数据产品，将能更有效地解决信息服务普惠民生和提升社会生活质量的诸多问题。

（二）技术效益

数据应用服务所需要的技术主要是数据采集技术和数据处理技术。数据采集技术包括传统数据采集技术（诸如软件接口方式、开放数据库方式、基于底层数据交换的数据直接采集方式等所采用的各类数据采集技术）和网络（尤指互联网）数据采集技术。网络数据采集技术，是指利用互联网搜索引擎技术，实现有针对性、定制性、精准性的数据抓取，按照一定规则和筛选标准进行数据归类，并形成数据库文件过程的相关技术的总和。

数据处理技术也是一大类技术的总和，发展十分迅速，诸如Hadoop、Storm、Apache Drill 等大数据处理框架，Excel、PPT、Xmind 等可视化辅助工具，Matlab、SPSS、Python 等数据挖掘工具，SQLite、MySQL、Hbase 等数据库，甚至包括人工智能和机器学习等，都可纳入数据处理技术的大框架中。数据处理实践还表明，对关联分析法、对比分析法、逻辑树分析法、相关分析法、统计分析法、5W2H 分析法、归纳演绎法等分析方法的认知和理解，在数据处理方面具有不可替代的重要作用。

实现数据应用服务，上述两大类技术群中都有诸多具体技术需要研发和创新。同时，从技术流程上看，实现数据应用服务，必将形成一大批下游企业（采集）、一批中游企业（融合）和一些上游企业（分析）。数据应用服务产业的形成将会在上述两方面产生重要技术效益。

（三）经济效益

数据应用服务产业所产生的直接经济效益，主要体现在产业培育、推广、发展期间，融入产业的企业数量的增加，以及企业所提供的各类数据应用服务的类别和次数的增加上。数据应用服务产业所产生的间接经济效益，主要体现在拉动区域经济增长、带动行业发展和解决劳动力就业等方面。

数据应用服务产业的原材料是每时每刻不断产生、取之不尽、用之不竭的数据，特别是开源网络数据，没有国界之分，没有地域之分；数据应用服务产业无需自然资源支撑，网络所达之处即可支撑该产业的发展；数据应用服务产业不同于实体经济产业，前期投资不大；因此，可以通过建立数据应用服务中心或数据应用服务产业园区等方式，引进、培育、孵化一批数据应用服务企业，迅速拉动区域经济增长。

数据应用服务产业目前正处在发展初期，下游、中游、上游产业链尚未形成，可以容纳相当一部分企业进入该产业；如果按目前每年市场需求规模至少 20 万亿元估算，这个产业至少可以容纳几千余家下游企业、几百余家中游企业和几十余家上游企业；巨大的发展空间和可观的市场规模为企业大量涌入展现了美好愿景。

数据应用服务产业所需技术人才主要包括数据分析人才和信息分析人才。数据分析人才专业要求较高；信息分析人才，素质要求较高，专业限制较少，文科、理科、工科专业均可。若按几千余家下游企业、几百余家中游企业和几十余家上游企业计，数据应用服务产业可以解决几百万人员就业。

五、数据应用服务产业发展的必要性

习近平总书记指出："大数据是工业社会的'自由'资源，谁掌握了数据，谁就掌握了主动权。"要"运用网络数据，做到'心中有数'"。完善数据要素的市场化配置，亟须加快培育数据应用服务产业。数据应用服务产业的发展将大幅提升我国数据应用能力，有利于通过市场机制解决企业间、行业间、政府间的"数据孤岛"问题，特别是通过全面开发"野生数据"资源的巨大价值，实现大数据的普惠服务。

形势所逼迫。2012 年 3 月，美国政府发布《大数据研究和发展倡议》（*Big Data Research and Development Initiative*）后，世界各主要国家随即跟上，在全球掀起了一个关于国家大数据战略的思考和实践浪潮。这是一轮新的国际竞争，是在新的领域的国际竞争。掌握和运用大数据的能力已成为国家竞争力的重要体现。正如习近平总书记指出的："网络信息是跨国界流动的，信息流引领技术流、资金流、人才流，信息资源日益成为重要生产要素和社会财富，信息掌握的多寡成为国家软实力和竞争力的重要标志。"今天，美国等发达国家数据应用服务产业已经基本形成，在数字经济社会中发挥出越来越重要的作用。因此，我国大数据应用要加快打破僵局，走出瓶颈，提出新思路，拿出新办法，形成新产业。

国家有要求。习近平总书记指出："我们秉持创新、协调、绿色、开放、共享的发展理念，围绕建设网络强国、数字中国、智慧社会，全面实施国家大数据战略，助力中国经济从高速增长转向高质量发展。"党中央、国务院对国家大数据战略做出了决策部署，明确提出要立足我国国情和现实需要，通过促进大数据发展，加快建设数据强国，释放技术红利、制度红利和创新红利，提升政府治理能力，推动经济转型升级。实现国家大数据战略目标，必须对数据应用服务及数据应用服务产业提高总体认知，夯实产业基础，加大创新力度，加快人才培养。要聚焦数据技术创新，创新数据应用服务模式，推动政产学研用相结合的协同创新与融合发展。

市场有需求。在国家安全、经济发展、社会治理、民生保障等方面，有着大量、迫切、紧急、遂行的数据应用服务的市场需求。为满足这种市场需求，要迅速提供数据应用服务的学术与实践成果，提供包括公权机构数据、法人私有数据和开源网络数据的数据应用服务，培养和培训数据应用服务专业的复合型、创新型人才，解决当前数据应用服务创新能力不足、数据应用服务严重缺失和数据应用服务人才匮乏的关键短板，深化数据产品创新和在各行业的创新应用，积极探索创新协作共赢的应用模式和商业模式。

技术要创新。数据应用服务领域尚有诸多技术需要研发和创新，特别是在开源网络数据的挖掘、非结构数据的融合、数据的关联和精准研判等方面，很多技术空白需要填补，很多技术需要创新，很多难题急需攻克；安全与隐私保护方面也有诸多技术需要研发和创新。这些都要求必须形成一个庞大的技术群体，研究数据与各行业应用的深度融合，以数据应用服务带动数据技术和产品研发，提供面向各行业的数据应用服务解决方案，为市场提供研发设计、技术产业化、评估评价、应用推广、行业咨询、投融资、教育培训等服务。

六、数据应用服务产业发展的可行性

政府大力支持。党中央、国务院高度重视大数据发展，相继出台了一系列文件，强调加快大数据部署、深化大数据应用。数据应用服务产业是大数据产业的细分，是互联网产业、信息服务产业等产业的融合，具有典型的新业态。数据应用服务产业的发展，符合国家大数据战略的基本思路，能够得到各级政府的大力支持。

产业初具规模。经过近几年一些数据应用服务企业的开拓实践，数据应用服务产业已初具规模，一批基于公权机构数据和法人私有数据的数据应用服务企业相继问世，向社会提供多方面的服务；基于开源网络数据的数据应用服务企业也已出现，并向社会多个行业、多个领域提供了针对性、精准性的数据应用服务。这些都为数据应用服务产业的发展奠定了基础。

领军企业显现。数据应用服务产业中的个别优秀企业对数据应用服务行业有较深刻的认知，率先建立起了数据应用服务理论架构和应用体系，形成了一批专家和技术人才组成的专业团队，在数据采集、分析和应用方面拥有多项核心技术和知识产权，积累了数据应用服务典型案例。在数据应用服务产业的发展中，这些领军企业可以起到示范、引领和培育作用，推动数据应用服务产业的发展壮大。

国外经验可鉴。美欧等先进国家在数据应用服务产业发展方面有诸多经验可以借鉴。比如，美国在数据应用服务方面，强调发挥社会组织的力量，特别是民营企业的作用，大浪淘沙，优胜劣汰，有力、有效地培育了数据应用服务产业的发展；欧盟特别关注中小企业在享受数字红利方面的弱势地位，强调要通过数据应用服务产业的发展，确保中小企业从数字红利中受益。借鉴国外先进经验，可以少走甚至不走弯路。

七、当前数据应用服务产业发展存在的问题

对数据要素市场化认识不准确。不少人未认识到数据要素市场化，绝不仅仅是数据交易，更不仅仅是原始数据交易，且不论数据本身的所有权可能不该也无法进行交易。数据要素包括数据资源和数据应用能力；数据要素市场化，同时包括数据资源市场化和数据应用能力市场化。数据要素市场化的目的，是要将数据资源最终转化为生产力，促进数字经济社会的发展。比如，企业数字化升级工作目前已基本完成以计算机化和网络化为主要内容的信息化改造，实现了技术要素市场化的目的，使生产力在一定程度上得到提升；企业将更加需要依靠数据应用服务所提供的数据产品（从数据产品中获得市场环境、经营战略、产品设计、营销策略等方面需要的信息），发现问题、解决问题，再次提升自身发展能力，并由此提高生产力，实现数据要素市场化的目的。智慧城市、智慧乡村、智慧服务业的推进和发展也是同理，也都需要数据应用服务产业的跟进。

对数字红利受益主体认识不全面。不少人未认识到数据作为新型生产要素，不能仅仅是公权机构和数据寡头的专属权益，必

须普惠全社会，要让社会机构、组织、企业、个人等都能从数字红利中受益。那些在数据获取和处理能力方面缺失或很弱的机构、组织、企业和个人，尤其是中小企业和个人，也都有着大量、迫切、紧急、遂行的针对其个体的数据应用服务需求，要通过数据应用服务产业的发展，为他们提供不同层次、不同需求的数据产品，让他们从数字红利中受益。

对开源网络数据价值认识不到位。这是目前在认识方面最严重的缺失。不少人不知道或不清楚或不认识什么是开源网络数据，因而忽视甚至否认开源网络数据不可替代的价值。开源网络数据是大数据的主体和重要组成部分，相比公权机构数据和法人私有数据，它更全面、更大量、更广泛、更新颖、更迅速、更关联，其中蕴藏着取之不尽、用之不竭的宝藏，是重要的基础性战略资源。开源网络数据没有国界，谁都可以使用。开源网络数据的使用能力，是一个国家数据应用服务能力和水平、乃至数据应用能力和水平强弱、高低的重要标志，是大数据领域国际竞争力的重要体现。

对数据应用服务领域关键技术认识不清。目前大多数研究机构和相关企业仍热衷于已有数据分析、结构数据采集、公权机构数据和法人私有数据统计分析等相关技术的研发。已有数据的分析与未知数据的挖掘，结构数据的采集与非结构数据的融合，数据的统计分析与数据的关联精准研判，采用的是完全不同的方法。未知数据挖掘、非结构数据融合、数据关联精准研判等技术，创新难度更大，创新要求更高，对于提高数据应用服务水平、质量和能力意义更加重大。相关技术的提升，可以从根本上解决目前数据应用服务中态势分析结果居多、精准分析产品极少的服务范围窄、服务水平低的问题。

八、加快培育壮大数据应用服务产业的政策建议

数据是重要的基础性战略资源。但如果不将这个资源转化为生产力，那么这个资源永远是“死资源”，永远变不成“活资本”，无法形成综合国力和国际竞争力的一部分。因此，要遵循习近平总书记的指示：“要发挥我国制度优势和市场优势，面向国家重大需求，面向国民经济发展主战场，全面实施促进大数据发展行动，完善大数据发展政策环境。”

数据资源转化为生产力，也就是数据要素市场化，必须要有一个转化过程，这个转化过程的关键环节就是数据应用服务，数据应用服务的物化形式就是数据应用服务产业。数据应用服务产业是高端服务业，它提供的产品，形式上是数据信息，本质上是知识智慧。数据应用服务产业是大数据产业的细分，是互联网产业、信息服务产业等产业的融合，具有典型的新业态。对这种具有新业态的新产业的管理，必须要有新思维指导下的新管理，用传统办法管理，可能会使这个新产业不死不活，甚至胎死腹中。

公平市场竞争机制。数据应用服务产业的培育和发展，要采用市场化管理，准入和竞争不设门槛、不作限制、不加条件，无论国企民企，无论央企地企，无论大企小企，一律平等对待，由市场完成大浪淘沙，优胜劣汰，以维持这个产业长久的发展激情和蓬勃生机。

公允绩效评价机制。数据应用服务企业的考核和评价，要按照企业在数据应用服务方面的实际业绩进行，也就是按照承担了多少服务项目、项目完成情况和客户评价等实际效果进行考核，

不考虑企业获取资质如何，不考虑企业获许可证多少，让真正有能力、有实力的企业脱颖而出，健康发展。

公正扶持培育机制。数据应用服务提供的是数据信息产品，对其合法性、权威性、可靠性、真实性要求很高。因此，培育数据应用服务产业，更需要给予相关企业，特别是相关民营企业以平等市场主体地位，通过项目、资金支持等方式，有意识地、主动地、积极地培育它们的社会认知度和社会公信力。

依法依规管理机制。数据应用服务产业的规范和监管，既要发挥市场配置资源的决定性作用，又要完善政府调节与监管作用，制定规章制度，完善法律法规，规范市场秩序，严格行政执法；要普及法律知识，使相关企业懂法、遵法，正确引导它们向数据要素市场化聚集，向先进生产力聚集。

习近平总书记指出："要坚持数据开放、市场主导，以数据为纽带促进产学研深度融合，形成数据驱动型创新体系和发展模式，培育造就一批大数据领军企业，打造多层次、多类型的大数据人才队伍。"中国率先提出将数据与土地、劳动力、资本、技术并列为生产力要素，构建数据要素市场，拥有先发优势。各级政府和相关企业需要继续高度重视数据应用服务产业的发展，继续保持在这方面的关注和投入，努力为中国数字经济社会发展提供强劲持续的发展动力。

参考文献

1. 《习近平在中共中央政治局第二次集体学习时强调审时度势精心谋划超前布局力争主动实施国家大数据战略加快建设数字中国》，新华网，2017 年 12 月 8 日。

2. 《习近平这样部署国家大数据战略》，央视网，2018 年 5 月 28 日。

3. 黄劲、张汉青：《数据应用服务产业发展亟待提速》，《经济参考报》，2019 年 6 月 13 日。

4. 黄劲：《加强数据安全立法，建设数据应用强国》，人民网，2020 年 7 月 25 日。

5. 黄劲：《定制化数据应用服务时代已来临》，中国青年网，2020 年 7 月 21 日。

6. 许旭佳：《数据要素市场化催生数据应用服务产业化》，和讯网，2020 年 5 月 28 日。

专题报告六　国际金融科技监管新趋势及对我国的启示与建议

（中国国际经济交流中心世界经济部研究员）逯新红

［摘　要］随着全球经济金融一体化的发展，国际金融科技监管出现监管标准逐渐趋同、监管工具不断创新、监管合作不断加强等趋势，建立有效的国际金融监管协调体系对于维护全球金融稳定至关重要。我国金融科技的快速发展对金融科技监管提出了更高要求，但由于监管规则、监管理念、监管手段等方面仍滞后于金融科技的发展，给金融科技监管带来了风险和挑战。应借鉴国际金融监管经验，立足于我国金融监管实际，从顶层设计、监管路径、监管科技、监管合作等方面强化金融科技监管，增强风险防控能力，协调好加强金融监管与鼓励金融科技创新发展的关系。

［关键词］国际　金融科技　监管　趋势　启示

一、国际金融科技监管新趋势

近年来，随着人工智能、大数据、云计算、区块链等新兴前沿科技在金融业中的广泛应用，全球金融科技快速发展，带动金融模式、业务、流程、产品服务的创新和创新技术在支付清算、借贷融资、财富管理、零售银行、保险、交易结算等金融领域的应用，极大提升了普惠金融的服务效率，为广大消费者提供了便利，增强了金融服务实体经济的能力。但由于金融科技的庞大数据和去中心化的服务方式增加了风险识别难度，金融科技监管面临更大的挑战。研判国际金融科技监管发展新趋势，对提升我国金融科技监管水平、推动我国金融科技监管标准与国际接轨、为我国金融业的国际化发展保驾护航、维护全球金融稳定具有重要意义。

随着全球经济金融一体化的发展，国际金融科技监管合作趋势加强，国际金融科技监管标准趋同，各国积极推出鼓励金融科技创新的监管工具等措施，推动金融科技监管创新和监管国际化发展，实现金融科技创新发展和有效监管之间的平衡，建立有效的国际金融监管协调体系，维护全球金融稳定。

（一）国际金融科技监管合作趋势加强

金融科技的创新发展推动了全球金融业的快速发展与融合，金融科技带来的风险呈现国际化趋势，推动金融科技监管国际合作呼声不断增强。目前，各国主要通过加强信息共享与沟通、人才交流与培训及行业组织互助等形式加强金融科技监管合作，达成监管共识。同时，各国愈加重视借鉴国际组织平台的监管经验。比如，金融稳定理事会、巴塞尔银行监管委员会等国际组织对金融科技的演变发展、风险防控和监管应对等问题进行的研究探索，及其出台的监管规则和实施的监管方式，为各国金融监管当局提供了参考借鉴。

（二）国际金融科技监管标准趋同

随着金融科技的高速发展和在金融领域的广泛应用，各国在监管模式、监管标准和监管法制等领域相互影响，相互协调，日益趋近。各国更加重视推动不同国家、不同地区的金融科技监管标准趋同和一致，更加重视跨境监管信息平台共享和跨境金融监管机制协调，避免监管套利，提高监管效能。比如，2018 年英国联合全球多家金融监管机构和市场组织组建全球性的监管沙盒“全球金融创新监管网络”（GFIN），这是探索国际金融科技监管标准趋同的很好尝试。

（三）推出鼓励金融科技创新的监管工具

近年来，为有效应对金融及科技创新带来的监管挑战，国际上主要采用“监管沙盒”（Regulatory Sandboxes）和“创新中心”（Innovation Hubs）两种创新推动工具，达到推动金融科技创新和有效监管的平衡。英国首先推出“监管沙盒”制度，为金融创新提供安全的测试环境，并得到了众多国家的响应推广，成为国际金融科技监管新趋势。“创新中心”是监管机构提供的平台，对所有企业开放，金融科技创新企业可以从中获得监管指导，包括问题解答、法律法规解释、政策诉求、跨境监管协调与合作等，已在英国、中国香港、日本、新加坡等多个国家和地区实施。

二、中国金融科技监管面临的挑战

金融科技的快速发展，带来金融脱媒问题，监管者难以快速配备相关专业资源和更新知识结构，难以快速识别潜在风险，给金融科技监管带来挑战。

（一）金融科技发展对监管有效性的挑战

面临金融监管规则滞后的挑战。当前，我国金融科技法律法规和监管规则体系、金融科技产品生命周期管理机制有待完善。由于规则的制定需要实践的检验，我国通过试点检验金融规则的有效性，金融规则的制定实施与金融科技的发展存在一定的时滞，导致金融监管规则制定落后于金融科技的创新发展，难以跟上金融科技创新发展速度，由此带来一些新问题，一些金融科技公司野蛮生长，无序扩张，垄断市场，阻碍公平竞争，带来新型“大而不能倒”的风险，数据安全、信息安全和网络安全等风险凸显，运用金融技术规避金融监管、进行监管套利等案例频发，金融科技监管规则亟需与时俱进。

面临金融监管模式、监管理念的挑战。金融科技与金融业务和金融行业各业态相结合，给分业监管模式带来冲击。当前的金融监管多为事后监管，属于被动式、响应式监管，这种静态监管方式已不能满足金融科技发展的需要，同时信息不对称，信息壁垒增加了监管难度。因此，金融监管理念要向主动性、前瞻性、包容性、协调性的监管理念转变。

（二）金融科技放大金融风险的挑战

金融科技推动了金融创新，同时也放大了金融风险，带来了操作风险、技术风险、数据风险和信息安全风险以及法律风险等。

操作风险。金融科技创新能够增强金融效率，提高监管水平，是值得鼓励和扶持的。但同时也滋生了运用金融技术规避金融监管、进行监管套利等现象。比如，以“金融科技创新”为名，借助互联网从事违法或不规范的集资、高利贷、众筹、金融交易等活动，扰乱了正常的金融市场秩序，放大了金融风险。

技术风险。金融科技以人工智能、区块链、云计算、大数据为主要技术支撑，同时包括密码加密技术、应用程序接口（API）和生物识别等技术，这些技术的应用都是以数字数据和信息为基础，通过数据的挖掘、模型和算法提升了金融效率，在金融业务中得到普遍应用，有其优势所在，但也存在着不同的隐患。如技术不完善带来的算法风险、操作繁琐等系统性风险，恶意篡改程序等高水平作案风险等，在金融杠杆的作用下，将进一步放大金融风险，增加监管难度。

数据风险和信息安全风险。大数据时代，消费者的详细信息包括一些敏感信息，越来越多地被金融机构所掌握，出现了数据垄断，一些金融机构存在过度收集客户信息、倒卖、滥用等现象。在信息技术高速发展之下，计算机技术不仅能够实现匿名化，也能够破解匿名信息，导致客户真实数据泄露、财富被盗取的案例，以及由于技术系统不完善导致金融交易数据泄露等案例屡见不鲜。目前，我国针对信息安全性的监管不足，仍无法识别。

法律风险。目前我国关于规范金融科技创新发展的法律法规尚不健全。金融科技创新应遵循已有的法律、法规和文件。我国刑法第三章第四节规定了破坏金融管理秩序罪[①]，包括货币犯罪，破坏金融机构管理秩序罪，破坏金融票证、存贷款管理秩序罪，破坏证券、股票、债券的发行、管理、买卖秩序罪，破坏外汇管理秩序罪五个部分二十四种罪名，这些是金融科技创新应遵循的基本底线。金融科技的创新发展，为金融风险防范和金融监管带来了挑战，只有厘清金融活动的法律关系和产品的法律属性，才能有效规范和扼制外衣之下的理财活动和非法经营活动。此外，我国在个人信息保护方面的法律法规尚不健全，金融消费者的信息安全未能得到有效保护。

（三）创造公平透明的竞争环境的挑战

公平竞争之下才能有效激发竞争主体的金融创新活力，提升我国整体金融科技创新能力和国际竞争力。近年来，我国金融科技发展迅速，处于世界领先地位，一个重要原因是我国为金融科技企业创造了公平竞争环境，尤其是民营金融科技企业与国有银

① 破坏金融管理秩序罪是违反国家对金融业和金融市场监督管理的法律、法规，从事危害国家对货币、外汇、有价证券及金融机构、证券交易机构和保险公司管理的犯罪活动。是《中华人民共和国刑法》规定的破坏社会主义经济秩序罪中的一个犯罪类别。具体包括五个部分、二十四种罪名：（1）货币犯罪。如伪造货币罪，出售、购买、运输伪造的货币罪，变造货币罪等，侵害的是国家货币管理制度。（2）破坏金融机构管理秩序罪。如擅自设立商业银行或其他金融机构罪，伪造、变造、转让金融机构经营许可证罪等，侵害的是国家金融机构管理制度。（3）破坏金融票证、存贷款管理秩序罪。如非法吸收或者变相吸收公众存款罪，伪造、变造金融票证罪，高利转贷信贷资金罪等，侵害的是国家金融票证和存贷款管理制度。（4）破坏证券、股票、债券的发行、管理、买卖秩序罪。如伪造、变造国家有价证券罪，伪造、变造股票罪，诱骗他人买卖证券罪，操纵证券交易价格罪等，侵害的是国家关于证券、股票、债券的发行、管理及买卖制度。（5）破坏外汇管理秩序罪。如逃汇罪等，侵害的是国家外汇管理制度。《中华人民共和国刑法》对上述各类破坏金融管理秩序罪，根据情节轻重，明确规定了不同程度的处罚。参见李伟民：《金融大辞典》，黑龙江人民出版社，2002 年版。

行通过竞争与合作，推动金融科技在资金筹集、支付结算、普惠金融等方面的广泛应用，比如支付宝、移动支付的成功实践与广泛应用成为国际竞相借鉴的成功经验，相关技术处于世界领先水平。可以说，金融插上科技的翅膀如虎添翼，金融科技的快速发展大大提升了我国金融业的国际竞争力。然而，当前我国在创造公平透明的竞争环境和监管规则国际接轨等方面与国际标准仍有一定的差距，我国传统金融机构与新兴金融机构之间，国有、民营和中外合资等不同所有制金融机构之间，境内外主体之间仍需进一步构建公平竞争的市场环境，推动适用同样的法律和监管规则。

（四）平衡鼓励创新与防控风险的挑战

如何平衡鼓励创新和防控风险是金融科技监管的一大挑战。宽松的监管有助于金融科技发展，但会产生监管套利；严格的金融监管则会抑制金融创新，阻碍金融科技的发展。同时，严格的金融管制会导致金融科技产业流出，使我国金融科技产业在国际竞争上处于不利地位。当前，国际上包括我国在内的多个国家正在积极探索“监管沙盒”方式，以便更好地平衡金融创新与风险风控。

（五）金融科技安全挑战

金融科技安全主要涉及应用安全风险和网络安全风险。金融科技应用于广泛的金融业务之中，其复杂程度不断提升，有些技术不够成熟，给金融风险防控带来巨大挑战。在金融科技的推动下，金融业务不断融合，业务边界不断削弱，金融风险传导突破时空限制，给金融监管带来新的挑战。金融网络犯罪猖獗，犯罪主体呈现专业化发展趋势，熟悉金融业务，金融系统内部人员犯罪数量增加；犯罪手段呈现出高科技化、复杂化、隐蔽化特征，犯罪分子利用监管漏洞和技术漏洞，以金融创新为载体实施犯罪。比如，利用在线支付漏洞侵占他人财物的犯罪、信用卡诈骗、非法吸储、P2P跑路等犯罪现象层出不穷。随着中国金融开放步伐加大，金融犯罪国际化、跨区域化趋势显著。金融科技网络成为全球网络安全问题的重灾区，成为攻击者进行网络攻击和数据窃取的重要目标，比如公网受到恶意软件的攻击或者有组织的大规模攻击。

（六）金融科技监管人才匮乏

随着金融科技的高速发展，金融科技监管人才供需失衡。金融科技监管人才是具备“金融+技术”两项技能的复合型人才。然而当前我国金融科技监管面临的人才困境是，同时具备金融业务和技术思维的应用型人才、高端人才稀缺，懂技术的不懂行业，懂行业的不懂技术。为此，一些金融机构加大对进金融科技人才的市场化引进，比如交大推出“金融科技万人计划”，360金融面向全球培养招聘全球顶尖AI人才。一些金融机构加大科技信息人才的引进，比如中国人寿、中国人保等保险类企业，扩大信息科技类人才的校园招聘力度。总体来看，我国金融科技监管高人才引进力度有待加强，金融科技企业、高校、金融机构和政府监管部门之间的政产学研金融机构合作机制缺乏，金融科技监管人才的培育和储备重视程度有待提升。如何完善人才机制、加强人才队伍建设，提升金融科技监管水平仍是今后一个时期需要解决的核心问题。

三、对我国的启示与建议

借鉴国际金融监管经验，立足我国金融监管实际，加强金融科技监管的顶层设计，鼓励监管路径创新，加强监管科技创新与应用，培育金融科技监管人才，增强金融科技监管协调与国际合作。

（一）加强金融科技监管顶层设计，健全金融科技监管基本规则和标准

加强金融科技监管顶层设计，完善金融科技监管基本规则体系，设定金融科技创新刚性门槛，针对不同专项实施差异化监管，明确风险底线和安全标准。推动落实央行发布的第一份金融科技发展规划，《金融科技（FinTech）发展规划（2019—2021年）》，并根据国内外金融科技发展趋势制定中长期发展规划，为金融科技发展起到引导作用，加快推动金融数字化转型。加快出台金融科技监管基本原则，完善金融科技监管基本规则体系。加强金融科技治理，按照金融科技的金融属性，依法将金融活动全面纳入监管，加强风险管控，保护金融消费者权益。同时采取动态监管模式，给予金融科技创新发展一定的弹性空间，容许必要的试错。推动金融科技监管体系的创新建设，加强金融科技监管与金融科技产品创新的对接，建立产品生命周期管理机制。加强跨部门金融科技监管协调，构建运行有效的监管制度体系。

（二）鼓励金融科技监管工具创新，建设符合我国国情的“监管沙盒”

金融科技的运用是一个迭代升级的过程，这要求金融科技监管工具的创新发展与之相适应。当前，金融科技监管工具远未跟上金融科技的迭代升级速度。近年来，我国积极推动试行“监管沙盒”，试点范围不断扩大并取得一定成效。推行“监管沙盒”，在与国际接轨的同时，应立足于我国国情和行业实际，要有机协调竞争中性原则、技术中性原则、央地监管分工，避免出现双轨监管，以形成监管合力。同时，要做好风险评估与风险监管校正，不断提高金融产品安全水平，保护金融消费者利益，维护金融稳定与金融安全。

（三）深化监管科技应用，提升监管效率

当前我国不断提升金融开放程度，金融科技应用蓬勃发展，然而金融监管相对滞后，反过来，金融监管科技在金融科技发展的推动下具有快速提升的潜力。积极推动AI、大数据、互联网、区块链等现代信息技术在金融科技监管领域的应用，建立风控模型，甄别高风险交易，进一步提升监管的科技水平。充分发挥监管科技的作用，建立健全智能风险识别系统，穿透链接全流程监管信息，结合数据分析、风险模型分析和情景分析，建立健全智能风险识别预警系统，联合相关部门构建风险联防联控体系，实行穿透式、全过程监管，提升监管效率和覆盖面，提升金融风险防控能力。

（四）加强金融监管协调，推动监管规则国际化

一是加强国内监管协调。建立健全金融协调性监管框架，有机协调央地监管分工问题，避免出现双轨监管，以形成监管合

力。加强跨部门金融科技监管协调，完善监管信息协调共享机制，构建运行有效的监管制度体系。加强金融数据治理，解决数据确权问题，提升金融数据监管能力。二是加强国际监管协调。随着全球经济金融一体化的发展，建立国际间协调的金融监管体系对于有效维护全球金融稳定至关重要。在国际金融科技监管趋同的背景下，我国要积极加强与境外监管当局合作，建立跨境金融科技监管信息交换与对话协商机制，推动跨境监管合作。积极参与国际多边磋商机制，增强我国在国际金融监管规则制定中的影响力与话语权。

参考文献

1. 程实：《迈向“十四五”中国金融将兼顾发展与稳定》，《中国金融家》2020 年第 12 期。

2. 《金融科技（FinTech）发展规划（2019—2021 年）》，中国人民银行网站，2019 年 9 月 6 日。

3. 石光、宋芳秀：《新一轮金融科技创新的主要特征、风险与发展对策》，《经济纵横》2020 年第 12 期。

4. 祝远缓：《国际金融科技监管比较及对我国的启示》，《黑龙江金融》2020 年第 11 期。

5. 周全、韩贺洋：《数字经济时代下金融科技发展、风险及监管》，《科学管理研究》2020 年第 5 期。

6. 周之田：《金融科技“扁平化监管”的制度构建》，《金融理论探索》2020 年第 5 期。

专题报告七 应对世界经济格局变化，推动“一带一路”建设高质量发展

（中国国际经济交流中心博士后） 陶满成

［摘 要］ 当今世界的主要大事引起世界经济格局发生了较大变化，进一步丰富了百年未有之大变局的时代意义。目前确定的影响世界经济格局的主要大事是：中美经贸斗争、新冠肺炎疫情及其对世界经济的主要影响、国际能源市场大动荡等。世界经济格局面临百年未有之大变化：东升西降、多边弱化与双边强化、不确定性风险增加等。

世界经济格局变化对“一带一路”建设带来的机遇主要是：以美国为首的西方国家有变弱趋势，世界秩序面临大幅调整；抗击新冠肺炎疫情显现体制优势，世界各国认同提升。挑战主要是：美国将矛头对准中国、世界秩序面临重大调整、各国纷纷启动保护主义等。

贯彻十九届五中全会精神，促进“一带一路”建设高质量发展：一是加强信息搜集：明确信息需求，开拓搜情途径，提升研判能力。二是采取有效措施：突出重点，强

化布局，加强对巴基斯坦、缅甸、俄罗斯及中亚等重点国家和地区的投入；调整实施“一带一路”建设的策略和方法；加强对重点国家的法律体系研究，做好法律斗争准备。三是切实加强海外利益保护能力建设。不断明确和完善机构职责，切实加强救援能力建设，做好风险评估、救助资源储备和危机应对准备。

[关键词] 国际格局　“一带一路”　机遇　挑战

美国展开经贸斗争后，突发新冠肺炎疫情，石油价格出现大幅下降，世界经济格局发生了巨大变化。对于中国实施“一带一路”建设和海外利益保护带来了系列机遇和挑战。

一、当今世界主要大事及其引起的国际格局变化

近年来发生的影响世界经济格局的主要大事是：中美经贸斗争、新冠肺炎疫情及其对世界经济的主要影响、国际能源市场大动荡等。世界经济格局面临百年未有之大变化：东升西降、多边弱化与双边强化、不确定性风险增加等。

（一）主要世界大事

1. 中美经贸斗争

特朗普执政以来，美国单方面发起并不断升级中美经贸斗争，给两国经贸关系和世界经济发展带来了很多不利因素。2020年1月15日，中美两国在华盛顿签署第一阶段经贸协议，对世界经济格局影响深远。第一，中美达成协议有助于稳定国际市场的预期，缓解经济全球化的紧张情绪；第二，中美签署协议后如

何落实和执行协议，双方必定还会有分歧和争议；第三，按照美国的想法，中美要很快开展后续谈判，涵盖的领域更加广泛，不确定性更大；第四，中美签署了协议，让美国可以腾出手来，对付欧洲等其他贸易伙伴，国际经济形势将继续复杂化。拜登上台，不论在主观意愿上，还是在客观能力上，都很难扭转中美竞争的趋势。

2. 全球新冠肺炎疫情危机

自 2020 年 1 月以来，新冠肺炎疫情来袭，冲击了全球大多数国家，成为一场远远超过 2003 年非典、2014 年埃博拉的严重的全球公共卫生危机，对全球治理和国际合作产生深远影响：第一，新冠肺炎疫情凸显了全球化时代人员高度流动的负面效应，将为逆全球化思潮提供“弹药”；第二，新冠肺炎疫情暴露了全球治理的无力和国际组织的无能，不利于推动强化全球治理；第三，新冠肺炎疫情再次印证了现实主义，无情碾压了国际政治中的理想主义；第四，新冠肺炎疫情进一步分裂了美欧、分裂了欧盟，推动了中国与欧洲及日本、韩国还有世界其他国家的合作，提升了中国在国际政治中的道义影响力和领导力。

3. 国际油价暴跌

2014 年以来，国际油价已经处于低位区间。2020 年 3 月开始，由于以沙特为首的欧佩克和以俄罗斯为代表的非欧佩克产油国未就石油限产达成一致，进而相互开展价格战，导致国际原油价格一路暴跌，至 4 月 21 日，美国原油 2005 合约破天荒跌到了 -40.31 美元，给世界经济带来复杂影响。汽油消费大幅下滑，以石油衍生品为原料的工厂关闭，原油价格急剧下跌。第一，原油价格暴跌对石油需求方有利，对于本已低迷的世界经济是利好消息，但是对俄罗斯、伊朗、委内瑞拉等产油国却是“灭顶之灾”；第二，原油价格暴跌将重塑国际能源供应格局，特别对美国页岩油生产商冲击不小；第三，超低的石油价格将刺激化石能源消费，损害新能源经济发展和环境保护产业，不利于《巴黎协定》实施；第四，对于为石油和天然气产业提供服务的行业来说，价格战带来的影响是非常不利的，因为石油公司会尽最大可能削减成本来更好地实现盈利。

（二）主要世界大事对世界经济格局的影响

1. 东升西降的国际政治格局变化趋势更加显著

近年来，国际政治格局一直在经历深刻变化，以美欧为代表的发达国家实力下降，以新兴经济体为代表的发展中国家实力上升。经过这三件大事，这一变化趋势更加明显。虽然中美贸易争端是由美国挑起，但中国毫不畏惧，坚持斗争，与美国达成的文本较为平衡，充分展示了中国的实力和韧性。相比中国对新冠肺炎疫情的迅速有效控制，美国和多个欧洲国家等发达国家却表现糟糕，反而需要作为发展中国家的中国的援助。美国自诩“世界领导者”，但在应对疫情和国际油价暴跌上没有展现出足够的领导力和话语权。

2. 双边走强，多边走弱，国际政治中的现实主义色彩更加浓厚

自特朗普上任以来，美国将中国明确为竞争对手，中美进入大国博弈时代。中美签署第一阶段经贸协议，与其说是国际合作的胜利，不如说是大国间竞争的结果。通过这一阶段的较量，中美两国都更加相信实力决定合作状态的道理。而世界许多国家在新冠肺炎疫情面前，呈现出“大难临头各自飞”的景象，不顾世界卫生组织的建议，坚持关闭边境、停止航班，就连一直号称“团结一致”的欧盟国家都互相拼抢医疗物资。油价的暴跌更是国家间权力竞争的本质，由此将引发国际产业链的重新配置。

多边主义与单边主义的较量更加激烈。受到疫情和油价暴跌的影响，许多国家特别是欧洲国家和广大发展中国家政府将更加支持构建更加有效的多边主义，强化国际组织和国际合作。《区域全面经济伙伴关系协定》（RCEP）合作框架以及中欧投资协定的达成充分显示了这一趋势。同时，由于中国应对疫情中在国内展现出的高效和在国际上发挥的无私领导力，将进一步增进中国与欧洲和发展中国家多边主义合作。美国和一些受到疫情影响国家的部分民众将进一步滑向单边主义，支持对人员和货物流动进行限制，影响对产业链布局的重构。

二、世界经济格局变化对“一带一路”建设带来的机遇和挑战

世界经济格局的巨大变化对于中国“一带一路”建设和海外利益保护工作带来机遇和挑战。

（一）主要机遇

1. 以美国为首的西方国家有变弱趋势

仍然是世界最富强国家的美国因为缺乏计划性而一度面临很大的抗疫压力。美国不间断地在疫情问题上对中国进行嘲讽和政治攻击，甚至拒绝向世界卫生组织提供援助，以及表态退出世卫组织。意大利、西班牙、德国、法国、英国等，也都显得比较忙乱。美国政府目前有 17.9 万亿美元债务由私人投资者和其他政府持有，相当于美国国内生产总值的 89%，是 1947 年以来的最高水平。美国不断退出国际机构和多边机制，美国的行为向外界展示出了其对世界格局的不自信。

2. 世界秩序面临大幅调整

中国40年来的崛起历程大大增加了中国在地区和全球机构中的地位和分量，巩固了中国在众多制造业行业作为全球供应链中心的地位。这次新冠肺炎疫情凸显了中国的制度优势以及在重要物资供应链条上的不可替代性。特朗普对全球贸易秩序的破坏有力证明了世界秩序架构分崩离析造成的后果，使得美国更难组织对这一流行病采取协同反应或提供必要的世界领导作用。再加上原油期货价格的大幅下降，世界经济格局面临巨大格局性变化。

3. 抗击新冠肺炎疫情显现中国体制优势，世界各国对中国认同度提升

新冠肺炎疫情危机蔓延到了全球190多个国家和地区，一些资本主义国家向其他国家和地区提供的援助非常有限。中国尽快控制住了疫情并向其他国家提供了大量援助。

疫情是对国家治理体系和能力的大考。建立在全民所有制和集体所有制基础上的经济体制起到了决定性作用。中国领导的决断力，以及政府采取宏观调控手段高效调动资源的能力和空间是很多资本主义国家无法企及的。中国的制度优势、先进医疗技术和传统中医在抗疫中都发挥了重要作用。在以最快速度兴建了抗疫基础设施的同时，建立了多层级的隔离制度。有效掌控了危机状态下的新闻传播，避免了恐慌心理的急剧蔓延，促进了正能量的扩散，实现了政府和民众的良性互动。

（二）主要挑战

1. 美国将矛头对准中国

无论是谁代表美国政府，无论美国民众是否对美国政治有较好的理解，是否进一步被极化至两党阵营，美国都不希望中国崛

起并成为一个世界大国。美国已明确将中国作为头号竞争对手，并采取了多种强力措施。美国拒绝承认中国市场经济地位，采取了大幅加征关税等很多限制中国对美出口的手段，中美贸易和投资大幅下降。要清醒地认识到，拜登上台后这种情况也不会有大的改观。

2018 年秋，美国国会通过立法建立了投资 600 亿美元的国际开发金融公司（DFC）来监管对发展中国家的战略投资，显然是主要针对中国不断增长的影响力；2019 年 8 月 5 日人民币兑美元汇率破 7。同年 8 月 6 日，美国财政部将中国列为“汇率操纵国”；时任美国商务部部长罗斯在 2020 年 1 月 30 日接受福克斯商业新闻采访时表示，中国发现新冠肺炎疫情将有助于提升美国经济，这将加快工作机会重返北美的进度，有些会回到美国，有些可能会被墨西哥得到。美国美中经济与安全评估委员会（USCC）确认了 156 家在美国三大交易所上市的中国大陆公司的名单，其中包括 11 家国有企业，总市值达到 1.2 万亿美元。这些公司有可能被美国证券交易所除名，这将引发中国概念股退市潮和回归潮。美国还可能采取公布或者冻结中国公民在美国资产，甚至动用“紧急状态法”冻结中国持有的美国国债等在美国资产的方式。上述情况使得人民币汇率和中国金融稳定充满了变数。

在新冠肺炎疫情扰乱全球供应链的背景下，为减轻本国在制造业领域对中国的依赖，美国考虑通过减负等措施来帮助在华美国企业迁出中国。2020 年 4 月 9 日，时任美国白宫国家经济委员会主任库德洛表示，美国政府应该允许本国企业在财务核算中抵扣所有资本支出项目的成本，包括从中国回迁到美国的成本。

美国虽然与中国签署了第一阶段经贸协议，但是美国对中国商品征收的大部分关税仍未取消，美国限制中国获得技术的决心也不会动摇。美联储宣布无限量 QE，美国国会批准 2 万亿美元巨额财政刺激法案，影响不容小觑。美国已经形成民主共和两党一致强硬对待中国的政策趋同局面，不同的只是手法和模式。2021 年 1 月中旬，拜登上台之前任命外交政策专家库尔特·坎贝尔（Kurt Campbell）担任亚洲事务主管一职，来应对所谓来自中国的挑战。所以中国要保持清醒，提前预判，把握主动，要尽量减少损失。

新冠肺炎疫情是在中美关系大转型时期发生的重大人道主义危机，而这一危机揭示了中美关系中某些痛苦的真相。从危机产生的消极影响看，当疫情最初在中国发生时，美国国内出现了很多幸灾乐祸的声音，认为疫情会阻碍中国经济的发展和大国崛起的步伐，甚至还可能影响中国社会的稳定，并加速中美两国经济的脱钩。众所周知，在疫情出现的前 2 个月内，美国政府并未对中国提供任何实质性援助。这种负面的表现令人失望，疫情危机并未缓解中美竞争。它使我们意识到中美之间地缘政治和意识形态的敌意在很大程度上已经超越了人道主义关切。

2. 世界秩序越发混乱

全球很多国家和地区已经因为战乱、美国制裁、自然灾害和气候变化等因素而陷入人道主义危机，新冠肺炎疫情让这些地区的情况更加糟糕。除单边行动外，美国与日本、东盟、新加坡、印度、澳大利亚达成双边或三边基础设施合作框架，且联合日本共推高质量基础设施投资标准，把透明度、市场化融资、开放型基础设施及债务可持续作为高质量投资的基本原则。2019 年 6 月，在美日推动下，G20 大阪峰会通过了《G20 高质量基础设施投资原则》。美国的意图是抢占“印太”基础设施投资规则的主导权，以对冲中国“一带一路”建设的先发优势，加大中国与其他国家开展“一带一路”合作的阻力。

2020 年 1 月新冠肺炎疫情暴发，全国相当一部分地区实行了严格的管控措施，延长春节假期，交通管制，旅游景点、饭店餐厅、文化娱乐等场所停止营业，住宿餐饮、文化旅游、物流运输以及批发零售等行业受到较大冲击，短期内对经济造成了很大损失。2020 年 1 月 30 日晚，世界卫生组织总干事谭德塞在日内瓦召开紧急会议后确定将中国正在流行的新冠肺炎疫情定义为“国际公共卫生紧急事件”（PHEIC）。[①] 这给中国外贸货物出口、海运物流和对外交流带来极其严重的巨大影响。外资利用和旅游业也将受到巨大打击，美国、澳大利亚、德国、英国等国都纷纷暂停了 2 月初与中国主要大城市的航班。受疫情和中国假期延长的影响，中国 2020 年第一季度经济差强人意。全球主要经济体几乎都陷入了衰退。在经济普遍不好的背景下，各种矛盾都显现出来，世界秩序愈发混乱。

3. 各国纷纷启动保护主义

疫情暴发后，中国开始关闭各地的工厂和隔离城镇，以此来遏制病毒的传播。中国也不得已暂停向世界各地的工厂供应零部件，于是出现了短缺的局面，许多国家的工厂都因此被迫关闭。为了减轻本国在制造业领域对中国的依赖，日本决定从该国经济刺激计划中拨出 22 亿美元用于资助在华日企把生产转移出中国。

① “国际公共卫生紧急事件”是指“通过疾病的国际传播构成对其他国家的公共卫生风险”，并可能需要采取协调一致的“国际应对措施”的“不同寻常”事件。世界卫生组织可根据《国际卫生条例（2005 年）》第 53 条提出关于常规或定期采取适宜卫生措施的长期建议。缔约国可针对正发生的特定公共卫生危害对人员、行李、货物、集装箱、交通工具、物品和（或）邮包采取措施，其目的是为了防止或者减少疾病的国际传播和避免对国际交通的不必要干扰。具体的建议措施包括但是不限于以下意见：审查载货清单和航行路线；实行检查；审查离境或过境时采取消除感染或污染措施的证明；处理行李、货物、集装箱、交通工具、物品、邮包或骸骨以消除感染或污染源（包括病媒和宿主）；实行隔离或检疫；如果现有的一切处理或操作方法均不成功，则在监控的情况下查封和销毁受感染或污染或者嫌疑的行李、货物、集装箱、交通工具、物品或邮包；不准离境或入境。

根据日本公布的经济刺激计划细节，在日本为对冲疫情经济影响而编制的9920亿日元额外预算中包含两个子项：一是为那些着手把在华生产迁回日本的日资企业提供2200亿日元资助；二是为那些寻求把在华生产转移到其他国家的日资企业提供235亿日元。中国是日本最大的贸易伙伴，但2020年2月由于新冠肺炎疫情导致中国许多工厂停工，当月日本从中国的进口下降了将近一半，进而导致日本国内制造业所需的必要零部件出现了短缺。此外，日本一方面与印度推进“亚非增长走廊”计划，一方面与美、澳共同推进对印太地区基础设施项目的投资，2019年9月又与欧盟签署加强基础设施建设的相关协议，希望推进双边在印太地区、西巴尔干地区和非洲地区完善道路、港湾等基础设施的合作，对冲“一带一路”影响力意图明显。美、欧、日投资基础设施有助于缓解建设资金的压力，但其意图若主要为抑制、防范中国，则会形成恶性竞争，导致出现“多带多路”，最终形成基础设施领域令发展中地区难以承受的“意大利面条碗”效应。日本对华开展“一带一路”第三方市场合作的同时，对本国企业参与合作施加诸多限制，并专门将港口、铁路、机场等项目划为“特殊领域”，不建议与中方合作。

欧盟和部分欧洲国家则对“一带一路”建设采取保护主义政策，加大对中国投资基建项目的规则审查、安全审查，使包括匈赛铁路在内的中方在欧项目建设进程受到明显影响。2020年4月初，澳大利亚政府规定外国所有投资项目都要接受政府部门审查，审查期限也由原来的一个月延长到最长半年。在今后一定时期内，外国投资审查委员会要负责审核所有外商投资项目，不管项目投资金额大小。2020年4月6日，意大利政府宣布，为保护本国企业不被并购，将采取加大保护力度的措施。银行、保险、能源、保健等广泛行业将成为保护对象。限制措施针对的是打算收购意大利企业10%以上股份的外国企业。2020年4月8日，德国政府批准了一项加强监管的政策，适用于欧盟地区以外企业收购本国企业的案例。政府如果认为“收购行为有损德国利益”，就可以阻止收购。基础设施、医药用品、防护用品生产商是重点保护对象，能源、数字经济相关企业也可能被纳入保护范围。

2020年4月18日，印度工业和内贸促进局（DPIIT）在其官网发布公告，宣布修改外商投资政策，规定“任何来自与印度接壤的国家投资者”都能在政府准入路径下进行投资，这将大大增加包括中国在内的与印度陆地接壤国家的企业在印度投资难度。这次印度修订法案把中国和巴基斯坦、孟加拉国给予同等待遇，以此来遏制新冠肺炎疫情大流行背景下对印度企业的趁机收购。

这种情况在客观上迎合了美国的“脱钩”设想。中美贸易斗争形势还不十分明朗，再叠加这次疫情给经济造成的损失、美国为刺激经济采取的大幅降息和巨额财政刺激计划，以及石油价格的巨大起伏，给本不乐观的中国经济和金融又增加了更多的困难和不确定性。

三、如何应对“一带一路”建设实施后遇到的挑战

近年来世界大事及世界经济格局的巨大变化，在给中国“一带一路”建设实施带来不小机遇的同时，也带来了巨大挑战。中国海外利益面临的主要风险随之发生巨大变化，大国角力、恐怖主义等风险不断上升，如何应对才是我们需要面对的难题，相关思考和应对之策如下：

（一）加强信息搜集和研判

海外利益保护工作中最珍贵、最稀缺的资源就是相关的情报信息。各相关单位一定要努力及时掌握中国重要海外利益所面临的各种风险的情报信息，并及时开展风险评估，为驻地企业、经济商务部门、外交机构和安保机构及时采取有效措施做好提供研判依据。要围绕重点国家和地区，构建多层次、多功能的情报来源渠道，逐步消灭空白点，最终实现有效覆盖。不断完善安全信息收集和报送制度，并努力基于及时准确的情报信息来确保中国海外利益的风险研判和危机预警。

1. 明确信息需求

应该努力建立和完善海外利益保护的信息搜集网络。这个网络不针对任何外国和国际组织等国际机构，应该包括人力和技术等手段，其存在的价值就在于保护中国海外利益。这张网络要覆盖中国海外利益主要存在的地区和领域，也要覆盖中国海外利益面临的主要风险源头，这样才能确保中国海外利益保护的有效性、完整性、及时性。

应逐步构建“政府主导、社会参与、专群结合”的海外安全情报信息搜集网络；建立海外利益信息搜集据点；努力建立海外利益信息搜集的平台、据点和根据地。这是在境外开展海外利益保护信息搜集工作的重要平台和依托。要求专业情报部门加大秘密渠道情报信息搜集力度，特别要加强对重点国家和地区的全局性、战略性、内幕性、预警性、行动性的情报信息搜集，为中央运筹决策以及安全风险评估、监测预警、应急处置等有关工作提供及时有效的情报支持，切实发挥境外机构和人员的情报信息基础作用。加强驻外使领馆、中资机构、非政府组织、海外中国公民等对公开渠道的情报信息获取。

2. 开拓搜情途径

一定要努力建立稳定可靠的海外利益情报信息源头。这是获取情报信息、开展风险评估和有效保护行动的起点和源头，是一切海外利益保护工作的出发点。只要能够占据充分有效的情报信息，海外利益保护中的管理者和参与者通常就能够做出正确的决定，从而把整个危机管理的过程推向最佳效果。

积极参与反恐等非传统安全领域国际合作。加强双边多边反恐交流磋商和务实合作，最大限度防范、化解中国海外利益涉及的恐怖主义风险。推动亚丁湾、几内亚湾等海域反海盗联合演练和行动机制化、常态化，通过国际合作更好地保障中国海上通道安全。开展国际灾难救援和突发传染性疾病防治合作，加强与外方对中国海外灾区、疫区人员应急实施救援的协同能力。

3. 提升研判能力

构建情报信息研判机制。构建中央层面情报信息定期研判和紧急会商制度。定期通报情报需求，整合不同渠道情报信息，及时就重大情报线索进行综合分析研判，增强情报信息搜集工作指向性和准确性。

（二）采取有效措施

1. 突出重点，调整布局

战略支点对于“一带一路”建设和中国国际安全具有非常重要的作用，这是整个海外利益保护网络的基础。要在全球布局，打造战略支点，进行战略安排，打造海外利益保护网络，关键时刻，召之即来，来之能战，战之能胜。

中国进出口重要物资和能源等货物运输总量的绝大部分都是利用海上运输进行的，而且中国对重要物资和能源获取的需求还呈现出不断上升的趋势，因此切实维护海湾海峡、中国南海、马六甲海峡、印度洋、阿拉伯海等海上生命线、“中巴经济走廊”的通道安全和瓜达尔港、吉布提港等战略要地安全，直接关系到中国和平崛起道路的进行。“海上通道是中国对外贸易和进口能源的主要途径，保障海上航行自由安全对中方至关重要。中国政府愿同相关国家加强沟通和合作，共同维护海上航行自由和通道安全，构建和平安宁、合作共赢的海洋秩序。”[①] 应该重点关注以下项目：

一是“中巴经济走廊”建设。2014 年 11 月，中巴两国正式签订《中巴经济走廊建设远景规划》，并将“中巴经济走廊”定义为“一带一路”建设的旗舰工程。该规划涉及四大领域 30 多个项目，预计于 2030 年基本完工。

2017 年 12 月 18 日，《中巴经济走廊建设远景规划》在巴基斯坦首都伊斯兰堡发布。规划把中国“一带一路”建设和巴基斯坦“2025 发展愿景”深入对接，指导规划走廊建设，推动两国协同发展。根据远景规划，“中巴经济走廊”建设自中国新疆喀什，经红其拉甫口岸进入巴基斯坦，途经若干重要节点地区，至巴南部沿海城市卡拉奇和瓜达尔。规划明确了“走廊”建设的指导思想和基本原则、重点合作领域以及投融资机制和保障措施。

“中巴经济走廊”对于中巴双方都非常重要。但由于其建设具有“点多”“线长”“量大”“面广”的特点，对巴方的安保力量和能力提出了严峻挑战。2016 年，巴境内恐怖袭击事件比 2015 年下降了 30%，但仍发生了至少 24 起造成较大伤亡的恐怖袭击。如何应对恐怖主义威胁成为了摆在中巴两国目前的现实问题。

---

① 习近平：《携手追寻中澳发展梦想，并肩实现地区繁荣稳定》（2014 年 11 月 17 日），《人民日报》，2014 年 11 月 18 日。

二是确保马六甲海峡航运安全。马六甲海峡事关中国能源安全，必须不遗余力扩大在马六甲海峡的实际影响力。如新加坡紧密追随美国，要通过对马来西亚皇京港的建设，甚至克拉运河的建设等多种方式来确保马六甲海峡的安全。要逐步采取有效措施平衡新加坡、马来西亚和印度尼西亚，实现对马六甲海峡的有效影响。

三是积极推进中缅油气管道建设。中缅油气管道是继中亚油气管道、中俄原油管道、海上通道之后的第四大能源进口通道。也是中国破解马六甲海峡困局的重要出路，是中国腹地与印度洋之间的“大动脉”，应全力确保管线安全。

因应国际形势变化，加快“中缅经济走廊”建设。要认识到这项基础设施项目规模庞大，需要花费数百亿美元，也会消耗一定的时间和精力才能完成。其核心内容是建设一条连接中国云南省、缅甸仰光市以及孟加拉湾深海港皎漂港的铁路线。这条走廊的建设将包括伊洛瓦底江上的一座6000兆瓦大坝，以及靠近仰光的制造业基地等数十个项目。

但这条走廊面临很多困难：它穿越世界上地形最复杂、暴力最频发的政治区域。中国和缅甸的边境地区、缅甸北部地区盘踞着十几支不同种族的少数民族地方武装。必须适度影响和掌控缅甸各方武装力量，务实推进缅甸和平进程，来为“中缅经济走廊”建设提供有力支撑。也要加强对缅甸投资、中缅贸易、中国本土社会组织到缅甸活动来切实加强中缅关系。缅甸的毒品和赌场问题也需要给予一定重视。

2. 调整策略和方法

除战略需要导致特殊支点和线路的投资之外，应该做到：

一是对投资项目的价值取向有明确的指引。技术、能源资源等应该成为重点。二是突出投入产出比核算。不能全部做长线投资，对短期内能够回本的投资应该适度倾斜。三是要对目标国的特点和主要风险情况，提前做好研究和风险评估工作。要事先准备好危机状态下的应对方案。

3. 加强对重点国家的法律体系研究，做好法律斗争准备

一是针对当前形势，要特别注意加强对重点国家的法律制度和争端解决机制研究，跨国投资、资本市场管理、国际货物买卖等相关法律制度尤其要高度重视。

二是要加快国际法律人才的培养力度和相关争端处理机构的建设培养力度。涉外法律服务人才队伍存在总量偏小、质量不高、经验不足等问题，不能适应高水平对外开放格局和日益多元化的涉外法律服务需求。应该改革人才培养模式，建立以立足海外利益保护实践为导向的人才培养机制，制订高校与涉外法治工作实务部门人员互聘交流计划，打通涉外法律服务与政府机构、学术机构、企业之间的职业壁垒。

三是要做好相关基础性工作。如对与中国相关的国际条约要做好认真梳理工作。

四是要用好关于长臂管辖和阻断的法律制度。商务部令 2021 年第 1 号“阻断外国法律与措施不当域外适用办法”和反倾销、反补贴相关规定，准确、有效反制目标国家侵犯中国利益的行为。

（三）切实加强海外利益保护能力建设

1. 构建完善的国家机构治理体系

习近平总书记指出，我们的安全工作体制机制还不能适应维护国家安全的需要。应根据海外利益拓展的实际需要和中国国情的实际情况，建章立制，加快制定海外利益保护有关的法律法规。在全球建立海外情报、军事、准军事力量支撑体系，进一步提升国际话语权和综合保障能力，为海外利益提供全方位、立体

式和多元化的安全保障。

各个相关部委根据职能任务，分工合作，建立起联合行动的高效机制。既要全面周延，又要动态跟进。随着国际国内形势的发展变化，在海外利益保护这个问题上，相关部委如何根据职能、分工负责，建立起责任明确、专业过硬、反应迅速、协调顺畅、保障有力的危机管理机制，形成最大合力，成为十分迫切的问题。“所谓危机管理机制就是以担负危机管理职能的国家政治机构为核心，在社会系统其他重要因素影响下，按照相应组织结构运作从而对危机事态进行预警、应对和恢复的组织体系。”[①] 这当中相关部委由谁来牵头负责、如何发挥作用是核心问题。必须夯实中国在全球维护和拓展海外利益的安全合作布局与外交依托，基本实现对我国海外利益的有效保障。

如前所述，在境内应实现由国家安全委员会下属专门机构牵头、在境外由驻外使领馆按管辖地域牵头，相关单位分工协作、由国家安全委员会负总责的海外利益保护机制，直接处理重要海外利益和一般海外利益保护问题。

（1）外事部门的职责

外事部门行使的领事保护职能是中国海外利益保护的最主要抓手之一。所谓领事保护是指一国的外交、领事机关或者领事官员，根据本国的国家利益和对外政策，在国际法许可的限度内，在接受国内保护派遣国及其国民的权利和利益的行为。与领事保护密切相关的是领事磋商制度，是指通过双边定期磋商、紧急交涉、派出外交部长特别代表或政府工作组等形式，赴事发地，敦促有关国家采取措施，切实维护海外公民合法权益。

① 中国现代国际关系研究所危机管理与对策研究中心编著：《国际危机管理概论》，北京：时事出版社，2003 年版，第 22 页。

在应急协调机构方面，2000 年，中国外交部首次出台了《中国境外领事保护和服务指南》，之后进行了数次更新；2004 年 3 月 19 日，中国外交部新闻司设立公众外交处。2004 年 7 月 1 日，中国外交部成立了涉外安全事务司；2006 年 5 月，外交部成立领事保护处，专门处理和协调海外国民和法人正当权益的保护工作。领事保护处成立当年就启动了在所罗门、东帝汶、黎巴嫩、汤加的 4 次撤侨行动。撤侨行动由中央、地方和驻外使领馆协同作战，充分体现了中国的海外利益保护机制具有集中力量办大事的优势。

由此可见，一旦我国公民、法人的合法权益受到侵犯，就需要由外交部门代表国家行使保护权力。外交保护、领事保护是从国际法角度对一些国家主权的有限延伸，国家履行此项权利是基于属人管辖原则，为了表示对主权国家的尊重，设置了相关的条件，例如用尽当地救济原则、国籍连续原则等等。同时，我国开展海外利益保护业务，需要对象国行使公权力予以配合等情况时，也需要外交部门代表国家进行沟通协调。

（2）国家发展改革委的职责

国家发改委主要负责境外企业对外投资的政策制定和项目审批工作，在国家对外投资和利用外资工作中处于中枢地位。2017 年 12 月 26 日国家发改委发布《企业境外投资管理办法》。新办法于 2018 年 3 月 1 日起施行，《境外投资项目核准和备案管理办法》同步废止。“办法”作为境外投资管理的基础性制度，在“放管服”三个方面统筹推出了 8 项改革举措，旨在加强境外投资宏观指导，优化境外投资综合服务，完善境外投资全程监管，促进境外投资持续健康发展，维护我国国家利益和国家安全。在便利企业境外投资方面，新办法推出了取消项目信息报告制度，取消地方初审、转报环节，放宽投资主体履行核准、备案手续的最晚时间要求等三项改革。在规范企业境外投资方面，“办法”提出将境内企业和自然人通过其控制的境外企业开展的境外投资纳入管理框架，针对境外投资监管薄弱环节，建立协同监管机制、完善惩戒措施、建立境外投资违法违规行为记录三项改革。在服务企业境外投资方面，“办法”提出投资主体可以咨询政策和信息、反映情况和问题、提出意见和建议，并提出建立境外投资管理和服务网络系统。

2017 年 8 月 18 日国务院办公厅转发国家发展改革委、商务部、人民银行、外交部《关于进一步引导和规范境外投资方向的指导意见》（国办发〔2017〕74 号）。《意见》指出，近年来中国企业境外投资步伐明显加快，规模和效益显著提升，为带动相关产品、技术、服务“走出去”，促进国内经济转型升级，深化与相关国家互利合作，推进“一带一路”建设和开展国际产能合作发挥了重要作用。当前国际国内环境正在发生深刻复杂变化，中国企业开展境外投资既存在较好机遇，同时也面临诸多风险和挑战。为有效加强对境外投资的宏观指导，进一步引导和规范境外投资方向，推动境外投资持续合理有序健康发展，有效防范各类风险，更好地适应国民经济与社会发展需要，提出意见如下：

《企业境外投资管理办法》经国家发展和改革委员会主任办公会议审议通过，自 2018 年 3 月 1 日起施行。《办法》规定，投资主体在境外投资过程中实施不正当竞争行为、扰乱境外投资市场秩序将被中止或停止开展项目并限期改正，对投资主体及主要责任人处以警告。《办法》明确，投资主体依法享有境外投资自主权，自主决策、自担风险；投资主体开展境外投资，应当履行境外投资项目核准、备案等手续，报告有关信息，配合监督检查；投资主体开展境外投资，不得违反我国法律法规，不得威胁或损害我国国家利益和国家安全。

（3）商务部门的职责

商务部门是海外利益特别是财产利益保护的重要主导部门，责任十分重大，具体任务很多。各驻外经商机构、各地商务主管部门、有关商（协）会应高度重视境外安全风险预警、信息通报和应急处置工作，建立工作机制，及时收集并发布境外安全风险预警信息，做好信息通报工作，要求并指导驻在国、本地区和本行业的对外投资合作企业加强安全防范，增强抵御风险的能力。

商务部门主导前述经济风险的应对职责。对外投资合作企业应建立境外安全风险防范制度，保持境内外通信畅通，收到境外安全风险预警后，立即采取措施加强安全防范，尽量减少风险造成的损失，并及时将应急处置情况向驻外经商机构、地方商务主管部门和有关商（协）会报告。各中央企业应参照以上做法做好对下属企业的境外安全风险预警、信息通报和应急处置工作。各驻外经商机构、各地商务主管部门、有关商（协）会、各中央企业应于每年2月底前将上年度境外安全风险预警、信息通报和应急处置情况报送商务部。在实践当中，商务部针对企业的风险评估、预防等措施在大型国有企业中落实比较到位，但是在中小企业与民营企业中的效果却不是十分理想。

商务部门创新对外投资管理方式。会同人民银行、国资委、银监会、证监会、保监会、外汇局等部门，在总结现行对外投资管理实践、借鉴国际经验的基础上，形成了《对外投资备案（核准）报告暂行办法》。《办法》作为新时代对外投资管理的重要基础性制度，在备案（核准）报告信息统一汇总、事中事后监管等方面推出了一系列创新性改革举措，旨在实现对外投资事前、事中、事后全流程的管理，推进对外投资健康规范可持续发展，更好地服务“一带一路”建设和对外开放大局。

商务部门在对外投资领域开展了一系列相关工作。商务部门全面履行对外投资主管部门职责，转变管理方式、强化服务保障、加强风险防范，初步形成了科学规范、运转有效的管理和服务体系。

（4）驻外使领馆的职责

中国驻外使领馆是中国在对象国的派驻机构，对外行使中华人民共和国主权。直接负责在该国和地区的中国人员和财产的安全工作。应该由驻外使领馆（可能是经济商务处等不同部门）牵头建立与当地中国境外企业、协会和侨领的定期会晤机制，研判对象国形势和面对风险情况，研究相关对策。

中国驻外使领馆是中国海外利益保护的根据地，是涉及海外利益信息传递的中枢。特别是情报搜集和传输、海外利益保护的指挥中枢和平台作用更要依靠使领馆的特殊条件。所以必须根据不同国家和地区中国海外利益保护所面临现实风险的情况，提前确定海外利益保护的实际负责人和核心团队。

各驻外使领馆成立以馆长牵头的“国别海外利益保护领导小组”，开展常态化工作会商和决策咨询，强化一线统筹协调和督促指导。充分发挥政府及企业、行业商会协会、研究机构、高等院校、社会组织、公民、华侨华人社团等相关各方的作用，加强协同配合、资源整合和行动融合，不断提升国家海外利益安全情报信息的获取共享、风险评估、监测预警、应急处置、舆论引导、教育培训等能力。

（5）公安机关主导的国际警务合作也需要加强

基于中国公安机关的职能与中国海外利益保护工作的实际需要，警务合作及警务外交正日益成为中国海外利益保护的重要手段和内容。

2004 年 11 月，经国务院批准，由外交部牵头、国务院 26 个有关部门参加且包括军队有关部门的境外中国公民和机构安全保护工作的“部际联席会议机制”成立，成为中央层面的领导协调机构，负责统一指挥、协调境外涉及中国公民和企业重大领事事件的处置工作，以加快重大危机事件的外交解决程序。其中，国务院为领导机构，外交部门为核心，公安、商务部门和军事部门是主体。这是中国境外安全事件应急协调机制初步建立的重要标志。在机制运行之下，外交、公安、商务和军事部门分别行使领事保护、跨国警务合作、企业安全培训和海上护航等职能，分工明确、各司其职，有效调动了各方面力量参加海外利益保护工作的积极性。但是也要看到，该机制主要应对重大、紧急、突发的海外安全事态，而不是常态化的海外安全保护机制。中国的海外利益保护现状客观上需要不断完善海外利益保护常态机制建设，特别是要突出市场手段建设。

2. 建立强大的境外应急救援行动能力

应急救援一般是指针对突发、具有破坏力的紧急事件，采取预防、准备、反应和恢复的活动与计划。应急救援和相关行动是否能够针对各类事故、灾害或者事件具有的突发性、复杂性和不确定性做出正确和及时的反应，对于应急救援至关重要。应急救援能力直接决定着其实际效果和成败。

（1）完善境外紧急救援机制建设。中国已经建立了多项应急救援机制，比如在对象国发生“战乱”或突发“严重疫情”“严重自然灾害”等情况下启动“撤离撤侨”机制。

特别是有些国家对本国的控制能力不强，甚至很弱，一些地方甚至处于地方武装割据的状态下，这样仅仅依靠双边或者多边协议中规定的对方官方政府的有限保护，是解决不了实际问题的。因此，中国自身的应急救援机制建设的作用就显得更加突出。原则上要经当事国认可，在不违反国际法的情况下，可以择机派出警察或者军队进行救济活动。

（2）不断完善紧急救援规章制度建设。海外利益保护要走法治化的道路。应急救援管理制度是为了预防和控制潜在的事故或者紧急情况发生时做出应急准备和响应，最大限度地减轻可能产生的事故后果而制定的制度。

应该坚持预防与应急相结合、常态与非常态相结合，常抓不懈，在不断提高安全风险辨识、防范水平的同时，加强现场应急基础工作，做好常态下的风险评估、物资储备、队伍建设、完善装备、预案演练等工作，强化一线人员的紧急处置和逃生的能力。

立足应急救援工作的实际需要和法治精神，不断建设、完善和积累海外利益保护和救援的规章制度建设。不断完善和积累、总结救援的工作经验。需要不断总结的经验内容主要包括：事前，针对自身的特点、所面临风险的实际情况，拟定应急救援预案；做好应急救援实战演练，全真模拟各类事故、灾害或事件现场，通过各种规范化操作，让人们清楚地明白灾难来临时如何自救、如何应对、如何帮助他人、如何抢救财产等内容。事中，立即组织营救受害人员，组织撤离或者采取其他措施保护危险危害区域的其他人员；迅速控制事态，并对事故造成的危险、危害进行监测、检测，测定事故的危害区域、危害性质及维护程度。事后，查明事故原因，评估危害程度；消除危害后果，做好现场恢复。

（3）不断增强网络安全和信息安全保护能力。网络环境下的信息安全体系是保证信息安全的关键，包括计算机安全操作系统、各种安全协议、安全机制（数字签名、消息认证、数据加密等），直到安全系统防护，只要存在安全漏洞便可以威胁全局安全。

在具体工作中，要努力发挥国家网信办、中国国家信息安全测评中心等专业机构的作用。一要确保驻外使领馆和大型境外企业的信息安全。二要为公民、企业的境外人身财产安全提供必要的保护。这应该包括信息支持和行动支持等内容。

各驻外经商机构、各地商务主管部门、有关商（协）会、各中央企业在境外安全风险预警和信息通报工作中，应注意信息保密工作。对于造成信息泄露的，将按照规定依法追究有关人员的责任。

（4）储备必要的应急救援物资。应急救援的物资是否充分是影响应急救援实际效果的重要因素，主要内容包括：必要的人力资源；资金资源包括政府专项应急资金、捐献资金和商业保险基金；物质资源涉及的方面最为广泛，用途包括防护救助、交通运输、食品供应、生活用品、医疗卫生、动力照明、通信广播、工具设备、工程材料等；设施资源包括避难设施、交通设施、医疗设施、专用工程机械等；技术资源包括应急管理专项研究、技术开发、应用建设、技术维护以及专家队伍；信息保障资源包括事态信息、环境信息、资源信息和应急管理知识等。

应在境内外适当地点建立救援数据库，确保灾难发生时，必要的救援资源第一时间到达指定地点。

（5）培养和借助专业的救援人才。中国现代服务业配套不足。“现代服务业是经济全球化的一项重要内容，其竞争比较优势也日益突出。而现代服务业，特别是其熟悉的国际管理、西方会计制度、税例的商业管理与顾问、会计及审计咨询，是‘走出去’中不可或缺的。而我国现代服务业国际比较优势不突出，其中重要的表现就是：利用外资水平较低，主要集中于传统旅游和劳务输出，知识密集型和技术密集型服务等比重较低，我国服务业企业的管理水平、营销水平、企业规模与国际服务企业相比存在相当大的差距。我国企业‘走出去’的过程中，需要有国际化程度高的专业服务，来帮助其尽快熟悉国际惯例、适应国际经营。”①

必须培养和借助专业的危机管理和救援人才。这是一切紧急救助工作的基础。包括专职外交官、经济商务官员、情报搜集人员、风险评估专家、专职应急管理人员、相关应急专家、专职应急队伍和辅助应急人员、社会应急组织、企事业单位、志愿者队伍、社区、国际组织，以及军队和武警等。

3. 建立强大的救助资源储备

救援资源是海外利益保护的手段，也是海外利益保护的重要依托。随着形势的变化，中国海外利益的行为方式正在不断变化之中。应该围绕重点国家和地区有针对性、战略性、前瞻性地加强海外安保力量建设，软硬实力兼顾，综合实施。

（1）警察等武装力量适度分布

驻外使领馆的安全主要是由我国武警负责的。在对象国开展特定行动，通常通过警务合作等方式使用警察等武装力量。

国际警务合作，是不同国家的警察机关为完成特定的警务相互提供支持、援助、协助、配合的一种执法活动。国际警务合作是以国际刑警组织为依托，在国际刑警组织框架内开展国际多边合作，这是当今国际警务合作的发展趋势；通过缔结中外刑事司法协助条约和引渡条约，广泛开展国际刑事司法协助、强化双边警务合作，是当今国际警务合作的重要渠道和模式；实施国际侦查协作，是当今国际警务合作的重要手段。

（2）领事保护等外交手段、行政手段合理运用。领事保护是当某国公民、法人的正当权益在接受国受到侵害时，某国驻外使

---

① 王义桅：《“一带一路”机遇与挑战》，北京：人民出版社，2015年版，第136页。

领馆依据包括国际公约在内的国际法的各项原则、双边条约或者协定以及某国和驻在国的有关法律，通过外交途径反映有关要求，敦促驻在国当局公正、合法、友好、妥善地处理问题。

为了加强对中国海外公民的安全保护，中国建立了部际联席会议机制，成立了领事保护中心，开通了热线电话12308和中国领事服务网，形成了以外交部为中心、相关部门密切配合的“大领事”格局和正在逐步形成的中央、地方、驻外使领馆、企业和个人的一体化境外安全保护工作联动机制。

我们要清楚地认识到，领事保护需要强力支撑。实践中，在驻有中国维和部队（包括维和警察、武装警察）的国家，中国的领事保护工作就推进得比较顺利；反之，在没有中国维和部队的国家，特别是战乱国家，领事保护工作推进得就比较困难。

（3）丰富市场手段。租用安保公司，购买安全服务。所谓私营安保措施，是指境外企业和公民借助保险公司、私营安保公司或者其他民间力量，通过风险评估和自助防卫手段来保障自身安全。私营安保公司在中国和西方国家都有着很长的历史。近年来，联合国等国际组织也解决了相关的合法性问题，获准在维和行动中购买私营安保公司的服务，以提升安保效率。① 而对于中国来说，面对庞大的海外利益，单靠政府领导下的公共资源已经很难满足不断上升的海外利益保护需求，迫切需要私营安保等力量加入到保护工作当中来。在使用民用设施的问题上，还可租借民航班机开展撤侨行动。

中国目前对海外利益的保护已经变得更加主动。在巴基斯坦

① Lou Pingeot, “Contracting Insecurity Private Military and Security Companies and the Future of the United Nations,” Global Policy Forum/Rosa Luxemburg Stiftung, 2014, pp. 6 - 7.

和阿富汗，中国政府已经做出积极努力。

必须善用经济杠杆化解政治风险。中国海外利益很多分布在高风险国家和地区，一些战略项目建设和运行的周期长，容易受到相关国家政局变化的冲击，必须善用经济杠杆灵活应对。应与对象国构建共同利益，降低与削减政局突变的不利影响。结合援外杠杆，建设援外信用档案，将相关国家保护中国海外利益的情况与援外的力度适当挂钩。

（4）创新融资和保险模式。必须从全球化和市场经济的背景下，思考如何实现更全面的海外利益有效保护问题。如果单纯依靠我国驻外使领馆和政府部门，即使给驻外使领馆增加更多的人员编制与经费，也只能是“救火”，仍很难从根本上应对此起彼伏的海外风险。

解决境外企业和公民私人财产安全问题，应主要依靠融资和保险方式解决。可借鉴美日的经验，如美国建立了“海外私人投资公司”，政府部分注资，国务院控制，负责承保各种政治性风险，并提供融资及其他保险服务；日本根据《贸易保险法》，由隶属经产省的“独立行政法人贸易保险”（NEXI）负责海外保险理赔，年保险额逾9万亿日元。中国国家开发银行和中国进出口银行作为全球发展融资领域实力强大的金融机构，可以适度研究美日的经验，在项目运行前做好对融资模式和投资的风险评估工作，可以适度考虑引入公开竞争性投标。亚洲基础设施投资银行可以立足自身国际组织特点，除直接作用于“一带一路”项目外，应谋求在多边领域和公共领域发挥作用。特别是在规则建设、能力建设、环境与社会领域政策、债务偿还、争端解决等方面发挥突出作用。

可以考虑建立海外投资保险（证）制度。该制度是资本输出国为保护本国海外投资而设立的风险保证制度。政治风险发生后，国家先向企业进行赔偿，并取得代位求偿权。制度的保险范围包括征用险、外汇险、战争险和政府违约险等。中国现有的承办政策性出口信用保险业务的金融机构是中国出口信用保险公司。

总之，要努力搭建重点突出、梯次部署、高效覆盖的总体力量布局。以驻外使领馆为主，在力促驻在国提供安全保障的基础上，统筹协调驻外机构安保、情报、军事、民间安全等各种力量，坚持政府部门与社会企业联动、官方力量与民间力量衔接，构建军、警、民结合的海外安全保卫力量格局。加强高危、重点国家和地区外交领事、警务安全力量部署。设立海外利益安全保障国家专项基金。各个相关部门、地方切实加大人力物力投入。完善海外安保布局和预置预储保障物质，配备动态监测、防护防卫、通信交通、救援医疗等设施设备。

专题报告八　拜登政府对华贸易政策及中美经贸谈判前景

（中国国际经济交流中心美欧研究所助理研究员）宁留甫
（中国国际经济交流中心美欧研究所副所长）张焕波

［摘　要］依据美国1974年贸易法规定，美国总统须于每年3月向国会提交一份贸易议程，对上一年美国对外贸易进行评估，并提出当年新的贸易政策。2021年3月初，美国贸易代表办公室按时发布《2021年贸易政策议程报告》和《2020年度报告》（以下简称《2021年贸易议程》）。由于美国政府换届，该报告传递出的拜登政府对于贸易政策的想法值得重点关注。总体看，拜登贸易政策是“奥巴马＋特朗普”贸易政策的结合体，因此，中美关系形势不容乐观，我们需保持清醒认识，放弃幻想，做好更加艰苦的斗争准备。

［关键词］美国　中美贸易　经贸谈判　贸易协定

一、拜登政府贸易政策的优先事项和特点

（一）贸易政策服务于拜登政府的整体政策议程，是“奥巴马+特朗普”贸易政策的结合体

2021年贸易议程是拜登政府抗击疫情、复苏经济和“重建更美好未来”议程的有机组成部分。该贸易政策被放在美国整体政策的大环境下考虑，是服务于美国国家利益的手段，主要致力于处理四项目标：塑造更强大的生产和创新基础；建设可持续的基础设施和清洁能源体系；建设更强大的、充满关怀的经济；全面推进种族平等。2021年贸易议程列出了拜登的九项贸易政策重点，包括：应对疫情和恢复经济；将工人置于贸易政策中心；确保全球环境和气候路径的可持续；促进种族平等和支持弱势群体；通过全面战略应对中国强制性和不公平的经济贸易行为；与朋友和盟友合作；为美国农场主、食品制造商和渔民服务；推动全球范围内公平合理的经济增长；尊重规则。上述政策的重点一方面充分体现了奥巴马政府在结构性议题上确立高标准、重视WTO作用、支持高薪工作、加强中产阶级、重振制造业、促进可持续及包容性增长等内容，另一方面多次提到特朗普政府所谓的“不公平的贸易行为”“公平的国际贸易体系”等，是结合奥巴马和特朗普贸易政策的产物。

（二）遏制中国被置于贸易政策的突出地位，更强调遏制政策的全面性和系统性

2021年贸易议程首次将应对中国的内容单列为一条，并在其他多项政策重点里直接或间接提到中国，显示拜登政府利用贸易

政策打压中国的意图明确。议程列举了中国多项所谓“不公平”的贸易行为，包括限制市场准入、强制劳动、产能过剩、保护性产业政策、强制技术转让、破坏知识产权、互联网和数字经济审查、投资待遇不对等、强制劳动等，提出要利用一切可用手段应对中国的贸易挑战。拜登政府对华贸易政策，一方面强调与伙伴和盟友合作，利用人权手段、劳工和环境标准，要求中国遵守贸易规则和义务，改变不公平的贸易行为，另一方面重视通过对美国劳动者、基础设施、教育和创新的投资来提升美国竞争力。

（三）将劳工问题置于贸易政策的中心，强调保护工人就业岗位

美国民主党一向自诩为劳工权益代言人。拜登政府强调基于价值观的贸易，将人权、劳工和环境标准运用到贸易领域，通过贸易政策实现“塑造更强大的生产和创新基础，建设可持续的基础设施和清洁能源体系，建设更强大、充满关怀的经济，全面推进种族平等”的目标。拜登政府认为贸易政策必须能够增加美国的中产阶级的数量，创造新的和更好的工作岗位，提高工资，加强社区组织。2021 年贸易议程强调贸易协议中要纳入强劲、可执行的劳工标准，不允许贸易伙伴通过破坏劳工权利和人为操纵汇率等不公平的贸易行为而获得竞争优势。美国将审查现有贸易协议是否包括削减工资差距、发展工会组织、推动形成安全的工作环境、应对强制劳动和剥削性劳动状况、为妇女和弱势群体进行经济赋权等方面的内容，并在贸易政策中纳入企业责任和可持续发展能力的内容，增加全球供应链的透明度和问责制。

（四）与盟友联手制定贸易新规则，增强美国在数字经济、碳边境税等“灰色地带”制定规则的能力

在缺少规则或是没有规则的“灰色地带”，美国要与盟友和志同道合的贸易伙伴联手，合作制定新贸易规则。2021 年贸易议程重点对碳边境调节机制、数字经济等领域提出高标准的全球规则目标。拜登的气候计划曾宣布要对那些“未能履行气候和环境义务”的国家的商品征收“费用”。目前拜登政府正在就碳边境税制定自己的战略，同时抓紧在国内外协调立场。在数字经济领域，拜登政府重视网络安全，反对所谓的“数字威权主义”。预计美国会继续推动特朗普政府时期提出的包括数据跨境自由流动在内的数字贸易主张成为国际规则。

（五）推动主导 WTO 改革，寻求恢复美国在 WTO 等国际组织的领导地位

美国意图联合志同道合的贸易伙伴，对 WTO 重大规则和程序进行改革，以解决全球贸易体系面临的不平等日益增加、数字转型和小企业贸易障碍等问题。拜登政府认为特殊及差别待遇应给予发展指标和全球竞争力与之相符的国家，规则不应该被已经是贸易大国的国家滥用。在上诉机构问题上，拜登政府寻求对其进行全面改革，解决长期以来美国对上诉机构权力过大的担忧，防止其过度干预损害美国利益，但在现阶段不同意开启机构新法官的甄选程序。

二、美国对华贸易政策的未来动向

在上述思路下，美国对华贸易政策的如下动向值得密切

关注：

（一）关注中美第一阶段经贸协议落实情况，以取消关税作为筹码和杠杆，加大在知识产权、补贴、国有企业等领域对中国施压的力度

拜登政府上台后，一方面开始全面审视中国的贸易政策及履行中美第一阶段贸易协议的进度，表示对与中国进行贸易谈判持开放态度，另一方面又置商会和业界的呼声于不顾，继续维持特朗普政府对华加征的高额关税，将高关税视为美国的谈判筹码。特朗普政府时期，美、欧、日三方贸易部长先后 7 次就中国的“不公平贸易行为”发表联合声明。2021 年美欧峰会上双方表示要对工业补贴、国有企业的不公平行为以及其他扭曲贸易和市场的做法制定更有效的纪律。接下来拜登政府将继续努力，组成最广泛的遏华战线，以关税和其他进攻性贸易政策工具为筹码，在结构性议题上加大对我国施压的力度。

（二）借助人权、劳工和环境议题对我国进行贸易施压和限制

美国贸易代表戴琦强调美国贸易政策在特朗普强调防御性的同时也要有进攻性，要避免在美国企业受到不公平贸易损害之后再去寻求救济，要“事先行动并作出反应”。戴琦称人权是拜登政府贸易政策的核心之一。把贸易和人权、劳工权利挂钩是美国民主党的一贯主张，会被拜登政府提到前所未有的高度。戴琦还强调要建立“新的贸易法律工具”，以应对倾销、产业补贴及其他不正当竞争行为。对中国靠强迫劳动获得的不公平贸易优势，美国要使用“强迫劳动商品进口禁令”进行应对。目前拜登政府已把适用该禁令的我国商品从特朗普时代的新疆棉花和番茄产品扩展到大连海洋渔业集团的渔业产品。未来将对更多中国出口商品发布“强迫劳动商品进口禁令”或其他限制措施。

（三）将供应链弹性和公平供应链纳入对华贸易政策

根据美国发布的供应链审查报告，接下来美国将制定全面的贸易战略以支持公平供应链，将供应链弹性纳入美国对华贸易政策方针和正在进行的贸易审查。对于自身的供应链短板，美国将采取一系列措施强化自身供应链安全和弹性，同时削弱和抵消中国在供应链上的优势，具体包括：成立应对短期供应链中断的政府特别工作组；加强投资，重构美国在关键产业和供应链的生产能力；成立一支由美国贸易代表领导的贸易打击部队，针对“侵蚀”关键供应链的不公平贸易行为提出单边和多边执法行动；借助双多边外交解决供应链漏洞，召开关于供应链弹性的全球论坛，借助“四国机制”和 G7 等联合盟友和合作伙伴共同评估制定应对供应链挑战的方法等。拜登延续了特朗普对于中国高端芯片进口的限制，显示出美国扼杀中国 5G 产业供应链的坚定决心。针对中国存在短板的领域，拜登政府会持续收紧对中国核心供应链环节的遏制。

三、未来中美经贸谈判可能出现的三种情形

当前美国政界、商界、学界对于中美第一阶段经贸协议的态度并不一致。美国商界希望两国能遵守第一阶段协议，实现彼此的承诺，包括逐步取消关税、扩大贸易和投资等；希望中美开展更加真诚地第二阶段经贸协议协商和谈判，通过循序渐进的方式重建双方信心。美国学界主张取消协议中的购买承诺，尽快转向

结构性谈判，但在对待协议的具体看法上态度存在分化。拜登政府采取审慎态度，表示现阶段将严格执行协议，要求中国兑现承诺，保留特朗普政府此前施加的关税，在与盟国商讨如何与中国打交道后，找出应对中国的最佳方案。

总体来看，拜登政府时期中美经贸谈判可能会出现三种基本情形：

（一）在中美第一阶段经贸协议基础上开展新一轮经贸协议谈判

中美双方对协议进行全面客观评估，通过协商修正扩大贸易目标，就市场准入和结构性议题继续开展谈判，寻求新的突破。

1. 有利的方面：第一阶段协议本身是公开透明的，在此基础上展开新的谈判能够做到循序渐进。新的经贸谈判可发出中美两国在拜登政府时期不打贸易战的明确信号，为企业家和工商界创造对于中美关系和全球经济贸易的稳定预期，降低不确定性，推动两国经贸关系重回正轨，助力全球经济复苏。我方可以借新一轮经贸谈判的机会要求美方对我国加大市场开放范围和力度，取消特朗普时期对我国的贸易和投资限制。

2. 存在的弊端：在第一阶段协议基础上谈判，意味着双方相互加征的高关税依然存在，协议文本不对等、不平衡的问题难以解决。考虑到拜登政府计划利用一切可以使用的工具应对中国的表态，不排除美国会在新一轮经贸谈判中提出新的扩大贸易目标，使我国陷入被动境地。另外，双边经贸协议由于不需要经过国会批准，法律效力不强，存续时期可能不会太久，稳定性不高。

3. 可能性判断：美国学者和商业人士十分看重第一阶段协议的积极影响，尤其是美国商界认为第一阶段协议整体上得到了较好实施，协议关于市场开发和结构性改革的内容值得维护和发展。在此背景下拜登政府不会轻易推翻第一阶段协议，而是在此基础上寻求新的突破。而且，拜登政府官员尤其是拜登提名的新任美国贸易代表戴琦强调美国政策计划的战略性和连贯性，这预示拜登政府可能在第一阶段协议的基础上进一步向前推进。

（二）重启 BIT 谈判

中美双方回到奥巴马政府时期的谈判轨道上去，将谈判焦点集中于投资领域，重启 BIT 谈判，利用结构性改革的手段解决双边投资面临的问题。

1. 有利的方面：一是双方有很好的谈判基础。此前中美双方在奥巴马任期结束前已进行长达 8 年共 34 轮 BIT 谈判，基本达成共识。目前重启 BIT 谈判，有着良好的文本基础和团队基础，可以迅速进入实质谈判。另外，近年来中国持续实行高水平的贸易投资自由化、便利化政策，中欧双方达成的全面投资协定涉及范围已超过之前中美 BIT 谈判时的水平，目前重启 BIT 谈判的基础要好于 2016 年。二是 BIT 作为协定在法律效力上高于双边政府间协议，有助于为双边经贸关系建立更牢固的制度性保障。三是中美达成 BIT 有助于加强中美双方相互的投资往来，逐步消除美方对中方投资的歧视和偏见。

2. 存在的弊端：投资协定谈判涉及市场准入、公平竞争、争端解决机制等深层次结构性问题，在当前中美关系大背景下，美方在这些问题上的要价会远高于 2016 年之前，中美 BIT 谈判可能还要经历漫长的过程。

3. 可能性判断：中欧全面投资协定谈判的顺利完成，为激活中美 BIT 谈判提供了契机，但中美 BIT 需要美国国会批准通过，在遏制中国已成两党高度共识的情况下，中美 BIT 在国会获批的难度较大。而且美国不会轻易将视线从贸易问题上挪开，搁置解决双边贸易平衡问题。

（三）中美在 WTO 多边框架下展开谈判

中美抛开双边层面的谈判，寻求在 WTO 的多边框架下利用全球贸易规则解决双边经贸关系中的问题，这个过程将与 WTO 改革进程紧密关联。

1. 有利的方面：中美若能在 WTO 框架下达成多边协议，将比双边协议更具权威性。而且，中美在结构性议题上的分歧不仅仅是双方的分歧，在很大程度上代表着 WTO 发达成员和发展中成员的利益冲突，在多边框架下解决补贴等结构性问题能在一定程度上分散双边谈判中我方面临的巨大压力。此外，多边谈判过程由于参与方较多，各方利益诉求不一，WTO 历来采取协商一致原则造成协调难度较大，谈判耗时较长，从而为我方自身改革和发展提供了宝贵时间窗口。

2. 存在的弊端：一是中美经贸领域存在的深层次问题，如美国对我国企业进行单边制裁和出口限制等，难以在多边场合解决。二是在多边谈判中我方很可能将面临美国、欧盟、日本、英国、加拿大、澳大利亚等西方国家的集体行动压力，印度等发展中国家也不排除加入对我方施压的阵营。三是 WTO 机制目前陷入困难，尤其是争端解决机制自 2019 年底至今一直处于瘫痪状态，本身亟待改革和重建，即使中美间存在的结构性问题在 WTO 等多边框架下谈判成功，执行和落实起来也会有较大难度。

3. 可能性判断：在国有企业、产业补贴、知识产权、技术转让、劳工标准等一系列问题上，欧盟、日本等与美国持有类似立场。欧盟多次表示要联合美日和其他盟友在 WTO 改革方面进行合作。此前美、欧、日已经举行 7 次三方贸易部长会议，试图联手确立新贸易规则。拜登政府上台后急于向盟友示好，宣示美国回归多边主义，意图建立戴琦所说的“美国盟友的统一战线”，一定不会放弃联合盟友在 WTO 层面对中国集体施压。

以上三种情形，并不是非此即彼的关系，拜登政府很可能会多管齐下，一方面用双边手段与我国谈判，另一方面在 WTO 等多边框架下对我国施压。但考虑到拜登政府还在进行对华政策评估，与盟友协商立场也需要时间，中美经贸谈判可能需要过一段时间才会提上议程。

专题报告九　美国数字贸易发展现状及其在国际经贸规则中的谈判立场

（中国国际经济交流中心科研信息部助理研究员）梁鹏

［摘　要］得益于强大的互联网基础和极富竞争力的数字技术、产品及服务，美国数字贸易一直处于世界前列。数字科技快速发展，催生了大量新兴数字服务方式和内容，也带来了一系列新的数字治理挑战。美国不断调整、完善数字治理体系，从抢占国际数字市场、争夺数字科技优势地位、主导数字贸易规则制定等方面强化自身的竞争力。

［关键词］数字贸易　经贸规则　数字治理

一、美国数字贸易发展状况

与一般商品的国际贸易不同，服务贸易在跨越国界时并不需要通过海关，因此，尽管美国是数字贸易大国，但国际服务贸易数据无法准确计算美国的数字贸易额。美国经济分析局（BEA）

将数字贸易划分为两类，即狭义的“信息通信技术服务贸易”（ICT）和广义的“潜在的信息通信技术服务贸易”（PICT），广义的 PICT 服务中包括狭义的 ICT 服务，并发布了广义、狭义两类数字贸易额的数据。为此，本报告主要参考美国 BEA 的数据来分析美国的数字贸易发展情况。

（一）美国的数字贸易总量

美国是全球数字贸易发展的领导者。近年来，美国的数字贸易规模快速上升，为推动其经济复苏、就业增加和社会福利提升发挥了巨大作用。

1. 2019 年美国数字贸易稳步增长，引领服务贸易发展

根据美国经济分析局 2019 年 10 月发布的数字经济专题报告，2018 年美国数字贸易出口达 4518. 84 亿美元，占美国服务出口的 54. 64%；数字贸易进口达 2736. 37 亿美元，占所有服务进口的 48. 23%；数字贸易顺差达 1782. 47 亿美元，占美国服务贸易顺差总额的 68. 65%。其中，通信和计算机以及信息服务出口和进口一直保持明显稳步增长态势（如图 1 所示）。单从出口看，2016—2019 年，出口年均增长率超 7%，而同期美国经济年均增速仅为 2% 左右。单从进口看，近几年，美国通信、计算机和信息服务业进口同样呈现逐年递增趋势，2016—2019 年进口年均增长率超 6%。

2. 2016—2018 年美国广义数字贸易增速远高于狭义数字贸易增速，广义数字贸易发展势头明显

2016—2018 年，美国 PICT 服务出口以年均 5. 18% 的增长率递增，2018 年出口达 4518. 84 亿美元；其中，ICT 服务出口以年均 2. 54% 的增长率递增，2018 年出口达 714. 52 亿美元。2016—2018 年，美国 PICT 服务进口以年均 4. 38% 的增长率递增，2018

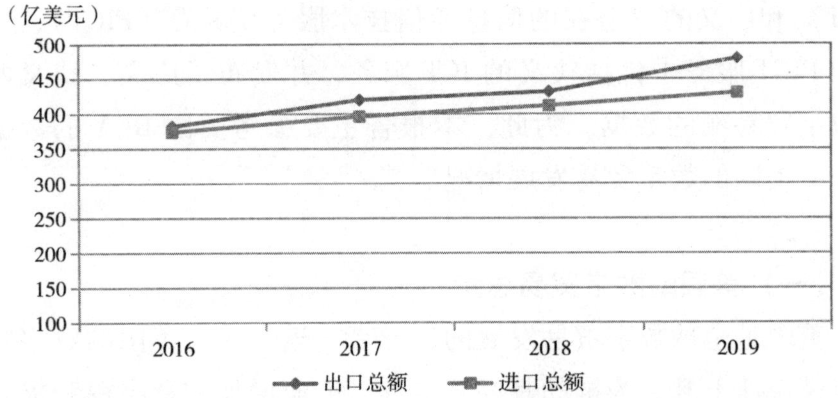

图1　2016—2019 年美国通信、计算机和信息服务出口、进口总额变化

数据来源：U. S. Bureau of Economic Analysis。

年进口达 2736. 37 亿美元；其中，美国 ICT 服务进口以年均 7. 39% 的增长率递增，2018 年进口达 489. 44 亿美元。2016—2018 年，美国 PICT 服务出口贸易顺差逐年扩大，分别为 1578. 72 亿美元、1709. 46 亿美元、1782. 47 亿美元；其中，ICT 服务贸易顺差逐年微量缩小，分别为 253. 14 亿美元、230. 53 亿美元、225. 08 亿美元。2018 年，美国 PICT 服务贸易进出口总额达到 7255 亿美元，贸易顺差则达到 1782 亿美元，增长态势明显（如表 1 所示）。

表1　2016—2018 年美国数字贸易整体情况　　（单位：亿美元）

	贸易额		
	2016 年	2017 年	2018 年
ICT 服务贸易出口	679. 96	701. 14	714. 52
ICT 服务贸易进口	426. 82	470. 61	489. 44
ICT 服务贸易顺差	253. 14	230. 53	225. 08
PICT 服务贸易出口	4094. 90	4389. 92	4518. 84

续表

	贸易额		
	2016 年	2017 年	2018 年
PICT 服务贸易进口	2516.18	2680.45	2736.37
PICT 服务贸易顺差	1578.72	1709.46	1782.47
服务贸易总出口	7584.46	7989.57	8269.80
服务贸易总进口	5116.27	5438.80	5673.22
服务贸易顺差	2468.19	2550.77	2596.59

数据来源：U.S. Bureau of Economic Analysis。

（二）美国数字贸易结构

1. 计算机软件知识产权服务和计算机服务贸易是美国狭义数字贸易的主力军

从美国 ICT 服务出口的行业分布来看，2018 年，计算机软件的知识产权服务付费、计算机服务、通信服务占全部 ICT 服务出口比分别为 52.68%、34.23%、13.09%。其中，计算机软件知识产权服务付费和计算机服务贸易占 ICT 服务出口比例接近 90%。2014—2018 年，美国 ICT 出口中心增长最快的是计算机服务业出口，年均增速为 13.34%；通信服务出口增长相对较慢，甚至出现了负增长，年均增速为 -10.3%。

表 2 2018 年美国 ICT 服务出口的细分行业结构

分类	计算机软件知识产权付费	通信服务	计算机服务
2018 年规模（亿美元）	376.42	93.54	244.55
2018 年占比（%）	52.68	13.09	34.23
2016—2018 年占比变化（%）	-1.6	-4.24	5.84
2016—2018 年均增速（%）	0.99	-10.3	13.34

数据来源：U.S. Bureau of Economic Analysis。

从美国ICT服务进口的行业分布来看，2018年，计算机软件的知识产权付费服务、通信服务、计算机服务占全部ICT服务进口的比例分别达到21.11%、11.74%、67.15%，均超过10%。2014—2018年，进口增长最快的细分行业是计算机软件的知识产权付费服务业，年平均增长速率分别达到18.02%；通信服务业和计算机服务业的进口增长相对较慢，年均增速分别为1.92%和5.61%。

表3　2018年美国ICT服务进口的细分行业结构

分类	计算机软件的知识产权付费	通信服务	计算机服务
2018年规模（亿美元）	376.42	93.54	244.55
2018年占比（%）	21.11	11.74	67.15
2016—2018年占比变化（%）	3.31	-1.23	-2.09
2016—2018年均增速（%）	18.02	1.92	5.61

数据来源：U. S. Bureau of Economic Analysis。

2. 知识产权使用、金融、专业和管理咨询服务贸易占美国广义数字贸易（PICT）超7成，构成PICT的主要支撑力量

从美国PICT服务出口行业分布看，2018年，出口占比排名前三的细分行业分别是知识产权使用服务、金融服务、专业和管理咨询服务，占全部PICT服务出口的比例分别为28.49%、24.79%、19.21%，三者之和达72.49%；保险服务、其他类服务出口相对较少，占比仅为3.87%、4.66%，均不足5%。2016—2018年，PICT服务出口增长最快的细分行业分别是专业和管理咨询服务、金融服务、通信和计算机及信息服务、研发服务及其他类服务，年均增速分别达到8.26%、6.53%、6.47%、5.55%和8.09%；知识产权使用服务、保险服务出口增长相对较

慢，年均增速分别为 1.75%、1.92%。

表 4　2018 年美国 PICT 服务出口的细分行业结构

分类	保险服务	金融服务	知识产权使用服务	通信等服务	研发服务	专业和管理咨询服务	其他服务
2018 年规模（亿美元）	174.66	1120.15	1287.48	431.96	425.55	868.28	210.77
2018 年占比（%）	3.87	24.79	28.49	9.56	9.42	19.21	4.66
2016—2018 年（占比变化%）	-0.24	0.6	-1.89	0.22	0.07	1.01	0.23
2016—2018 年平均增速（%）	1.92	6.53	1.75	6.47	5.55	8.26	8.09

数据来源：U. S. Bureau of Economic Analysis。

从美国 PICT 服务进口行业分布看，2018 年，进口占比排名前四的细分行业分别是知识产权使用服务、专业和管理咨询服务、保险服务、通信和计算机及信息服务，占全部 PICT 服务进口的比例分别达到 20.51%、17.40%、15.53%、15.05%，均超过 15%；其他类服务进口相对较少，占比仅为 7.42%。2016—2018 年增长最快的细分行业分别是金融服务、知识产权使用服务、其他类服务，年均增速分别达到 10.87%、9.72% 和 16.07%；研发服务业和保险服务业进口增长相对较慢，保险服务业甚至出现了负增长，上述两个行业的年平均增长速率分别为 0.79%、-7.64%。

表 5 美国 PICT 服务进口的细分行业结构

分类	保险服务	金融服务	知识产权使用费	通信等服务	研发服务	专业和管理咨询服务	其他服务
2018 年规模（亿美元）	424.85	312.98	561.17	411.9	346.19	476.12	203.17
2018 年占比（%）	15.53	11.44	20.51	15.05	12.65	17.4	7.42
2016—2018 年（占比变化%）	-4.4	1.22	1.84	0.09	-0.9	0.75	1.31
2016—2018 年平均增速（%）	-7.64	10.87	9.72	5.04	0.79	6.81	16.07

数据来源：U. S. Bureau of Economic Analysis。

（三）美国在全球新兴数字服务市场占支配地位，为其数字贸易发展创造巨大经济空间

当前，随着互联网打破地域分割形成一个统一大市场，云计算应用服务因更好适应个性化需求，已在世界范围内广受追捧。全球云计算市场逐渐形成较为稳定的增长格局。据 Gartner 数据显示，目前全球公有云市场迅速崛起，2018 年，面向企业的互联网应用服务市场（企业 SaaS）规模为 1824 亿美元，2019 年该市场逼近 2000 亿美元。近些年，美国大型创新企业，如谷歌、亚马逊的云服务持续高速增长，其中 SaaS 独角兽 Salesforces 市值突破千亿美元。2019 年，市场研究公司 Statista 发布的《数字经济指南 2019 年》（*Digital Economy Compass 2019*）显示，亚马逊、微软、谷歌、IBM、谷歌等企业占世界云计算市场总收入超过 60%。

在操作系统软件领域，据中国信息通信研究院发布的《全球经济新图景 2019》数据显示，截至 2019 年 7 月，美国微软 Win-

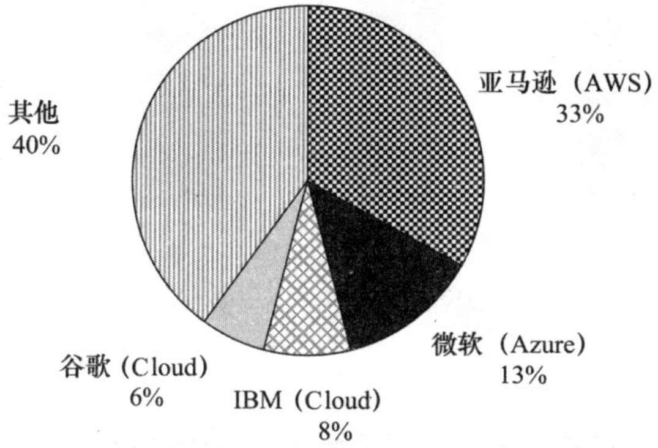

图 2　2019 年美国主要云计算厂商全球市场份额

数据来源：《Digital Economy Compass 2019》。

dows 10 操作系统以 45.8% 的份额占据 PC 操作系统市场的主导地位，美国苹果公司 Mac 操作系统占 PC 操作系统市场份额接近 10%，Linux 等开源操作系统占据其余市场。微软公司（Windows Server）和红帽公司（Red hat enterprise Linux）在服务器操作系统市场上的占有率超过 80%。手机操作系统则由美国谷歌公司安卓（Android）和苹果公司 iOS 垄断，两家分别占市场份额的 70.0% 和 28.8%。甲骨文独占数据库操作系统鳌头，甲骨文、IBM、微软等公司合计市场占有率超过 90%。截至 2019 年底，美国微软公司的 Windows 占据 PC 操作系统领域 87.5% 的市场份额，处于垄断地位。

数字广告是数字时代的重要产品，它也形成了数字服务供应商的重要收入来源。据市场研究机构 eMarketer 数据显示，2019 年全球数字广告支出达到 3332.5 亿美元，同比增长 17.6%。这也意味着数字广告将首次占全球广告市场的一半。预计到 2023 年，全球数字广告支出将达到 5175.1 亿美元。从全球领先的几

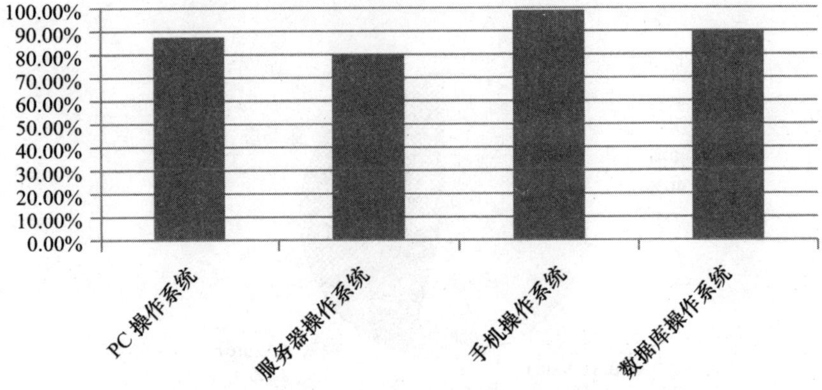

图 3　2019 年美国主要厂商在全球操作系统领域市场占有率

数据来源：《全球经济新图景 2019》。

家数字广告销售商收入排名来看，美国谷歌公司是 2019 年全球最大的数字广告销售商，其数字广告收入占全球的比重超过 30%。紧随其后的则是脸书（Facebook）、亚马逊（Amazon）、微软（Microsoft）、威瑞森电信（Verizon）、推特（Twitter）等美国知名企业，分列全球的第四、六、七、八位。

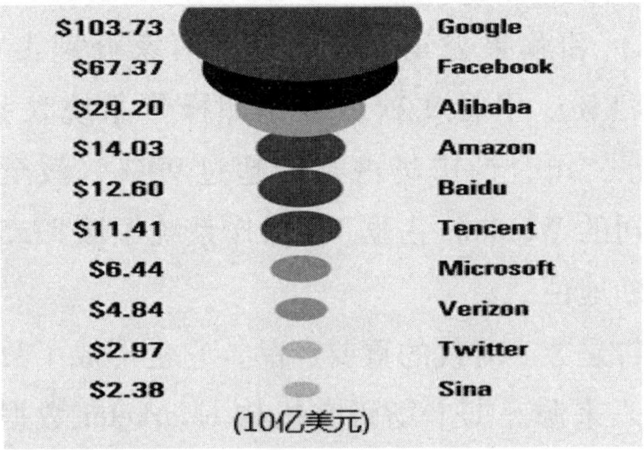

图 4　2019 年主要数字广告服务商净收入全球排名

数据来源：eMarketer。

与数字广告类似，移动游戏构成数字服务供应商的又一重要收入来源。目前，美国谷歌（Google Play）和苹果（App Store）两大公司几乎占领了全球手机游戏的所有开发平台。Sensor Tower商店情报数据显示，2019 年全球移动游戏在 App Store 和 Google Play 的预估总收入达到 617 亿美元，较 2018 年增长 14.8%。虽然增速较 2015 年和 2016 年有所放缓，但全球移动游戏市场仍处于快速增长阶段。其中，来自 iOS 的收入近 370 亿美元，占全球手游收入近 60%，Google Play 贡献的收入则为 247 亿美元，占比为 40%。

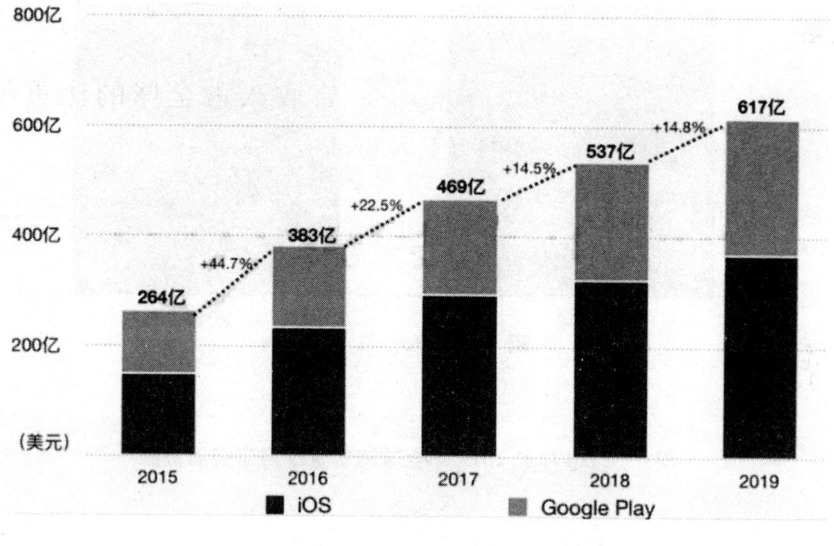

图 5　2019 年美国厂商在全球移动游戏市场收入

数据来源：Sensor Tower。

在应用商店领域，谷歌和苹果运营着全球最大的两家应用商店，两家公司控制着消费者 95% 以上的移动应用支出，并占据了应用程序销售额的 30%，创造了高额利润。第三方统计机构 Sensor Tower 发布了 2019 第四季度数据分析报告。在 2019 年的最后一个季度，全球应用下载量287亿次，同比增长4.7%；2019全年下载量1149亿次，同比增幅为9.1%。其中，苹果公司App Store贡献了306亿次，谷歌公司Google Play贡献843亿次。App Store是全球最赚钱的应用商店，Google Play紧随其后。2019年，苹果App Store的总销售额超过540亿美元，而谷歌Google Play商店的销售额为293亿美元。

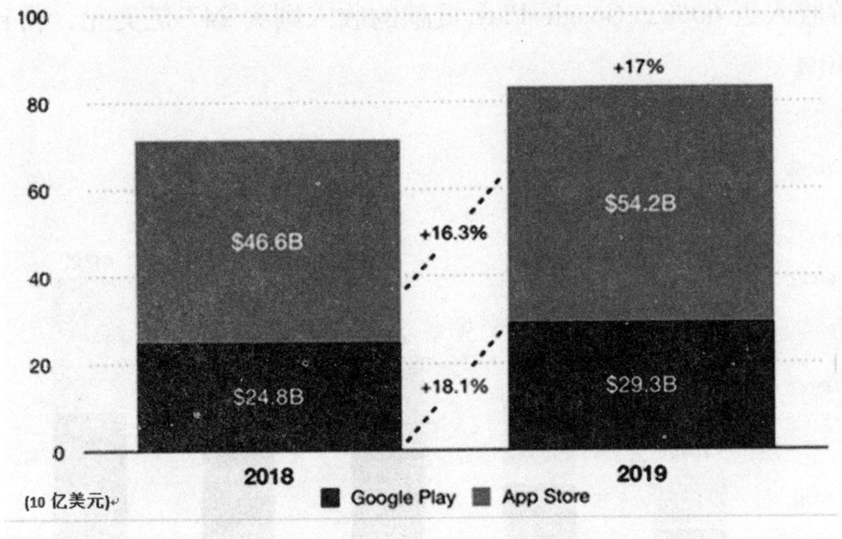

图6　2018年和2019年全球消费者应用商店消费额

二、国际经贸新规则展望

2018年以来，国际经贸规则重构进程加速，先后有《全面与进步跨太平洋伙伴关系协定》（CPTPP）、《欧日经济合作伙伴协定》（EPA）和《美墨加三国协议》（USMCA）三大自贸协定签署。新形势下经济全球化在原产地规则、标准和知识产权保护、电子商务、“无缝贸易”、数据跨境流动等五个方面具有明显的变革趋势，不仅将产生贸易转移效应，加速我国出口型加工制造企业向海外转移，削弱我国在全球新一轮贸易规则制定中的话语权，增添我国再次“入世”的风险。面对发达国家主导的国际经贸新规则剑指中国，意图将我国排除于全球贸易谈判之外的“阳谋”，我国应积极应对。

（一）跨境电商新趋势

我国在跨境电子商务领域内具有世界领先优势。2018 年，通过中国海关跨境电子商务管理平台零售进出口商品总额达 203 亿美元，同比增长 50%，其中出口 84.8 亿美元，同比增长 67.0%，进口 118.7 亿美元，同比增长 39.8%。“丝路电商”合作蓬勃兴起，中国与 17 个国家建立双边电子商务合作机制，在金砖国家等多边机制下形成电子商务合作文件，加快了企业对接和品牌培育的实质性步伐。凭借跨境电商的迅猛发展，我国已成为全球数字贸易大国，因此中国也应顺应全球数字贸易和电子商务的发展趋势，积极推动世界电子贸易平台（Electronic World Trade Platform，eWTP）。试验区建设探索推进“跨境电商 +”数字贸易发展模式。打造 eWTP 全球创新中心，服务全球中小企业、个人平等便利参与全球贸易、分享发展机会，推进数字贸易自由化便利化。建设集设计、制造、采购、仓储、配送、监管于一体的数字贸易服务平台，打通平台、支付、关汇税等数据共享通道，线上、线下齐头并进，发展与相关国家量身定制的贸易模式。发展“保税展示 + 跨境电商”“保税 + 实体新零售”等新业态新模式。推广跨境电子商务人民币结算业务试点，支持个人电商开立外汇结算账户与网上自助结汇。先行先试跨境电商出口所得税核定征收方式。深化电子商务大数据应用统计试点，探索跨境电商贸易统计和海关统计制度。加强与杭州、宁波跨境电商综试区联动，合力建设全球电子商务核心功能区和“21 世纪数字丝绸之路”战略门户。

（二）原产地认定严格化

在新一轮贸易协定中，原产地标准由单一标准向多标准综合适用转变，对敏感产品制定严格复杂的原产地规则，确保将降税优惠锁定在自贸区范围内。严密的原产地规则为实现成员国间货物贸易的高度自由化提供了保障。其中，在认定标准上，早期的区域贸易协定大多以区域价值成分为主，而最新的区域贸易协定则以税则归类改变为主，而且区域价值成分标准呈多种标准综合适用的特点。在 CPTPP 中，几乎所有产品适用于税则归类改变标准，仅特定产品适用于区域价值成分和生产工序标准。而且，区域价值成分的计纂方法细分为增值法、扣减法、价格法以及净成本法四种计算方法，基本涵盖了亚太已有的区域价值计算标准。同时，设定高标准的原产地规则也成为成员国对域外成员的非关税贸易保护工具。比如，在 USMCA、CPTPP 均专门针对纺织服装产品设定了“从纱开始”的原产地标准，CPTPP 要求非原产纤维和纱线重量不能超过使用该原料部件重量的 10%，而非一般贸易协定中规定的货物总重量的 10%。试验区积极探索厂名厂址标识，对拟入区的保税加工项目进行深入调研，了解企业的运作模式、产品生产情况等，对于符合相关规定的产品，按照要求准予标明非“made in China”的原产国标识；对于出口产品建议按照生产企业与委托企业的合同约定进行标注；对于进口至国内的消费品，除符合相关规定，按照要求可以标明非“made in China”的原产国标识外的产品，严格按照《产品质量法》的要求进行监管，确保产品质量，维护消费者的合法权益。

（三）强化产品标准与知识产权保护措施

随着世界贸易格局的变化，全球竞争除了依靠资本和核心技术，现在还要有对产业链标准、知识产权的控制力。产业链的行业标准十分重要。各种各样的专利发明，是围绕着这个标准，只有符合标准的专利，才有价值。1994 年乌拉圭回合谈判达成的《与贸易有关的知识产权协议》（TRIPs），已难以满足新形势的需求。新一轮国际经贸规则中的知识产权保护条款进一步扩张了专利、商标等保护对象的范围，欧日 EPA 中的地理标识条款强化了对农产品、酒类的保护。作品、表演和录音制品版权，以及药品和生物制剂专利是知识产权保护的两个重点领域。试验区积极探索以技术、标准、品牌、质量、服务为核心的贸易竞争新优势。全面实施标准化战略，建立内外贸接轨的小商品质量、价格标准体系，支持企业主导或参与国际和国内先进标准的研发和制修订工作，开展境外商标注册、国际标准认证。引导设立行业品牌、集体商标、地理标志等的注册认证工作，统一标志认证和检测、开展共性技术攻关，增强市场对行业发展的粘性。建立多元化知识产权争端调解机制与公允的知识产权评估机制，完善有利于激励创新的知识产权归属制度。深化知识产权注册登记便利化改革，拓宽知识产权快速维权中心业务范围，大幅缩短专利授权、确权与维权时间。加快由商品和要素流动型开放向规则和标准等制度型开放转变。

（四）“无缝贸易”新规则

国际贸易新规则通过货物贸易自由化和便利化推动区域间供应链贸易合作，由于全球中间品贸易占货物贸易的60%左右，所以许多特惠贸易协定都将沟通供应链通关效率作为国际贸易新规则在货物领域的实施基础。这一点在 CPTPP/原 TPP 协定中反映最为明显，CPTPP/原 TPP 协定通过供应链的发展，促进“无缝贸易”，反映了跨国公司全球性外包面临的制度风险、中小企业加入全球供应链的需求。目前试验区面临的突出问题是实现与省级、国家级相关监管部门之间“信息互换、监管互认、执法互助”，统筹试验区全域无差别一体化服务，并进一步延伸到“信用互保、结算互通”。信息互换，实现跨境电商、一般贸易、市场采购等多种贸易方式在同一平台实现数据互联互通。监管互认，积极与国际贸易活跃国家、地区海关结盟，签署合作监管协议，提升货物通关时效。执法互助，通过信息互换、监管互认，联合打击进出境环节商业瞒骗、走私、侵犯知识产权等违法违规行为。信用互保，实现不同关区之间的担保认可，明确跨境电商业务可以使用关税保证保险。结算互通，允许跨境卖家直接结汇到个人外汇结算账户上，明确外贸综合服务企业、跨境电子商务企业开展关联主子账户业务。在“五互”基础上，探索建立“一带一路”国家监管互认，“贸易+物流+新技术”的供应链新模式，完善国际供应链物流生态圈，形成全球物流资源集聚、功能健全、服务高效的小商品集货转运中心、全球供应链管理中心。

（五）数据跨境流动自由化

数字经济和数字贸易发展迅猛，但全球数字贸易规制体系尚未成熟，因而成为各国在国际经贸规则制定中竞争和博弈的重要领域，三大协定均对数字贸易单独设章，只不过名称有所差别，CPTPP、欧日 EPA 为电子商务（ELECTRONIC COMMERCE），USMCA 为数字贸易（DIGITAL TRADE）。所不同的是美国在其主导的 USMCA、TPP 中均明确提出了数据自由流动、数字产品的非歧视待遇、禁止强制性的本地化等要求，CPTPP 基本延续了TPP 中的相关内容。随着 2018 年欧盟正式实施《一般数据保护条例》，以及《非个人数据自由流动条例》的通过，为欧盟实现境内的数据流动自由和废除数据本地化限制奠定了基础。试验区应聚焦数字经济进行体制机制和政策制度创新，探索数字自贸区，包括：一是应积极参与解构国际贸易规则制定体系，探索基于数字经济的国际贸易新规则；建立健全线上自贸区国际贸易数据发布系统，扩大与油气等大宗商品贸易、交易、金融等业务相关领域数据开放。二是探索转口贸易的数字化新机制。作为“一带一路”纵横起点，建议加强对内陆国家的转口贸易；着力在“一带一路”沿线发展中国家发掘转口贸易需求；以线上自贸区的创新积极探索转口贸易的数字化新机制。三是研究对接线上自贸区，设立“长三角科创线上示范区”；创建国际一流的开源软件社区；支持长三角及周边地区的科技园区与企业，通过线下设点、线上联网方式，共享之江实验室等高技术人才资源、软硬件设施资源，增强区域数字化外向型经济综合实力。

三、美国数字贸易规则中的谈判立场

美国一直尝试通过建立数字贸易国际规则来打压和排斥竞争对手，保持其在数字经济领域的绝对领先地位。数字经济萌芽之初，WTO 项下的诸边《信息技术协定》（ITA）成为各国发展数字经济、减免数字贸易关税的协议遵从；随着各国在数字贸易中不断获益，美国以零和思维标准认为自身数字权益受到损害。

2013—2018 年，美国数字贸易单边思维愈加明显，陆续出台政策文件，从法律上确立数字贸易谈判原则和方向、建立面向数字贸易政策和挑战的组织架构和加强数字贸易影响评估和对策研究，旨在消除数字贸易壁垒，维护美国企业利益。

近年来，美国数字贸易政策重点转向落实国会以及各部门制定数字贸易谈判目标。2018 年签署的《美国—墨西哥—加拿大协定》以及 2019 年签署的《美日数字贸易协定》，其核心目的：一是促进数字产品的跨境移动，并寻求降低数字贸易壁垒；二是追求实现网络基础设施、信息通信技术设备的互联互通和相关技术规范以及标准的内在协调。2019 年 7 月，因不满法国率先对美国数字企业征收数字税，美国贸易代表办公室宣布，对法国政府提议的数字服务税发起“301 调查”。

表 6　美国主要数字贸易立场政策

美国数字贸易和全球经济	2013 年	美国国际贸易委员会（USITC）发布专项报告，第一次报告中首次使用数字贸易概念，并研究阻碍美国进入全球市场的数字贸易壁垒和障碍
2015 年双年度国会贸易优先事项和责任追究法	2015 年	美国国会旨在解决美国企业遇到的数字贸易障碍，数字产品免征关税、数字产品的非歧视待遇、数据跨境流动、计算设施本地化等
数字贸易 12 条	2015 年 5 月	美国贸易代表办公室（USTR）致力于改变国际贸易规则，促进商品、服务和数据在自由和开放的互联网上自由流动
数字贸易参赞计划	2016 年 3 月	美国商务部国际贸易管理局（ITA）拟在东盟、欧盟、巴西、中国、日本和印度六个海外市场派驻数字贸易参赞，帮助美国企业开辟全球数字市场的准入并对数据经济政策挑战提供咨询服务

续表

数字贸易24条	2017年1月	美国贸易代表办公室（USTR）考虑到TPP协定前途未卜，在《数字贸易12条》基础上，制订全面的“跨境数据和信息流动”的整套规则，这些规则包括了确保数据自由流动以及网络安全事项合作、源代码、争端解决等一系列内容
网络外交法案	2018年6月	美国参议院外交关系委员会通过“网络外交法案”，该法案提出在美国国务院内设立“网络空间和数字经济办公室”，美国参议院外交关系委员会主席鲍勃·寇尔克当天在一份声明中称：“这一立法将更有效地关注并集中国防部的网络外交工作”
美国—墨西哥—加拿大协定	2018年9月	美国政府签署，新增了数字贸易章节的内容（第19章），旨在保护数字供应商的竞争力，减少数字贸易限制；禁止将关税和其他歧视性措施应用于以电子方式分发的数字产品；确保数据可以跨境传输，并最大限度地减少数据存储和处理的限制；保护消费者在数字贸易中的隐私权；限制政府要求披露源代码和算法的能力；加强应对网络安全挑战的应对合作；促进对政府生成的公共数据的开放访问等
美日数字贸易协定	2019年10月	美国政府签署，《美日数字贸易协定》与《美墨加三国协议》等（USMCA）的规则要求基本相同，取消了视频、音乐、电子书等电子产品关税，同时保障双方数据传送无障碍，即包含有更具强制力的规则，禁止国家强迫企业披露专有计算机源代码和算法，禁止国家对数字下载和数据本地化要求进行跨境征税，同时促进由政府生成的公共数据的访问权限开放等。另外，该项协议还涉及金融数据的存取分割

资料来源：根据美国官方网站资料整理。

专题报告十　双循环格局下日本产业升级的经验做法及启示

（中国国际经济交流中心宏观经济研究部副部长、研究员）刘向东

[摘　要] 20世纪60年代以来，日本产业升级经历过艰难曲折的历程。在日美经贸摩擦压力下，日本被迫由以出口导向型经济为主切换到以扩内需为主、走出去为辅的发展模式上来。通过实施国民倍增计划、促进国内消费、发展新兴产业等政策措施，日本艰难地实现了产业转型升级，其做法值得借鉴。日本不仅依靠自主创新夯实制造业发展根基，努力拓展多元化市场获利反哺技术创新，而且精益求精不断开展技术创新、产品研发和组织变革。由此带来的启示是，当前处于疫情危机中的中国仍要支持企业保持自主创新的定力，扩大内需增强创新投入后劲，以环保外压倒逼绿色转型，同时深入推进产学研深度结合，培育形成有国际竞争力的先进产业集群。

[关键词] 产业升级　扩大内需　产业政策　自主创新

日本大致经历了三轮产业升级：从20世纪50—60年代的钢铁、化工、造船等行业向20世纪60—70年代的高度组装行业如汽车、家电产业转型，之后20世纪80年代再次升级到知识集约型产业，主要是以芯片等半导体产业为代表的电子信息产业。相比较于前两次产业转型升级，日本第三次产业升级是在极其艰难的情况下完成的。

20世纪60年代，日本对美国贸易顺差加大，美国开始借此对日本实施打压，日美贸易摩擦持续到20世纪90年代中后期。期间，20世纪90年代日本泡沫经济破裂，尽管如此仍然在挣扎中实现产业转型升级，成功保持了科技创新领域的竞争力。

20世纪80年代前半期，日本人均GDP刚超过1万美元，到2013年，日本人均GDP达到3.85万美元。日本经济得以持续发展并获得成功的原因有两点：一是每10年进行一次产业结构调整，以应对外部环境变化；二是日本政府和企业持续的研发投入提升了产业附加值。

一、日本推动产业升级中的艰辛历程

作为亚洲率先迈向发达经济体的国家，日本出口导向发展模式助其走上经济复兴之路，而大规模出口使其遭遇较多的贸易保护抵制，特别是对美国部分行业就业和贸易收支形成威胁，对美国以科技领先保持军事霸权的战略也构成威胁，由此导致美日之间长达40年之久的贸易摩擦。值得警惕的是，在应对外压的过程中，日本宏观经济政策制定出现失误，扩张之后的紧缩金融政策不仅让楼市与股市泡沫破灭，也令经济增长停滞在低位徘徊，同时让日本企业陷入巨大的资产负债衰退之中，其后不得不在负重中挣扎着推进产业升级。

（一）美日贸易摩擦压力历时长久

当美国限制日本纺织品出口时，日本的钢铁、家电等制成品出口却增多起来，当美国限制日本钢铁及家电制成品产能时，日本的汽车产业竞争力提升起来，当美国敦促日本对汽车实施自主出口限制时，日本的半导体产业对美国产业构成威胁，使得美国不得不祭出“超级 301 条款”，对日本新兴产业实施打压。在美国屡次限制中，日本企业变压力为动力，致力于寻找技术更新和产业升级的新路径。

1. 纺织品贸易争端

二战后，日本经济复苏的起步阶段是源自于纺织工业，即实现日本战后的“第一次工业革命”肇始于棉纺织业，为其重启中断了的以重工业为主的“第二次工业革命”提供了利润、就业和市场基础。战后借百废待兴之机，日本向美国借款购买机器设备和原材料，启动劳动密集型的纺织品制造，并向美国出口棉纺织品以偿还外债。美国自日本进口纺织品的份额由 1951 年占进口总额的 17.4% 攀升至 1955 年的 60% 以上。受到竞争威胁，美国纺织业界对日本纺织品发起反倾销调查。1971 年，日美间正式签订“日美纺织品协定”，要求此后三年日本将对美国毛纺织品和合成纤维制品的年平均出口增长率分别控制在 1% 和 5.2% 以内。此后，日本以纺织为代表的劳动密集型产业增加值占比连续回落，而同期钢铁、家电等行业的增加值占比快速攀升。

2. 钢铁及家电制成品贸易争端

在美国限制日本纺织品出口的同时，日本企业启动产业间的转型升级。日本政府出台了向重工业倾斜的产业政策，例如补助企业以低价买入煤炭和钢铁，加快钢铁、家电等制成品出口。早在20世纪60年代，美国已着手对日本钢铁、家电制成品实施打压，而这段时期日本企业也在着手转向汽车、半导体等高端制造领域。到20世纪70年代，日本部分高技术产业的生产能力已接近世界先进水平。日本政府制定的产业政策发挥了一定的作用，约10年左右调整变化一次。产业政策促使日本产业结构由传统的组装型产业成功转型为半导体、计算机、微电子、新材料等高新技术产业。与20世纪60年代的产业政策不同，当时日本产业政策的特征是改变以往政府直接介入产业的方式，转向以引导市场走向的“市场诱导型”方式。为进一步提升国际竞争力，日本政府还诱导企业增加高技术领域的投资，提出“产业蓝图”和“综合能源对策”等，不断调整更新产业发展方向的指导方针。20世纪80—90年代，日本产业政策随着产业结构转型同步变化。

3. 汽车贸易争端

20世纪70年代，日本重点发展汽车等产业，以保持贸易顺差状态，积极对外投资实现自由化。此时日本汽车产业凭借小型、节能等优势已经展现出竞争力，特别是因其燃油效率因而赢得美国市场青睐，一度致使美国颇有影响力的汽车城底特律陷入衰退状态。此后，日本始终保持汽车产业领域的效率优势，如丰田公司开发出即时管理系统和看板管理系统，在提高质量的同时也提高生产效率，有效保持生产与成本的平衡，而且持续在研发创新上投入，使其在电动汽车领域保持领先优势。20世纪80年代初，日本汽车生产量突破了1000万辆，超越美国成为世界第一位，而其汽车出口高达597万辆，达到了历史最高水平，美国市场上日系车的销售量就达到191万辆，在美国市场占有率达到20%以上，而同期美国本土汽车市场份额减少了20%左右。

由于吸收了在日美纤维贸易争端中积累的经验并预见汽车行业有作为高科技产业的潜力，日本制定了更加有利于汽车制造业发展的产业政策。在1993年实施的日美一揽子经济协议中，日本把汽车和汽车零部件视作一个优先领域，增加了对美国产汽车零部件对日本出口量和销售量，而且日本汽车企业实施了附加优质待遇的销售策略，提高了每台汽车的销售利润。在美国对日本汽车实施自主出口限制后，日本汽车对美国出口派生出企业联合效果，再加上日元升值影响，日本汽车企业在美国市场反而获取了大量利润，并未成为日美汽车贸易摩擦的受害者。日本汽车企业采取了小型高效汽车策略，即把汽车产品的性价比做到极致，形成不可替代的竞争优势，反而不容易受到日美贸易摩擦的伤害。

4. 半导体等高端制造贸易争端

20世纪70年代后期，日本政府通过调整相应产业政策，引导日本企业向半导体等高科技行业加大投入。1986年日本签订了美日《半导体协议》，但日本在全球动态随机存取存储器（Dynamic Random Access Memory，DRAM）市场占有率已高达80%。在美国施压下，日本开放了封闭的芯片市场，造成其竞争力有所减弱。此时，日元升值和日美《半导体协议》导致日本公司不能再通过价格与对手竞争。为此，日本通产省及时调整政策，引导日本企业转向系统芯片领域。经过长年积累，日本仍是世界上占有重要地位的系统芯片的供应商，如日本安川电机、发那科、川崎重工等企业在世界机器人市场占据60%以上的市场份额。

（二）泡沫破裂下长期偿债之路

日本企业转型过程中并不轻松，既面临着外部压力和危机挑战，也面临着自身政策失误带来的困境，每一次经济结构转型之际，日本企业均面临着窘迫的环境，使其被迫负重加力寻求转型。

1. “列岛改造计划”失败与石油危机

1972 年时，日本推出“列岛改造计划”，即进行大规模的国土开发，建设新的地方城市，但这一规划却使得银行放贷失去控制，造成第一轮股市和土地价格高涨。1973 年当第一次石油危机来临后，日本国内通胀压力加大，消费需求大幅下降，出现严重的商品滞销现象，日本企业不得不寻求去产能、去库存、去杠杆的供给体系优化之路。

此后几年，日本政府开始调整货币和财政政策，为企业转型发展提供有利的宏观环境。日本企业采取了“减量经营”策略，即减少利息负担、增加自有资本的比率，降低商品库存和减少雇佣，抑制新的产能扩张。第一次石油危机倒逼日本开启降低能耗的节能创新策略。1978 年日本制定了《特定产业安定临时措施法》，认定合成纤维、造船、化肥等 14 种产业为结构萧条产业，而政府为此设立特定萧条产业信用基金，为企业处理过剩设备提供必要融资。而且日本还颁布《特定机械情报产业振兴临时措施法》，把机械、电子、软件开发三个行业列为政策扶持重点。1975 年之后，日本经济增速虽未有起色，但日本企业利润呈现增长，企业净资产收益率（ROE）呈现上行态势。

2. 资产泡沫化与债务负担

当 1985 年“广场协议”签订后，日本实际汇率升值，抑制了出口竞争力，拖累了经济增长，导致资源从可贸易部门流向不可贸易部门。多项研究表明，“广场协议”并不是日本泡沫经济破灭的罪魁祸首。迫于美国减少对日贸易顺差和敦促日本开放国内市场的压力，日本采取扩大财政支出、放宽金融和利率，进行大量资本投资，最终结果是土地价格暴涨、股市暴涨，促成国内炒地炒房的强烈投机预期。在当时，日本企业普遍认为与其投资开发制造技术不如投资地产收益更高，土地价格暴涨造成物价暴涨，一段时期陷入“土地价格上涨”神话。日本政府金融财政政策失误是泡沫经济崩溃的根本原因。

直到1990年后，日本政府不得不采取措施戳破泡沫。股市、楼市泡沫破裂后，很多企业陷入资产负债衰退之中，导致日本经济陷入长期通缩状态。随着土地价格暴跌至以前正常状态，银行担保信用受损，引发银行证券公司破产，经济景气变差。为维持经济景气，政府采取发行国债等办法增加财政支出，主要用于抵抗通缩和不景气，但对产业技术开发和国民生活质量关注降低。在此情形下，日本企业不得不缩减贷款而实施长期偿债计划。

1990年泡沫经济破灭后，日本经济当时虽仍处于通胀状态，但日本企业降低借贷规模的倾向就已显现。1995年起，尽管日本将短期利率降至几乎为零，日本企业基本开始停滞申请新的贷款，开始偿还既有债务；而到2002年和2003年，净债务偿还额已经上升到每年30万亿日元以上的空前规模。

当一家企业负债超过其资产时，技术上说意味着进入破产境地，但日本企业当时情况却并非一般意义上的破产，日本企业资产缩水或负债增多，并不是产品竞争力的下降，当时日本企业仍然拥有优秀的技术和开发畅销产品的能力。在此情形下，日本企业依然依靠产品开发和市场拓展不断地积累利润，并将企业盈利进行还债，即当时日本企业的经营策略是负债最小化而不是利润最大化，目的在于利用盈利清偿债务，及早地走出泡沫破灭带来的创伤。

2005年日本企业整体上停止了削减债务，但其十几年养成积累金融资产的储蓄习惯并未改变，仍将部分企业收益用于企业金融资产储备。日本企业的债务抵触综合症引发私营部门资金需求增长缓慢，从而阻碍利率的上升。

3. 存钱还债与艰难转型

近二三十年时间日本经济处于通缩状态，但日本人的生活质量并没有明显下降，究竟是什么样的动力支撑着日本的人均收入水平不下降呢？主要是日本企业常年累月的研发投入和改进经营，令日元没有出现大幅贬值，日本人生活水平也未大幅下降。

由于泡沫经济崩溃和经济危机造成日本企业遭遇较大的资产缩水，债务负担加重。在偿债压力下，日本企业必须不断积累自有资金，主动寻求转型，加快向价值链高端攀爬，以获取更高的利润回报，支撑企业后续发展。据日本金融厅数据显示，2018 年底日本企业内部留存的现金储备总额高达 506 万亿日元（约为 33 万亿元人民币），相当于日本每年 500 万亿日元的 GDP 总额。

在技术研发方面，日本的研发经费占 GDP 的比重位列世界第一位，由企业主导的研发经费占总研发经费比例位居世界第一位，核心科技专利数量位居世界第一位。一个明显的例子是日本丰田公司。2018 年，丰田公司的利润是 225 亿美元（相当于中国汽车企业利润总和的 2 倍），而现金储备更是高达 840 亿美元。这一厚实家底能让丰田公司从 1992 年就着手氢能源技术的研发，而直到 2014 年才生产出第一批试验车，2016 年投入第一代氢能源汽车正式投放市场（汽车没有发动机，只有一台启动马达，政府补贴后售价约 30 万元人民币，2018 年销量为 2400 辆），期间获得专利数却高达 5000 余项。

（三）老龄化压力下生产率下降困境

泡沫经济破灭后，日本加速进入老龄化社会，大幅拖累了日本经济增长，使其陷入较为平庸的发展时期。在老龄化带来生产率下降同时，日本企业尚需寻求新的增长动力，摆脱传统的低端制造环节，转向更多地依靠科技创新，并向更高精尖的领域迈进。为应对人口老龄化问题，日本企业致力于推动生产生活智能化。日本在生产和生活应用场景中广泛使用智能机器人，以替代稀缺的劳动力。

日本企业抵御生产率下降的做法是不断降本增效并向产业链中高端迈进，即通过加大先进材料和先进制造设备研发投入，掌控先进制造的上游环节，通过加大研制关键的零部件，拓展中游的中间品市场；特别是通过持续加大对新材料、新能源、人工智能、生物医疗、物联网、机器人、高科技硬件、节能环保、资源再利用等新兴领域研发创新投入，不断占据技术制高点和增强产业链掌控力。日本在关键材料、零部件和智能装备等领域牢牢占据主导地位，甚至不少日本中小企业已成为很多行业里不可忽视的“隐形冠军”。

一个较为典型的例子是，2019 年 7 月日本与韩国爆发的贸易争端。受历史纠葛等种种原因影响，日本对三种半导体材料实施对韩国出口限制。半导体产业占据韩国出口额的 20% 以上，而日本控制高纯度氟化氢（用于切割半导体基板）、氟化聚酰亚胺（用于电视、智能手机中 LED 显示器薄膜）和光刻胶（用于显示屏上的彩色薄膜）全球 70%—90% 的市场份额。日本虽不是智能终端产品的品牌生产商，但其科技实力并未消失，而是隐藏在上游高端环节。在半导体领域的 19 种关键材料中，有 14 种日本的产能占全球的 50% 以上，在全球 15 家大半导体设备厂商中日本有 7 家，占据全球 30% 左右份额。如华为智能手机 P30 有 1631 个零部件，其中日本提供的零部件达到 869 个（占到 53. 2%），包括摄像头传感器、闪存颗粒等。

二、日本产业转型升级的经验做法

从日本政策和企业实践看，日本企业拥有与生俱来的危机感、紧迫感，在技术、产品、工艺、商业模式领域持续创新，追求卓越。

（一）变压力为动力促进产业升级

当受到美国施压时，日本也做出过抗争，但最终接受了现实，不正面与美国对抗，而是选择在妥协下的自主出口限制，争取到喘息时间后，积极提升产品附加值，即在出口数量受限的情况下，通过优质优价获取对美国出口利润。如日本在纺织品领域出口虽有所下降，但并未放弃这一行业，而是继续研制纤维新材料，推出碳纤维等新产品，确保了日本在新材料领域占据全球高端位置。

除日本企业自主创新努力外，日本政府实施的产业政策也发挥了重要的支撑作用。例如为处理产能过剩问题，日本曾付出沉重代价，常年对落后产业进行补贴，直到 2000 年才调整到位。1978 年，日本推出了《特定机械信息产业振兴临时措施法》，聚焦电子计算机、高精度装备、知识产业发展，投入大笔政府专项资金进行补贴、资助，并给予税收和金融方面的优惠，特别是启发民营企业加大科技创新力度，有效推动了日本产业沿着新技术新产业方向转型。

在发放政策性补贴时，日本政府不是直接补贴给企业，更多的是从环境和设备投资等强化约束、城市规划、产业蓝图等周边领域，制定作用于对象产业的引导性政策，如通过补贴给消费者引导企业获取补贴适应市场的需要。这一做法提高了企业创新获取补贴的“门槛”，迫使企业不得不先做好产品而且卖得出去才能领到补贴。为推动中小企业数字化、智能化转型，日本政府在推行智能化产业中推进指导员制度，通过聘请一批互联网和人工智能专业人士担任指导员，去帮助中小企业实施数字化改造，企业协会也开设指导窗口，为企业提供智能化改造咨询服务，最大限度地减少企业盲目投资的行为。

当外部危机来临时，日本企业拥有的危机感会促使其加快产业转型。当美国对日本的棉纤维做出限制后，日本并没有放弃纤维纺织品出口，而是变压力为动力，持续向更高附加值的产品转型。如日本东丽公司成功地在世界碳纤维市场中位居份额第一，已成为波音公司最稳定、最主要的供货商；2015 年其碳纤维营收占比只有 8.85%，但却贡献了高达 23.38% 的营业利润。这一点在日本的汽车行业也表现较为突出。在实施汽车自主出口限制后，日本汽车制造商主攻提高出口汽车的附加值，使得对美国出口汽车数量受限后平均单价有所提升。日本索尼公司放弃电脑等电子产品研制后，重点拓展电子零部件行业，现已占据全球 50% 以上传感器市场，而且还积极拓展与教育、音乐、烹饪机器人、陪伴者等相关产品开发。日本电气股份有限公司（NEC 公司）在放弃商业电脑事业后，转型到全自动驾驶系统和开拓太空空间通信系统，注重人脸识别技术研发以及开展飞行汽车管理系统研究。

在面临市场风险时，有些日本企业转型比较成功，而有的日本企业转型并不那么成功。从成功案例中，我们将看到日本企业在危机感下的求生欲，看到它们如何为现有的技术寻求新的产业和市场拓展，实现企业的涅槃重生。较为典型的例子是日本富士胶卷公司和佳能公司。在摄影胶卷市场急剧萎缩的情况下，日本富士胶卷公司发动全体员工思考产业转型问题，逐步成功转型为以医疗健康产业为主的多元化创新型企业。该公司运用其传统的胶卷膜和水解技术成功开发了红色系列化妆品，随后运用人工智能技术与胶片图像处理技术相结合，开发出了识别和提取器官区域的人工智能识别技术（即称为“REiLI”的医疗技术），用于低剂量的计算机断层显像技术（FCT Pixel Shine）以及在人体主要脏器、肺癌计算机断层扫描技术（CT）、脑梗检测的计算机辅助设计系统（CAD）开发，并收购美国诱导多能干细胞（iPS）的提炼设备技术，成为万能细胞培植制造设备的专利供应商。在数码相机受到智能手机挑战出现市场萎缩的情况下，佳能公司利用自身拥有的摄像成像技术向医疗仪器和监控摄像设备等领域转型。

（二）拓展多元化市场反哺创新投入

企业保持对创新的高强度投入，离不开市场利润的反哺。倘若没有必要的市场支撑，企业研制出新产品就难以增强发展后劲。在美国市场受挫，但日本仍坚持“贸易立国”的政策，重视美国之外的新兴市场，拓展多元化出口的市场。为避免出现产能过剩，日本积极培育国内外新的消费市场。除了海外这一大市场外，日本还非常重视培育内需市场，期望通过扩大内需推动产业优化和供给革新。日本通过刺激内需来降低对美国市场的依赖。早在20世纪60年代日本就宣布实施“国民收入十年倍增计划”，到1967年时日本就提前完成国民收入倍增的目标，而到1973年时国民收入实现了1960年的双倍增长。日本由此迈入高收入国家行列，并形成了一个庞大的中产阶层，即所谓的“一亿总中流”。

（三）注重推进海外投资的实效

当贸易不顺利时，日本选择走向海外开展直接投资。1986年发布的《前川报告》是引导日本由贸易型转向国际协调型的立国政策，即摆脱贸易保护问题造成的出口受阻，而转向增加对外直接投资，引领“雁行模式”产业转移，既在韩国、中国、东盟等亚洲其他经济体开展加工出口，又直接在美欧等发达经济体市场投资建厂，带动国内中间品（关键零部件和成套设备）出口，虽然海外投资成效并没有反映在日本国内经济数据之中，但确实给日本企业带来了丰厚利润，使其能继续加大研发创新力度，加快产业升级步伐。

（四）强化细节管理上的持续创新

日本企业的竞争优势不是靠自然垄断得来的，而是通过持续不断的科技创新和效率改进获得的。日本企业把管理创新视作一种资源配置的能力，是持续提高效率和利润的重要工具。日本在组织管理和效率提升上有着相当执着的毅力。日本企业非常注重细节上的管理创新。日本企业中出现了准时制生产、全生命周期质量管理、精益制造、敏捷制造、柔性制造等新的高效的经营管理模式。日本企业这种持续提高人均产出的努力，使其抵消了老龄化带来的负担。日本工业化发展后期，劳动力等要素成本不再低廉，但日本企业仍能在很多行业维持成本优势，很大程度上源自生产组织和管理效率，凭借高效的生产组织和供应链运营在许多领域为世界提供高性价比的制成品。日本的“万众创新”不仅是指科技和产品的创新，还包括生产管理、物流服务、品牌管理等诸多方面的全员创新。

三、日本产业升级带来的几点启示

当前，中国面临的处境与日本20世纪80年代末类似，高效的生产能力展现出制成品的国际竞争力，而互联网、5G、人工智能等领域快速发展，给美欧等发达经济体带来压力。从日本经验看，中美贸易摩擦将长期持续下去，大国博弈也会是个拉锯战。当出口增长动力衰竭后，中国需要实现产业转型升级和培育经济新动力，需要中国政府和企业做出艰苦努力，聚焦科技创新和实体经济。

（一）增强企业危机感，持续加大研发创新

当市场不再持续扩大时，企业将进入同质竞争的内卷化的市场，利润空间逐步缩小。日本企业之所以能长期存活下来，主要在于持续不断的研发创新投入和技术积累，使其在国际产业链中始终占据一席之地。日美贸易摩擦的经验启示是，贸易约束并不能完全阻挡拥有竞争优势的企业发展。当前，中国企业就面临着外需萎缩而转向内卷化的情形。对任何要想生存下去的中国企业来说，不进则退，需要走出舒适区，增强研发创新能力。日本产业成功转型的一个原因，就是无论外部环境如何变化，危机感迫使其持续地投资于研发创新，不断提升产业和产品竞争力。我国应借鉴这一做法，采取以国家为主体进行基础和长期性研究，支持企业持续开展产品及相关技术的改良和革新，持续提高生产经营效率和产品竞争力。

（二）深入挖掘内需潜力，形成供需双促的循环

市场从来都不是自然存在的，有消费意愿并不等于会形成有效需求。没有稳定的社会秩序和信用体系，市场交换很难奏效，自然就很难形成统一、安全、可靠、有序的大市场。供给本身并不会自动创造出对其自身的需求市场，任何需求市场都要花费巨大的社会成本才能得以创造。日本企业深知市场创造的重要性，在其出口依赖的美国市场受到抑制时，日本企业被迫转向国内市

场。在充分开拓内需市场后，日本企业还积极追求更加多元化的海外市场，较早地布局美国之外的海外市场。日本转型经验表明，当外需面临较大的不稳定不确定时，有必要启动一部分内需市场，以内需牵引企业加快转型升级。当前，中国的工业化和城镇化进程远未结束，消费和投资仍有进一步挖掘空间。今后应充分利用好这一空间，推动全面深化改革，营造良好的市场环境，畅通国民经济循环，逐步形成高质量发展新格局。

（三）以环保为突破口，促进产业结构高级化

日本汽车产业升级的做法表明，利用环保或节能压力，促进产品绿色化、低碳化转型，适应国际国内的碳减排要求。当前全球面临严峻的环境污染和气候变化问题，中国需坚持用环保和减排的理由推动产业结构优化升级，即引导企业适应环保和减排压力，主动寻求绿色技术改造和发展低碳技术，倒逼产业结构清洁化、低碳化、合理化和高级化。中国正在出台更多实现碳达峰和碳中和目标的政策措施，明确向全社会传达扭转高污染、高耗能、低效率投资的氛围，引导社会资金比较容易地流入绿色环保和科技创新领域，并设置一定的障碍使资金流入不动产等领域变得困难。

（四）促进产业集群发展，加强政产学研一体化合作

促进和引领产业集群创新发展，强化细节上的管理创新，离不开政产学研一体化合作。借鉴日本政产学研一体化和生产经营精细化经验，通过富有创新性和科学性的组织管理，把任何市场力量中的正能量发挥到极致，包括引导产业园区和企业构建良好的产学研合作网络和渠道，提高科技成果转化和产业创新能力。中国可以在产业园区或政府层面建立政产学研合作的协调机构或整合协作集团，重点围绕强化和推进政产学研合作进行头脑风暴

或专项推进会议，并将这些意见反映到政府的具体政策制定上来，同时还可建立开放共享的共同研究中心，开展技术研修、技术咨询、研究信息发布等活动，推进企业与高等院校等科研机构开展联合研究；支持研究型大学设立知识资产部门，专门作为开展产学研合作研究的对外窗口，包括举办大学科研成果展览会等方式向产业界推介各自拥有的尖端科技，健全和强化产学研合作体系，将大学研究成果更多更好地转化为服务于大众社会应用技术和产品。

参考文献

1. 张季风：《日本经济结构转型：经验、教训与启示》，北京：中国社会科学出版社，2016 年版。

2. 徐静波：《日本如何转型创新——徐静波讲演录》，北京：华文出版社，2020 年版。

3. 吴金希、松野丰、孙蕊等：《借鉴与转型——中日产业政策比较研究》，北京：清华大学出版社，2016 年版。

4. 方晓霞：《日本九州半导体产业集群的发展与借鉴》，《中国经贸导刊（中）》2020 年第 6 期。

5. 马国川：《国家的歧路：日本帝国毁灭之谜》，北京：中信出版社，2020 年版。

6. 石原享一著，肖燕、梁憬君译：《战后日本经济的成败启示》，北京：世界图书出版社，2018 年版。

7. 文一：《伟大的中国工业革命："发展政治经济学"一般原理批判纲要》，北京：清华大学出版社，2016 年版。

8. 辜朝明著，喻海翔译：《大衰退：宏观经济学的圣杯》，北京：东方出版社，2016 年版。

9. 大野健一著，陈经伟译：《学会工业化：从给予式增长到价值创造》，北京：中信出版社，2015 年版。

10. 池田信夫著，胡文静译：《失去的二十年：日本经济长期停滞的真正原因》，北京：机械工业出版社，2015 年版。

11. 西野智彦著，兴全基金管理有限公司译：《日本的迷失 · 前夜：1992—1995》，北京：中信出版社，2017 年版。

专题报告十一　印度多措并举提升舰船工业自主化能力

（中国船舶信息中心高级工程师、中国国际经济交流中心博士后）魏博宇

［摘　要］印度拥有较完整的舰船工业体系，具有一定的舰船研发设计能力，能够建造常规动力航母、核潜艇、驱护舰等大中型舰艇。然而，印度舰船工业整体上自主化程度不高，国有船厂生产效率低下，多数舰船装备的核心设备和技术依赖进口。为此，印度通过制定政策优先采购国产装备、明确海军装备技术自主研发重点领域、对国有军工企业进行现代化升级、推动私营企业与国外企业合作等途径，力图提升舰船工业自主化能力。

［关键词］印度　舰船工业　自主化

经过多年发展，印度舰船工业从仅能建造巡逻艇、扫雷艇和测量船，到现在能够制造所有种类的战舰，包括航母、核潜艇、驱逐舰、护卫舰等。但是，印度海军武器装备的设计能力特别是大型海军舰船的设计能力非常欠缺，另外，印度舰船工业的配套能力弱，舰船上的大部分机械和装备需要进口或许可生产。目

前，印度舰船工业还难以独立支撑印度海军未来武器装备的发展需求，关键核心能力依赖进口的现象依然严重，大型复杂装备的建设还要依靠国外力量支撑。为此，印度通过制定政策优先采购国产装备、明确海军装备技术自主研发重点领域、对国有军工企业进行现代化升级、推动私营企业与国外企业合作等途径，力图提升舰船工业自主化能力。

一、建立了较完整的舰船工业体系，具备建造大中型舰艇的能力

印度海军自20世纪60年代首艘国产舰艇服役以来，就致力于打造独立自主的舰船工业体系。经过数十年发展，印度舰船工业在亚洲已处于较发达的水平，船厂的自行研制、许可证生产能力逐渐提高，形成了品种比较齐全的舰船装备体系，能够建造常规动力航母、核潜艇、常规潜艇、驱逐舰、护卫舰、两栖舰等大中型舰艇。

印度舰船工业的核心主要由5家国有军工企业和部分私营企业构成。5家国有军工企业分别为航运部下属的科钦造船有限公司，国防部下属的印度斯坦造船有限公司、马扎冈造船有限公司、加登里奇造船工程有限公司和果阿造船有限公司。这5家企业承担了印度国内几乎所有国产舰艇的设计及建造工作，其中，马扎冈造船有限公司在印度被称为“国家造船厂”，是印度规模最大的军船建造企业，能够建造驱逐舰、护卫舰、常规潜艇、巡逻舰以及各种军辅船。2001年印度将军品生产向私营部门开放后，私营船厂才开始有机会承接海军舰船的建造任务。

印度舰船研发机构包括基础研发机构和国有船企研发机构，

其中基础研发机构主要是印度国防部下属的海军材料研究实验室、海军物理与海洋实验室以及海军科学技术实验室；大型国有船企研发机构是舰船装备研制的主要力量，此外还参与国防研究与发展组织的研发项目。这些研发机构从引进技术入手，经过消化、吸收、创新，逐步把印度海军装备的发展纳入自力更生的轨道。

印度自主建造的“德里”级驱逐舰排水量达6700吨，正在建造的“维萨卡帕特南”级大型防空驱逐舰排水量达7400吨；以许可证生产的“虎鲨”级常规潜艇排水量达1750吨，由法国海军集团提供技术转让。印度首艘国产核潜艇“歼敌者”号于2016年服役，使其成为世界上第六个能自行建造核潜艇的国家。此外，印度正在建造国产航母“维克兰特”号，成为继美、俄、英、法、中之后有能力自主建造排水量4万吨以上航母的国家。

二、舰船工业自主化程度不高，国有船厂生产效率低下

印度舰船工业水平虽然比以往有了较大提高，但与其他军事大国相比，舰船研发设计能力仍显薄弱，仅停留在仿制和改进水平上，配套能力存在明显短板，舰船上的大部分机械和装备、某些先进设备的设计建造还依赖国外，舰载武器和动力设备大量依靠进口，包括导弹、舰炮、鱼雷、燃气轮机、柴油机等。由于印度重工业落后，当前船厂使用的大部分关键设备均依靠进口，如大型龙门吊、大型钢材弯曲设备、数字钢材切割机床等。

印度有部分海军装备直接从国外引进，如已退役的“维拉特”号航母从英国购买，目前唯一在役的“维克拉玛蒂亚”号

航母从俄罗斯购买，“塔尔瓦”级护卫舰也从俄罗斯购买。即使是国产装备，在总体设计与系统设备方面也严重依赖进口，如国产航母“维克兰特”号总体设计、动力系统集成、机舱布置、系统调试等工作均由意大利造船金融集团帮助完成，阻拦装置、喷气偏流板等关键部件由俄罗斯提供，壳漆涂一体化建造方法从日本三菱重工引进，LM2500 燃气轮机来自美国，几乎除建造和部分电子信息系统由印度提供外，其他系统设备均来自进口，自主化程度较低。印度最新建造的“加尔各答”级驱逐舰和“什瓦利克”级护卫舰，动力及武器系统也依赖国外。总体来说，印度海军装备设计、建造等国产化程度均较低，严重依赖国外技术，仅在电子系统领域国产化程度较高，巴拉特公司是其电子系统的主要提供商，具有较强的研发能力。

印度舰船工业自主化程度较低，国有船厂生产效率低下，严重束缚了海军装备的发展速度。一是外购装备受卖方和其他不确定性因素制约，导致不能按期交付或价格上涨。如 2004 年，印度与俄罗斯签订合同，购买“戈尔什科夫”号航母并由俄罗斯改装，命名“维克拉玛蒂亚”号，该航母原定 2008 年交付，但最终于 2013 年 11 月才交付印度海军，改装费用也由最初的 9.7 亿美元增至 23.4 亿美元。二是印度国有船厂生产效率低下，大型舰船建造周期相当漫长，交付经常延期。如 2006 年 12 月，印度许可证生产的“虎鲨”号潜艇在马扎冈造船有限公司开工建造，原计划 2012 年交付，但建造过程中一再延期，直到 2017 年 12 月才服役。印度首艘国产航母“维克兰特”号于 2009 年 2 月铺设龙骨，原计划 2013 年海试、2014 年服役，但多项关键设备依赖国外和船厂生产效率低下导致进度一拖再拖，截至 2020 年仍未服役。

三、出台多项举措，提升舰船工业自主研发和建造能力

为改变舰船核心装备技术发展高度依赖国外的局面，印度政府一直努力提升舰船工业自主能力。特别是莫迪政府启动“印度制造”计划后，印度海军制订了海军装备的国产化计划，政府也出台多项举措，提升舰船工业的自主研发和建造能力。

（一）制定政策优先采购国产装备

近年，印度开始加强对国防工业本土化的政策规划和引导。印度国防部2018年修订的《国防生产政策（草案）》规定，军队所有的需求尽可能在国内研制生产，在本土国防工业不具备制造能力的情况下，考虑技术转让或增加外商直接投资等措施促进国内生产，只有在特殊情况下才会采用进口。

印度2020年版《国防采购程序》规定国防采购的优先顺序为：印度国内设计、研发和制造的产品（自主化率40%以上）；印度制造的产品（自主设计和制造比率较前者低）；采用国外技术在印度制造的产品；印度制造的国外产品；国外产品。还规定向印度出售产品的国外防务公司必须为设施维护提供技术转让，国外厂商或代理商与印度签订价值2.96亿美元以上合同时，需向印度提供贸易补偿。

2020年8月，印度国防部发布《2020年国防生产和出口促进政策（草案）》，提出减少进口依赖，加强自主研发，2025年将用于采购本国武器装备及服务的经费，相比2020年的93.3亿美元增加一倍，并在国防预算中增设专门采购本国武器装备及服务的科目。

（二）明确海军装备技术自主研发的重点领域

印度海军通过制定装备自主研发顶层规划，确立相关领域的技术发展重点。2015 年，印度海军发布《印度海军国产化计划 2015—2030》，对舰艇（包括航母、潜艇、水下和舰载监视系统）所需的 46 类设备，以及直升机、固定翼飞机、水下装备 15 年内实现国产化做出了详细规划，利用国防研究与发展组织、国有及私有生产商、科研机构共同推进国产化。2016 年，印度海军发布《保障海洋安全：印度海洋安全战略》，提出将通过海军采购计划支持舰船工业发展，并公布了 2030 年前将采购 100 项尖端技术以提升作战能力，这些技术优先支持自主以及与国外合作研发。2018 年 2 月，印度国防部发布新版《技术展望与能力路线图》，明确海军将重点提升水下战和远征支持能力，并提出了相应装备技术的发展需求。

（三）加大投入对国有军工企业进行现代化升级

为解决国有军工企业设备陈旧、效率低下的问题，提高国防工业能力水平，印度近年来推动实施国有军工企业现代化计划，任务是替换老旧机器和采购现代化生产设备。船舶工业方面，印度重点推进印度斯坦造船有限公司、马扎冈造船有限公司、加登里奇造船工程有限公司、果阿造船有限公司等国有船厂现代化升级，并支持私营企业参与海军造舰项目。印度政府计划将造船企业纳入“基础设施行业统一名单”，为重点产业提供财政激励，并由银行通过航运部向私营船厂提供经费支持。

（四）推动私营企业与国外企业合作

2017 年 6 月，印度国防部发布《利用“战略合作伙伴”振兴国防工业生态系统》报告，提出在潜艇、战斗机、直升机、装甲车四个领域，各遴选一家本土大型私营企业作为“战略合作伙伴”，推动其与国外企业合作，将其培养成为掌握核心技术的系统集成商，与国有军工企业和科研机构一起，共同提升印度国防科研生产能力。

印度国防部将基于技术转让需求和本土化路线图为本土私营企业选择国外合作对象，以获得制造、技术转让、培训熟练人力资源等方面的援助和支持。其合作模式可以采取合资公司、股权合作、技术共享、特许权等形式，政府同国外企业的关系也将由买卖关系转变为合作伙伴关系，更加有利于技术转让。

海军装备方面，印度通过新型 AIP 潜艇的研制生产构建“战略合作伙伴”，潜艇建造将分三个阶段实施：第一阶段为与国外合作建造；第二阶段为通过国外全面技术转让自主建造；第三阶段为自行研制。2020 年 1 月，印度宣布初步筛选了建造 6 艘 AIP 柴电潜艇的国内外公司，包括印度本土的国有马扎冈造船有限公司和私有拿丁集团，以及 5 家国外设备制造商，其中俄罗斯红宝石设计局提供了“阿穆尔”1650 潜艇方案，法国舰艇装备集团提供了“鲉鱼”2000 潜艇方案，西班牙纳梵蒂亚公司提供了 S－80 潜艇方案，德国蒂森克虏伯集团提供了 214 型潜艇方案，韩国大宇集团则提供了 KSS－III 潜艇方案。印度要求 2 家本土公司各与 5 家国外公司之一建立技术合作关系，2020 年底前提交财务和技术标书，2022 年做出最终选择。印度表示中标的国外公司必须提供关键系统的全部技术转让，如 AIP 系统技术、传感器技术、通信技术、电子战组件等，还要协助印度建立备件和物资的国内供应链，以及培训当地劳动力。

（五）发展与更多国家的国防工业合作关系

一是继续巩固与俄罗斯的国防工业合作。俄罗斯一直是印度舰船工业的主要合作伙伴，印度从俄罗斯购买的部分舰船装备由俄方授权在印度国内生产，这种引进模式对提升印度舰船工业自主化和现代化水平发挥了重要作用。如俄罗斯选择和印度皮帕瓦沃船厂联合建造“塔尔瓦”级护卫舰，提升了印度海军舰船的建造水平。二是扩大、深化与美国的国防工业合作。2008 年以来，印美国防贸易日益密切，美国视印度为主要防务合作伙伴。印美航母技术联合工作组在 2018 年曾推动由美国为印度第二艘国产航母“维莎尔”号提供弹射技术等方面的帮助。三是加强同以色列、韩国、西班牙等国的国防工业合作。合作重点主要在后者的优势领域，如印度斯坦造船有限公司与韩国现代重工集团签订合作协议，以加大在海洋侦察船、护卫舰、近海巡逻船和常规潜艇等装备研制的技术合作。

四、小结

随着印度提升舰船工业自主化措施的落地实施，印度大中型舰艇的国产化建造取得了一些突破，舰载设备的研发和生产也有了很大进步，技术引进方式和消化吸收能力也有明显提高。以印度自行建造的驱逐舰为例，2014 年服役的 P－15A “加尔各答”号驱逐舰采用以色列的相控阵雷达、意大利的舰炮、乌克兰的主机、挪威的辅机、俄罗斯的导弹、荷兰的预警雷达、美国的舰壳声呐、德国的拖曳阵声呐、加拿大的作战管理系统、瑞典的航行管理系统，甚至舰体建造的钢板都由俄罗斯北方钢铁集团提供，而计划2021年服役的P－15B“维萨卡帕特南”号驱逐舰大量应用国产化设备，如钢材、鱼雷和鱼雷发射装置、平台管理系统、声呐等均为国产，舰艇国产化率达65%。

未来印度还将结合“印度制造”政策促进舰船武器装备国产化，同时鼓励印度工业界、国防研究与发展组织、学术界和印度海军携手，建立一个可促进尖端军事装备国产化开发的生态系统。随着印度海军武器装备自主化水平的不断提升，印度将以航母编队和海基核威慑力量为重点推进海军建设，力争实现由“海军大国”向“海军强国”的转变。

专题报告十二 场域理论视角下孔子学院治理体系的优化与提升

（北京林业大学教授、中国国际经济交流中心博士后）余吉安
（北京林业大学博士生）薛芮

［摘　要］教育与文化议题始终离不开社会发展的时代背景，孔子学院的建设与运行需要警惕现代性全球化发展所引发的政治正当性误读，恰切处理与各国家或地区间的文化碰撞，平衡行政权力与文化权力的角力。从场域理论的“资本—权力”视角改革与改善孔子学院的教育与产业体系实践，需要同时从优化与提升两个方面着眼。可从加强汉语语言水平在留学体系管理中的重要性、完善本国的学生培养与孔子学院发展的关联性来优化管理。通过办学体系和办学属性的战略创新，语言教学和文化交流的内容创新，语言和文化输出平台的途径创新，师资队伍、组织建设、资金筹集的管理创新，孔子学院衍生发展与产业融合的经济创新来提升孔子学院。

［关键词］孔子学院　文化交流　政治正当性　场域理论

一、问题的提出

孔子学院（Confucius Institute）始办于2004年，是中外合作建立的非营利性教育机构，致力于适应境外各国（地区）人民对汉语学习的需要和对中国语言文化的了解。截至目前，全球已有162个国家（地区）设立了541所孔子学院和1170个孔子课堂，孔子学院为增进世界人民对中国语言文化的了解、发展中国与各国的友好关系做出了卓越贡献，对于“民心相通”发挥着不可替代的作用。

然而近年来，多所孔子学院相继关停，尤其以欧洲、美国、加拿大等发达国家为主。例如，2004年美国马里兰大学帕克分校开设了第一所孔子学院，随后，美国高校涌现出其他多所孔子学院，但马里兰大学却宣布孔子学院的课程将在2019—2020学年结束的时候关闭，而诸如爱阿华大学、北佛州大学、北卡州立大学、芝加哥大学、明尼苏达大学、宾夕法尼亚州立大学的孔子学院也已纷纷关停。又如在欧洲，2005年，瑞典的斯德哥尔摩大学开设了欧洲的第一所孔子学院，但在2015年，瑞典已经彻底关闭了国内全部4所孔子学院。进一步提升孔子学院政治正当性、提高本土适应性，是当前孔子学院发展的重要议题。

二、相关研究回顾

政治互动和文化交流在增加中国与东道国之间政治互信、减少投资风险方面起到了积极作用。[①] 孔子学院的两项基本功能是教育和文化传播，这也是孔子学院的主要任务。而文化外交功能、社区与公共服务功能、中外联络纽带功能和学术研究功能，则是孔子学院的4项衍生功能。[②] 孔子学院在一定程度上摆脱了国际政治层面的局限，更加倾向于民间的交流交往。[③] 传播汉语和传播中国文化是孔子学院的基本定位，尽管这一定位对纠正只注意语言教学的传统有一定积极意义，却制约了孔子学院和汉语国际教育本身的继续成长，更可能影响国家整体战略的有效实施。[④] 在文化传播上，孔子学院的设立也促进了中医文化的海外传播，但相较于中医精神文化，孔子学院对中医行为文化的传播则面临更多的障碍。[⑤]

孔子学院可以减少两国因地理或文化距离而产生的负面影响，提高“一带一路”沿线国家的贸易便利化[⑥]，对中国在“一带一路”沿线的出口贸易具有较大促进作用，对邻近国家也有显著的正溢出效应。[⑦] 而且，孔子学院和来华留学教育的发展有助

---

① 刘希、王永红、吴宋：《政治互动、文化交流与中国OFDI区位选择——来自国事访问和孔子学院的证据》，《中国经济问题》2017年第4期，第98—107页。

② 赵成新：《“一带一路”视域下孔子学院的功能与实现》，《河南大学学报（社会科学版）》2020年第2期，第131—137页。

③ 王怡仙：《孔子学院如何讲好中国故事》，《人民论坛》2018年第25期，第138—139页。

④ 张虹倩、胡范铸：《全球治理视域下的汉语国际教育及孔子学院建设：问题、因由与对策》，《社会科学》2017年第10期，第26—35页。

⑤ 林航、原珂：《孔子学院是否促进了中医文化海外传播——基于中药材出口的实证》，《统计与决策》2019年第5期，第114—116页。

⑥ 姜慧、张志醒：《孔子学院对“一带一路”沿线国家贸易便利化影响的实证分析》，《经济经纬》2018年第6期，第66—72页。

⑦ 康继军、张梦珂、黎静：《孔子学院对中国出口贸易的促进效应——基于“一带一路”沿线国家的实证分析》，《重庆大学学报（社会科学版）》2019年第5期，第1—17页。

于提升“一带一路”沿线国家人力资本水平，缩小国家文化差异以及推动双边友好关系的建立，进而促进中国企业的海外并购。[①]中国的文化输出显著推动了对外直接投资，但这种推动作用表现出明显的国家类别差异、洲际差异、时滞性及广度边际性等特征。[②] 与此同时，孔子学院能够显著促进中国文化产品出口，但其促进效果受文化距离的影响，并存在时间与空间上的异质性。[③]

当前孔子学院的办学模式单一、发展不均衡等问题，制约了其在“一带一路”建设发展中本应发挥的功能。[④] 在东盟孔子学院国别布局不均衡，创办空间尚可开发[⑤]；“一带一路”沿线国家的孔子学院面临着数量分布不均匀、合作机构和承办机构均较单一、运行机制不完善等问题。[⑥] 而且，孔子学院因本土师资力量短缺、本土化适用教材匮乏而使本土化程度不高，对于真正作为多元文化中的一元融入到当地的文化之中还有很长的路要走[⑦]，

① 陈武元、徐振锋、蔡庆丰：《教育国际交流对中国“一带一路”海外并购的影响——基于孔子学院和来华留学教育的实证研究》，《教育发展研究》2020 年第 21 期，第 37—46 页。

② 谢孟军、汪同三、崔日明：《中国的文化输出能推动对外直接投资吗？——基于孔子学院发展的实证检验》，《经济学（季刊）》2017 年第 4 期，第 1399—1420 页。

③ 许坚、张文秋：《国际文化交流平台与中国文化产品出口——基于全球 1356 所孔子学院的数据》，《文化产业研究》2019 年第 4 期，第 202—220 页。

④ 詹海玉：《“一带一路”背景下的孔子学院发展策略探讨》，《河北师范大学学报（教育科学版）》2017 年第 6 期，第 121—125 页。

⑤ 赖林冬：《“一带一路”背景下东盟孔子学院的发展与创新》，《南洋问题研究》2017 年第 3 期，第 37—52 页。

⑥ 刘宝存、张永军：《“一带一路”沿线国家孔子学院发展现状、问题与改革路径》，《西南大学学报（社会科学版）》2019 年第 2 期，第 74—80、196—197 页。

⑦ 李宝贵：《新时代孔子学院转型发展路径探析》，《云南师范大学学报（哲学社会科学版）》2018 年第 5 期，第 27—35 页。

这就需要孔子学院立足本土，与当地受众加强互动。[①]

“一带一路”沿线国家（地区）孔子学院汉语跨文化传播效果方面存在滞后，特别是自主拓展能力和可持续发展能力方面提升迟缓，综合影响力参差不齐。[②] 孔子学院在全球快速发展的同时也引起了广泛的跨文化误读，对于孔子学院简体汉字的教学，国外学者提出了一系列的质疑和批评。[③] 孔子学院经历了最开始的广受欢迎和随后一定程度的质疑和抵制，其实质是文化意识形态的理解和冲突，而这种理解和冲突也已经突破传统的文化层面，且逐渐上升到了经济文化、政治文化的层面。[④] 孔子学院的发展逐渐减速，发自欧美文明冲突是导致孔子学院发展受阻的根本原因，文化自卑心理也是导致孔子学院“降速”的根本原因。[⑤] 在孔子学院运行上的过于无偿和“奉献”反而导致了外民族“来者不善”的认识，这种无偿的政府行为会引起外民族的过度警觉。孔子学院过度强调既定的传统文化，而忽视现代中国文化和人类文化的传播[⑥]，也导致孔子学院的传播内容缺乏足够新

---

① 佟迅：《基于孔子学院的中华文化海外传播理念创新研究》，《艺术百家》2019年第6期，第46—52页。

② 康继军、张梦珂、黎静：《孔子学院对中国出口贸易的促进效应——基于“一带一路”沿线国家的实证分析》，《重庆大学学报（社会科学版）》2019年第5期，第1—17页。

③ 陈锦娟、陈肯：《孔子学院的跨文化误读及汉字繁简之争》，《高教发展与评估》2019年第3期，第8—15、109—110页。

④ 张景全、张华威：《从孔子学院看中国文化的世界性重构》，《华夏文化论坛》2017年第1期，第282—288页。

⑤ 王坦：《文化自信：高等教育国际化应有的精神立场——以孔子学院为例》，《高教发展与评估》2020年第4期，第34—44、108—109页。

⑥ 张景全、张华威：《从孔子学院看中国文化的世界性重构》，《华夏文化论坛》2017年第1期，第282—288页。

意而可能失去吸引力。而且，孔子学院运行的经费来源有限，[①] 这也制约了孔子学院的发展。

教育存在场域（social field），教育机构的跨境开展更是有明显的场域问题。场域是关系性概念，是在各种位置之间存在的客观关系的一个网络（network）或构型（configuration），是“力量关系和斗争关系”的集合，其实质是冲突和竞争的结果（Bourdieu & Wacquant，1992）。[②] 教育场域即教育活动的参与者所形成的关系网络，以知识的传承、传递、生产、消费为核心。[③] 场域中有着不同类型权力的博弈，孔子学院的建立与运行中不可避免的涉及着教育场域参与者的主体身份、经济力量、历史文化背景等因子间的碰撞交汇。

三、政治正当性视角下孔子学院的真义与误读

（一）孔子学院建立与全球化发展的意义

孔子学院的存在是世界多元文化交流与发展的内在需求，具有消解现代性中的技术理性缺陷和文化隔阂的价值，其发展方向是以教育为核心来联动文化与经济的发展，助力促进“一带一路”建设，其具体意义也可以从“五通”格局的实现来阐释。

1. 政策沟通：提升我国高等院校教育环境的质量。本着求同

① 李宝贵：《新时代孔子学院转型发展路径探析》，《云南师范大学学报（哲学社会科学版）》2018 年第 5 期，第 27—35 页。

② Bourdieu，P. & Wacquant，“L. An Invitation to Reflexive Sociology，” Chicago：The University of Chicago，1992.

③ 黄瑶、王铭：《论教育系统场域的重构》，《学习与探索》2020 年第 11 期，第 40—45 页。

存异原则，协商制定各高校接收留学生的政策和管理方案。通过明确要求进入我国境内的留学生需要满足在当地国家（地区）的孔子学院进行语言学习期满、考试取得相应的汉语等级，来提高入境留学生的质量，提高我国高等教育的声誉。

2. 设施联通：进一步发掘与吸引优质人才。通过孔子学院教育体系和教育链的建构，使汉语言及文化“教育”这条作为境内外连接的“道路”更完善畅通，更好地开创境外人才发掘与使用的新方式，吸引能够为我国服务的优质人才力量。

3. 贸易畅通：拉动经济发展与智慧转型。以孔子学院的教育与文化、旅游产业联动作为桥梁，加强我国与东道国的贸易和投资合作。并通过创新创业教育来激发学生的创新创业能力、发掘创新创业机会。激发学生在新兴产业领域进行创业发展，从而助力于互联网等智慧产业及其他极具中国特色或极具东道国市场特色的企业顺利进入东道国发展，促进中外业务往来。

4. 资金融通：以文化输出带动资金的可持续流动。语言是“活”的历史，也是历史的沉淀，文化则是一个国家的灵魂所在，孔子学院的汉语语言及文化教育推广是世界认识中国和中华民族的途径和入口。孔子学院的教育和文化输出能够有力地宣传中国文化，带动文创产业和旅游业的发展，吸引各种资金的可持续流动，并加强我国的文化自信。

5. 民心相通：改善学术科研境况和高校校园风气。一方面，以孔子学院为桥梁而加强人文社会科学的学术科研，有利于间接提升中文学术期刊的国际认可率、增加国际学术科研合作、促进国际间的科研与就业政策，使高校界或学术界的学生和学者获得更大的信心、动力、激励；另一方面，孔子学院的教育办学是我国高等院校接收留学生的重要前提环节，间接推动我国高校中的留学生的准入和管理更严格，使留学生不再具备学习与校园生活的“特权”，从而有助于平衡国内舆论对留学生政策的疑问与不满，整体提升我国高等院校的教育风气和校园环境。

（二）孔子学院发展的困境所在

当前，孔子学院在部分国家或地区正面临着关停、遭受抵制、发展困难等一系列问题。归纳来说，其困境与个中可能原因主要体现在四个方面。

1. 办学性质上：政治色彩敏感。由于国外许多高校属于私立属性，对于政府性质较强的学院会持有抗拒性。例如，美国德州议员曾描述孔子学院为“对美国国家安全的威胁”，担心孔子学院成为“中国情报收集和有政治意义的平台”。[①] 2020 年 8 月，时任美国国务卿蓬佩奥在声明中提到，美国国务院“认定孔子学院美国中心是中国在美国校园和 K－12 教室进行全球宣传和恶意影响的活动实体”，并在当地时间 15 日的广播节目《早安新闻》上表示希望关停全美所有的孔子学院。

2. 学院运行上：资金投入不足、办学模式单一，师资力量短缺。第一，目前孔子学院的运营经费主要来源于国家汉办、孔子学院总部、外方政府及高校的支持，对学员基本属于免费教育，因此造成资金投入始终处于不足的状态。第二，目前孔子学院的设立，主要包括孔子学院总部与申办方合作、总部直接投资、总部授权特许经营几种方式，办学模式较为单一。第三，孔子学院需要在非本土文化及语言环境下进行汉语语言和文化的教学，在师资力量上容易出现跨文化交际能力和文化传播能力的短板。

3. 汉语教学上：缺少有生命力的文化创意。孔子学院在定位上容易存在“重汉语教学轻文化交流”的倾向，也容易出现汉语

---

① 资料来源：https：//www. sohu. com/a/376380206_464977。

教学与文化交流的内容过于传统单一的现象。例如“包饺子”“剪窗花”等较为“老生常谈”的内容，对于外国人士而言会缺少吸引力或吸引力有限，使孔子学院在教学与文化交流上不具备长期可持续发展的生命力。

4. 文化互动上：缺少学习和交流的动力。由于教学及文化交流上的内容容易传统而单一，孔子学院在文化互动上也缺少优秀文化产品的提供，不利于带动文化产业的发展，从而导致与东道国之间缺少足够且恰当的文化交往，使外国人士学习中文和中国文化的动力下降，不利于学院的可持续运营。因此，孔子学院需要新的变革措施，使孔子学院自身得以重现生机，并在助推“一带一路”建设中充分发挥自身的教育与文化传播作用。

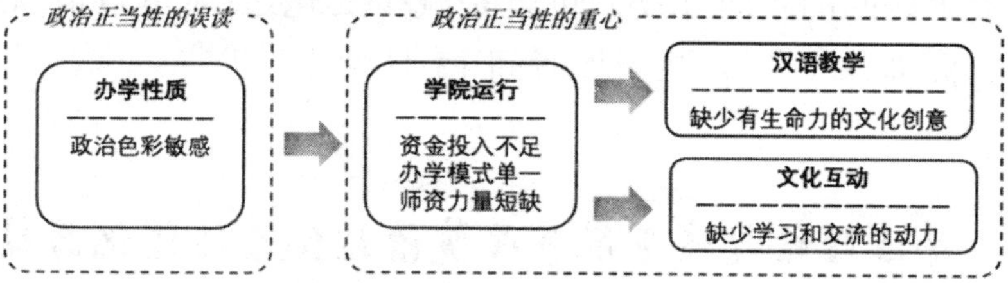

图1　政治正当性视角下孔子学院的发展困境

（三）孔子学院建立与运行的误读

孔子学院是海外人士学习中国语言和了解中国文化的重要途径，也是汉语教学和文化传播软实力的重要门户，其发展的内在动力之一是国际交往，这就需要主体的“在场”。而文化传播的进度、深度与广度的核心影响因素正是在于传播主体如何进行自我表达，这便涉及孔子学院建立与运行的政治正当性。

当孔子学院被赋予过多的政治学意义，便容易陷入狭隘的文化民族主义争议。[①] 从西方政治哲学概念“政治正当性”（political legitimacy）来说，哈贝马斯认为，“正当性”意味着“政治秩序之被肯认之值得性”（worthiness to be recognized）（Habermas，1979）。[②] 而从中国古代哲学的儒家思想来说，“政治正当性”的主张真正关心的是权力行使的合理性，而不是权力来源的正当性。[③] 当代社会的现代化是吉登斯所称的“脱域”（disembedding）过程，也即社会关系正在从彼此的地域性关联中脱离出来。

在这种现代性的全球化扩张引发各国家或地区的文化碰撞的背景下，孔子学院面临的困境与争议所在，是关于孔子学院的存在方式与治理模式，而非关于文化传播与交流的内容本身。因此，孔子学院建立与运行的政治正当性的重心正是在于文化传播和交流主体间的双向互动，也就是减少文化之间的隔阂、误解、矛盾与冲突。

四、场域理论视域下孔子学院治理体系的优化与提升

（一）场域理论视域中的教育系统与文化资本

纵观当前的孔子学院发展，其教育场域正存在着文化资本被淡化的现象，从而产生行政权力过重、文化权力失重的误读。在

① 邓新、刘伟乾：《“在场”理论视角下的孔子学院文化传播方式及其价值意蕴》，《民族教育研究》2017年第3期，第101—106页。

② Habermas，“J. Communication and the Evolution of Society，” Boston：Beacon Press，1979.

③ 东方朔：《荀子的政治正当性理论——以权力来源为中心》，《现代哲学》2019年第5期，第117—125页。

教育场域中，权力主轴应是文化权力，由文化资本支撑其生产与再生产。这里的文化权力包括管理权力、施教权力、受教权力等具体形态，由场域中多元主体的不同利益诉求相互联动而成。然而在孔子学院的建立与运行中，当以语言学习和文化传播为核心的文化场域的独立性力量不足，文化资本和文化权力就会处于边缘地位，造成行政权力与文化权力的失衡，甚至造成文化权力的缺位。

提高孔子学院文化场域中的文化权力比重，需要同时从“优化”与“提升”两个方面着眼。在优化上：一是加强汉语语言水平在留学体系管理中的重要性；二是完善本国的学生培养与孔子学院发展的关联性。在提升上：一是办学体系和办学属性的战略定位创新；二是语言教学和文化交流的内容定位创新，包括教学与科研语言性的强化、人文社科学术研究的深化；三是语言和文化输出平台的途径定位创新；四是师资队伍、组织建设、资金筹集的管理定位创新；五是孔子学院衍生发展与产业融合的经济定位创新。

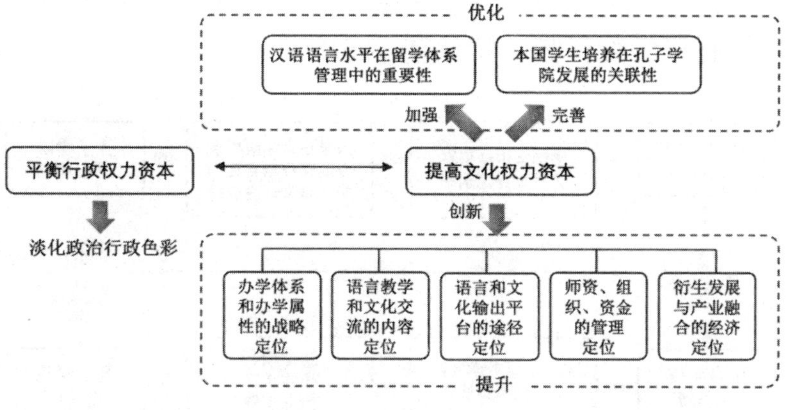

图2　场域理论视域下孔子学院治理体系的改革思路

（二）优化：完善孔子学院的关联体系

1. 完善境外孔子学院运行与外国留学生奖励体系的关联。明确且严格落实我国高等院校留学生入学条件中的语言要求，进一步将汉语等级作为留学生录取和获得奖学金的优先条件。例如，能够完成以中文为教学语言的专业课程的留学生，或能够以中文撰写毕业论文或学位论文的留学生，将拥有申请较高等级奖学金的资格。在政府奖学金等相关的外国留学生奖励体系的激励下，使孔子学院在各东道国的语言教学和文化交流更具吸引力，使其汉语及文化教学的态度氛围得到进一步提升。

2. 完善本国学生发展培养与境外孔子学院运行的关联。在境内本国学生的培养体系上，充分调动中国学生在汉语言文化交流上的积极性，使中国学生的发展培养与境外孔子学院的运行双向联动。例如可以招收中国学生进行对外汉语教学实习实践、做东道国文化交流的志愿者，开展赴境外孔子学院的访学项目，促进与东道国人文学科的学术交流，并对去孔子学院访学的中国学生给予留学认证、毕业后可以视情况予以就业支持，例如选拔访学学生留在孔子学院任教、担任辅导员等。

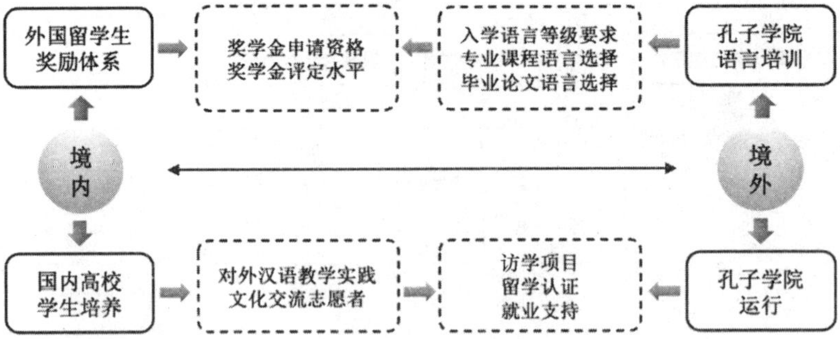

图3　孔子学院关联体系的优化

（三）提升：创新境内外孔子学院教育体系

1. 战略定位转向独立高等院校发展。创新孔子学院的战略定位，创新孔子学院的教育链体系，将孔子学院扩展建设为孔子大学，朝向独立的高等院校发展。

首先，在办学体系上，可以通过设立孔子大学，变境外的孔子学院为“分校”，通过建立较为完备的学历教育体系，突破单纯的语言教学和文化交流，有利于淡化“文化输出”的认知，同时也可以通过将中文语言科目纳入到课程教育体系中，将中文语言等级作为入学尤其是获得奖学金的条件，强化中文语言的重要性。

其次，孔子大学办学属性上，或由我国教育部直属，或由中国教育发展基金会及教育部直属高校和部分地方高校携手建立理事会，以此来领导孔子学院，建立大学联盟制度，以淡化孔子学院的政府背景色彩，使孔子学院从政治敏感性和宗教敏感性中剥离，从而使孔子学院和中国语言文化的境外推广更加有效。

2. 内容定位转向中文科研领域深入。首先，在教学与研究语言使用上，逐步使用中文作为教学和科研主体语言。然后，在人文社科领域的学术科研上，加大对孔子学院东道国当地历史文化背景的了解，深入人文学科的学术研究，产出更多的优质论文等研究成果、发表更多高质量的中文学术期刊，从而也作为一种学术科研输出来提升中文学术期刊的国际影响力，使中国的学术科研更加国际化。

3. 途径定位转向科技化平台搭建。在信息社会时代，互联网是文化输出与交流的重要平台，因此可由传统媒体和线下途径，转向为搭建孔子学院的网络社区体系，使汉语语言和历史文化能够实现最具吸引力、宣传力、不受时间地点和实体条件限制的宣传与交流。例如，打造围绕孔子学院的网络社交平台，汲取国外Facebook、国内微博等平台的优点，使相关信息和感受得以分享和流动；建立孔子学院教育咨询平台，提供分享和交流学习心得、留学经验、职业发展讨论的空间；设置孔子学院相关的文旅休闲信息平台，分享文娱评论、旅游攻略、美食攻略等；建设孔子学院申请及就读的智能化学业管理平台，为外国学生的申请和就读、进一步的来华留学等提供更便捷的途径。

4. 管理定位转向多元探索模式。其一，在孔子学院师资队伍的建设上，实现“质”与“量”的并重。努力重视师资力量的“质”的提高、合理补足师资力量的“量”的短缺。大力培养和调用了解东道国语言及文化风俗、能够有效开展教学任务、有效进行文化交流和传播的师资团队。

其二，在孔子学院的组织建设上，探索工会式管理体系。由于国内高等院校等机构的党支部管理形式无法在境外顺利开展，可开创探索孔子学院的工会式管理模式。通过工会组织赴东道国的教职员工和访学学生学习和讨论中央方针政策，用工会的学习与活动代替组织生活，从而加强凝聚力，更有序地开展日常汇报与管理。此外，对于国内赴东道国孔子学院进行访学交流的学生，也可以通过工会锻炼和提拔部分先进分子，给予其回国后发展为预备党员的政策机会，使优秀人才更具备奋发向上的动力。

其三，在孔子学院的资金筹集与资源配置上，建立多元化资金体系。资金是孔子学院建设、运营、管理的物质保障，也是实现教育与文化交流的必备基础条件，因此孔子学院的革新需要多元化的社会力量的资金支持，不再完全由教育部和政府直接注资。一方面，可建立孔子学院基金会体系，部分省份的教育基金也可纳入到体系内。另一方面，可将各国孔子学院下设的文化公司和旅游公司加入到经费募集体系内，同时，鼓励并激励其他相关社会组织、“一带一路”沿线企业以及其他境内外企业家出资，尤其以涉及国际教育产业、文化娱乐产业、旅游产业链的相关企业为重点，使孔子学院的资金体系更加多元化、可持续化。

5. 经济定位转向产业融合发展。孔子学院的长远可持续发展也需要提升“产学研”的相互配合、交往、联动，因此有必要从单一的教育产业结构转向成立孔子学院下设的文化产业机构和旅游产业机构体系，加强与东道国间的友好访问、推进文化交流，为中国企业的海外并购起到文化促进的积极影响，利用孔子学院自身的文化传播与交流资源，为文化产业等相关产业提供服务与支持，并吸引相关企业参与孔子学院的建设。

在文化产业方面，可以成立孔子学院下设的文化企业，以企业形式运营。由于外国学生和其他受众缺少中国文化知识和历史知识积累，完全集中于中国古代历史的文创娱乐作品中的古代君权制度等政治元素会使我们的文化输出相对存在理解困难、吸引力低等缺陷。因此，可以借鉴文化输出带动经济发展较为成功的韩国文娱产业，避开过于明显的文化差异和价值观，打造既以中国文化为核心，又能融合当代国际流行热点的文娱产品，由孔子学院与下设的文化产业机构联合推出，以通俗易懂又符合时代特色的方式包装和输出文化价值。例如可以联合东道国、国内和国际影视公司，拍摄与当地特色相结合的影视剧、综艺片、达人选秀等节目，尤其以独具中国特色或区别于其他国家流行文化的文娱作品为重点。

在旅游产业方面，也可以成立或联合东道国的相关部门或机构成立文旅企业，以企业形式运营。促进我国和东道国的旅游往来。由孔子学院搭建良好的文旅互通桥梁，企划和开展特色教育游、文化游、历史游、饮食游、观光游等，达到文化输出和拉动经济的双赢。

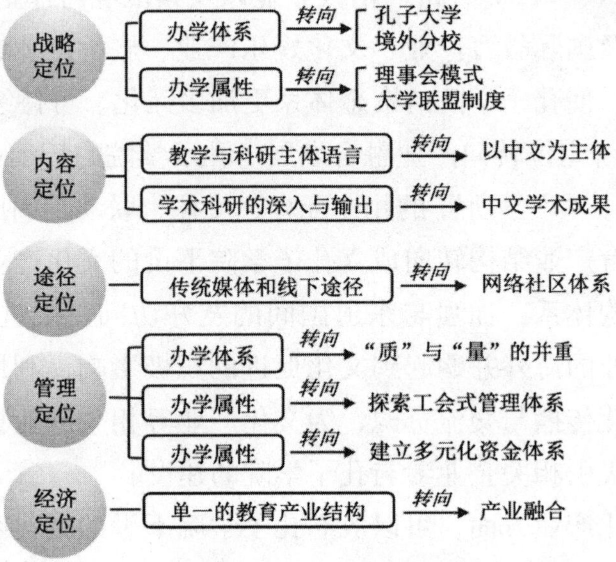

图4　孔子学院教育体系的创新

五、结论与启示

教育与文化议题始终离不开社会发展的时代背景，孔子学院的建设与运行需要警惕现代性全球化扩张所引发的政治正当性误读，恰切处理孔子学院与各国家或地区间的文化碰撞，平衡行政权力与文化权力的角力。从场域理论的“资本—权力”视角改革与改善孔子学院的教育与产业体系实践，既有助于更好地促进“一带一路”建设，也有益于以教育为核心来联动文化与经济的发展、加强“五通”格局的实现。

在场域理论视域下，孔子学院治理体系的优化与提升可以带来三方面的启示：

1. 在语言与文化交流的内容上，需要注重地域性与全球化的结合。系统整合中国自身的传统文化与现代文化资源，充分分析全球政治文化和经济文化走向，针对不同国家或地区的历史文化传统，因地制宜的进行文化传播与交流，提供兼具全球化和地域特色的中国汉语语言文化产品和中华文化交流活动，实现孔子学院和谐且可持续发展的全球文化治理功能。

2. 在语言与文化交流的形式上，需要注重数字化科技创新。关注全球语言文化教育传播的总体趋势，充分利用科技创新的优势，实现5G等新兴通信技术和人工智能的融合，强化数字化课程建设、打造网络化文化交流平台、创建智慧课堂，提高语言教育与文化交流的质量，丰富文化传播与交流的形式和渠道。

3. 在自身体系的治理上，需要注重优化多元多层级的运行体系。深化并优化多方共筹运营机制，在重视国家主导与支持的基础上，通过市场运营和多方参与的途径减轻国家拨款压力，优化多元、多层级的治理结构，实现孔子学院不同层级利益相关者的自组织治理。

专题报告十三　碳中和目标下全球能源转型及中国启示

（中国社会科学院工业经济研究所助理研究员、中国国际经济交流中心博士后）袁惊柱

[摘　要] 2021年，在碳中和目标的指引下，全球将进入产业结构和能源结构调整的转型期。新一轮能源转型将推动人类能源利用从以化石能源为主向以清洁能源为主转型，以优化能源结构、提高能源效率、促进节能降耗、实现可持续发展为目标，是以低碳、清洁、高效和智慧为主要特征的能源系统取代传统能源系统的过程。以大力发展可再生能源替代化石能源为主要内容的能源转型，已成为德国、美国、日本等很多国家能源政策的重要内容，中国需要在充分借鉴发达国家工业结构调整和能源转型经验的基础上，探索适合中国实际的能源转型路径。

[关键词] 碳中和　能源转型　能源结构　化石能源　可再生能源

2020年，受新冠肺炎疫情和美国单边主义、贸易保护主义抬头的影响，全球经济社会发展发生了大衰退，使得未来发展面临

前所未有的风险与挑战。截至2021年1月23日，全球已有疫情国家达到212个，现有确诊病例25802412人，累计确诊病例98956661人，死亡2119531人。据国际货币基金组织2020年10月发布的《全球经济展望》预计，2020年全球经济将下降4.4%；12月初，经济合作与发展组织发布的展望报告预计，2020年全球经济将下降4.2%。2021年，进入后疫情时代，世界各国在积极抗疫的同时，正处于组织复工复产的关键时期。从新冠肺炎疫情和逆全球化的教训中，全球正在形成构建人类共同命运体的共识，致力于人类可持续发展的实现。截至目前，全球已有100多个国家提出了碳中和目标的实现节点。在碳中和目标的指引下，全球将进入产业结构和能源结构调整的转型期。如何统筹经济发展与碳减排的关系，成为全球能源转型需要解决的一大重要课题。

一、能源转型的概念

"能源转型"一词最早来源于德国，1982年，德国应用生态学研究所出版了《能源转型：没有石油与铀的增长与繁荣》一书，首次提出了能源转型（energiewende）的概念，提出主导能源要从石油和核能转向可再生能源。进入21世纪，随着能源转型逐渐成为很多国家的共识，不少学者分别从新技术应用、能源结构、能量原动机、能源体制变革等角度对能源转型的概念进一步展开了研究。《中国能源转型及路径选择》一文中将能源转型概括为两个层次的内容：一是主导能源的转换。即一种能源取代了另外一种能源的主导地位，从而导致能源结构的调整。能源转型过程中的一个重要表现，就是新的能源消费数量的扩大和在消费结构中比重的上升，但并不排斥被替代的能源（旧的能源）继续被利用，在技术进步的条件下，可以被更经济、更清洁、更有效地利用。二是能源系统的转变。能源系统通常是指将自然界的能源资源转变为人类社会生产和生活所需要的特定能量服务形式（有效能）的体系。能源系统是某个国家或地区经济和社会发展中存在的具有特定社会功能的系统之一，它既包括能源资源和与能源生产、储运、消费相关的物理设施、技术、知识体系等；也包含组织网络和相关的社会要素，如政府部门、企业、消费者、相关法规、制度和规则等。历史上曾发生过两次向新能源转型的过程：19 世纪末从传统生物燃料（如木材）转型为煤炭，以及 20 世纪中由煤炭转向石油及天然气。

目前，国内外对能源转型的历史和理论分析主要有三种代表性观点，即“两次能源转型论”“三次能源转型论”和“五次能源转型论”。“两次能源转型论”是由美国天然气专家海夫纳在 2009 年的《能源大转型》一书中提出的，他认为，应该从能源存在形态上考虑所有能源资源，将其分为固体、液体和气体三类存在类型，能源大转型是从过去的不可持续的固体能源向未来无限的、清洁的可持续发展的气体能源转变，而液体能源是固体与气体能源的过渡状态。“三次能源转型论”是指煤炭替代薪柴、石油替代煤炭、可再生能源替代化石能源的过程。“五次能源转型论”认为，判断能源转型的最重要标准是极大改善能源转换效率的“原动机”出现，目前已经经历了四次能源转型，即驯养役畜和利用火、风车和水车的出现、蒸汽机的发明以及发电机发明使用，而第五次能源转型则是在未来二三十年天然气成为世界上最重要的单一燃料。

关于能源转型的概念，目前具有代表性的主要有三个：一是耶鲁大学的 Grubler，他把经济增长过程中能源利用方面的四个重要变化及其相互作用称之为“能源转型”，这四个变化包括：能源利用数量的变化（收入与能源数量的变化关系）；能源利用结构的变化，包括能源利用品种结构、空间结构和利用方式结构；能源品质的变化，即从高碳向低碳、污染排放向清洁排放变化；能源经济效率的变化，即改进能源强度。二是加拿大的斯米尔教授，他将能源转型看成是一个用以产生光、热和动力的能源构成不断变化的持续过程，每当效率更高的新能量“原动机”出现取代旧的“原动机”，显著提高了人类所能利用的能源的量级，能源转型就会发生。三是中国社会科学院的朱彤主任，他认为，能源转型是由能量原动机推动的、伴随着能源体系深刻变革的一次能源长期结构变化过程，主要有三个构成要件：技术创新和能量原动机的出现所导致的能源利用方式的重大变化；出现了基于能源新的利用方式的一次能源的结构变化；存在能源体系的深刻变化。

二、全球能源转型趋势

当前，世界范围内的能源危机和环境危机日益凸显，新一轮能源转型正在孕育和发展，将推动人类能源利用从以化石能源为主向以清洁能源为主转型，以优化能源结构、提高能源效率、促进节能降耗、实现可持续发展为目标，是涵盖能源开发、生产、配置和消费的重大变革，是以低碳、清洁、高效和智慧为主要特征的能源系统取代传统能源系统的过程，主要呈现出以下发展趋势特征。

（一）能源结构加速向低碳化演变

《巴黎协定》提出确保全球平均气温较工业化前水平升高控

制在2℃之内的长远目标，并为把温升控制在1.5℃之内“付出努力”。在积极应对气候变化的全球背景下，世界各国纷纷提出温室气体减排目标。在温室气体减排目标的推动下，需要更加主动控制碳排放，坚决控制化石能源消费总量，优化能源结构，推动能源低碳发展迈上新台阶。如美国设定了2020年、2050年温室气体排放相比2005年分别下降17%、80%的目标，德国设定了2020年、2030年、2050年温室气体排放相比1990年分别下降40%、55%、80%—95%；日本设定了2030年温室气体排放相比2013年下降26%；中国设定了碳排放在2030年左右达峰，2030年碳排放强度相比2005年下降60%—65%。

（二）电源供应和消费的清洁化水平显著提升

从供应侧看，随着新能源发电的经济性越来越好，新能源发电对传统化石能源的替代力度也将不断加大，清洁能源将在能源供应中逐步占据主导地位；从消费侧看，随着电能替代技术的发展和进步，通过电能满足各种能源需求，将日益成为社会生产生活方式变革的常态，促进消费侧的清洁化水平提升。如美国设定了2025年可再生能源发电量占比达到25%的目标；德国设定了2020年、2050年可再生能源占电力消费的比重达到35%、80%，可再生能源占终端能源消费的比重达到18%、60%；日本设定了2030年可再生能源占一次能源比重达到22%—24%；中国设定了2020年、2030年非化石能源占一次能源比重达到15%、20%。

（三）能源利用效率持续提高

随着节能技术改造、产业结构优化、循环经济利用等方面的大力推进，综合能源系统的发展也将推动不同功能系统集成互补和能源梯级利用，从而促进能源利用效率不断提高。国际能源署在《世界能源展望》中将提高能源效率带来的潜力情景设定为“高效世界的情景”（efficient world scenario），研究表明，仅提高能效就可能将一次能源需求的增长限制在仅比目前略高的水平。到2040年，能源效率的提高可以使与能源相关的温室气体排放下降12%，可以完成《巴黎协定》减排目标的40%以上。

（四）智慧能源体系加快形成

能源与信息技术深度融合将加快以能源互联网为核心的智慧综合能源系统建设步伐，融合信息网络技术的智慧能源体系加速形成。如微电网、泛能网、智能电网、能源互联网等。美国、欧盟和日本等国家或地区通过建立分布式能源及微电网模型，已经成功解决了微电网运行、保护等理论和技术问题。早在2002年，美国电力科学院提出“智能电网架构”研究项目；2003年，美国能源部发布《Grid 2030》远景规划，提出到2030年要实现电力全部通过智能电网输送的目标；2007年，美国国会颁布了《智能电网法令》。

三、中外能源转型的主要实践

近年来，在应对全球气候变化成为国际主流议题的大背景下，以大力发展可再生能源替代化石能源为主要内容的能源转型已成为很多国家能源政策的重要内容。截至2019年，全球一次能源消费结构中，化石能源占比仍高达84.32%，其中石油占比最高，为33.06%；其次是煤炭，占比27.04%。可再生能源占比仅为4.96%。为了实现碳中和目标，能源转型将成为各国长期的重点工作。从碳中和目标的角度看，全球各个经济体基本处于两个发展阶段：一是处于迈向碳达峰的阶段；二是处于实现碳达峰后探索碳中和的阶段（如图1所示），中国属于前者，美国、德国和日本属于后者。从1965—2019年，中国正处于迈向碳排放的阶段，2019年，碳排放为98.26亿吨。美国、德国和日本正处于探索碳中和的阶段，美国碳排放在2007年达峰，为58.84亿吨；德国碳排放在1974年达峰，为10.85亿吨；日本碳排放在2008年达峰，为12.99亿吨。

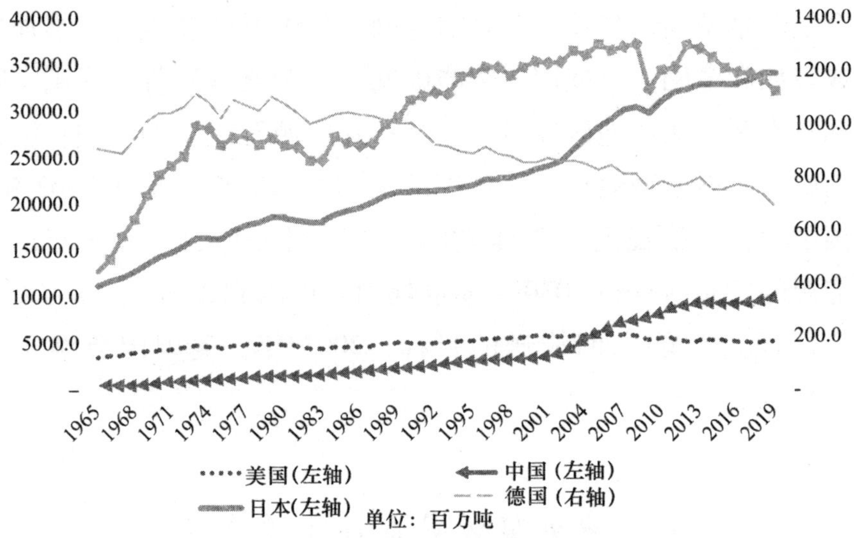

图1　主要国家二氧化碳排放情况（单位：百万吨）

资料来源：bp-stats-review-2020-all-data。

（一）德国：处于以石油为主导的化石能源时期，可再生能源发展世界领先

德国能源转型主要有三个途径：一是减少温室气体排放：以1990年为基准，温室气体排放到2020年、2030年、2040年和2050年分别减少40%、55%、70%、80%—95%。二是要提升

可再生能源在交通、热力和电力领域能源消费中的比重。以 1990 年为基准，可再生能源发电量在总发电量中的比重到 2020 年、2030 年、2040 年和 2050 年分别达到 35%、50%、65% 和 80%；在终端能源消费总量中的比重到 2020 年、2030 年、2040 年和 2050 年分别达到 18%、30%、45% 和 60%。三是要降低能耗、提高能源效率，降低电力消耗量、降低建筑采暖的终端能源消耗量、降低交通领域的能源消耗量，从而提升能源在终端的生产效率。每年将能源强度提高 2.1%；以 2008 年为基准，建筑物的能耗到 2020 年和 2050 年分别降低 20% 和 80%；一次能源消费量到 2020 年和 2050 年分别减少 20% 和 50%；到 2020 年和 2050 年电力消费量分别减少 10% 和 25%；到 2020 年将建筑热需求减少 20%。截至 2019 年底，德国化石能源在一次能源消费结构中占比 77.42%，其中石油、天然气和煤炭分别占比 35.60%、24.29% 和 17.53%；非化石能源在一次能源消费结构中占比 22.58%，其中核能、水能和可再生能源分别占比 5.09%、1.37% 和 16.11%。2020 年 6 月 10 日，德国联邦内阁正式通过《国家氢能战略》，通过主要基于可再生能源的气候友好型方式制氢并结合后续氢能衍生产品推动德国能源转型，进而实现相关部门的全面脱碳。

表 1　德国能源转型主要目标

	2020 年	2030 年	2040 年	2050 年
温室气体减排				
温室气体排放（以 1990 年为基准）	-40%	-55%	-70%	-80%—-95%
可再生能源发展				
在终端能源消费总量中的比重	18%	30%	45%	60%
在电力消费总量中的比重	35%	50%	65%	80%
在热力消费总量中的比重	14%			

续表

	2020 年	2030 年	2040 年	2050 年
能耗降低				
一次能源消费总量（以 2008 年为基准）	-20%到-50%			
终端能源生产率	每年增长 2.1%			
电力消费量（以 2008 年为基准）	-10%到-25%			
建筑一次能源需求量（以 2008 年为基准）	到-80%			
建筑热需求（以 2008 年为基准）	-20%			
交通领域终端能源消费量（以 2005 年为基准）	从-10%到-40%			

资料来源：BMWi（Federal Ministry for Economic Affairs and Energy）：Sixth "Energy Transition" Monitoring Report "The Energy of the Future"。

（二）美国：处于以石油和天然气为主导的化石能源时期，煤炭替代趋势明显

美国的能源转型源于20世纪70年代尼克松政府提出的"能源独立"战略。1974年，尼克松签署了《联邦能源管理法1974》，成立联邦能源管理局（FEA）取代白宫能源办公室，负责管理能源分配、能源信息收集和分析、石油定价，以及为"独立计划"和能源保护做出规划。卡特总统更加重视节能和开发新能源，1980年，卡特总统签署了《1980年能源安全方案》，给发展新能源给予贷款担保、税收补贴等支持。里根政府将能源政策作为经济政策的一部分，制定自由市场经济能源政策。1981年，里根政府发布了《国家能源政策计划》，表明了依靠市场手段进行能源发展的政策路线。1992年，老布什总统签署了《1992年能源安全法案》，以提高能效为主题，为清洁可再生能源提供激

励，促进建筑节能，以减少对进口能源的依赖。在克林顿政府期间，能源政策主要关注能源消费和生产的环境影响，包括温室气体排放对气候变化的影响等。2001 年，小布什政府公布新的《国家能源政策》，对清洁能源和可再生能源的发展进行大力支持。2002 年，发布《清洁煤发电计划》；2003 年，制订《氢燃料计划》；2005 年，出台《2005 年能源政策法》，首次将北美能源自给列入国家能源转略计划之中；2007 年，签署《2007 年能源独立和安全法案》，将节能提效和发展替代能源提高到了国策地位。2009 年，奥巴马签署了《2009 年美国经济复苏与再投资法案》，对提高能源效率和可再生能源发展进行大力支持。2010 年，奥巴马在总统国情咨文中，强调要加大更为宽泛的“清洁能源”投资。2016 年，特朗普政府提出“美国优先能源计划”，恢复发展传统化石能源。截至 2019 年底，美国化石能源在一次能源消费结构中占比仍高达 83.26%，其中石油、天然气和煤炭分别占比 39.08%、32.20% 和 11.98%；非化石能源占比 16.73%，其中核能、水能和可再生能源分别占比 8.02%、2.55% 和 6.16%。2021 年，拜登政府推动美国重返《巴黎协定》，并承诺在第一任期投入 4900 亿美元用于清洁能源采购和税收抵免，到 2035 年前实现无碳电力；到 2050 年前实现 100% 的清洁能源使用和近零排放的目标。同时，签署了多项与气候危机相关的政策，包括：要求内政部长暂停在联邦土地或近海水域签订新的石油天然气租约；到 2035 年增加对绿色基础设施和发电厂碳排放的公共投资，包括 2 万亿美元的清洁能源项目。

（三）日本：处于以石油为主导的化石能源时期，可再生能源是未来主力电源发展方向

在 2011 年福岛核事故之后，日本于 2015 年和 2018 年颁布了第四次和第五次能源基本计划，首次提出到2050年可再生能源将成为日本的主力电源，明确了到2030年的能源转型目标，即能源自给率从2013年的6.1%提高到24.3%；电力价格比现有水平下降2%—5%；二氧化碳排放比2013年下降21.9%。为了实现该目标，能源消费结构也将发生变化，四大主体能源分别是液化天然气（占比27%）、煤炭（占比26%）、可再生能源（占比22%—24%）和核能（占比20%—22%）。截至2019年底，化石能源在一次能源消费结构中占比为87.45%，其中石油、天然气和煤炭分别占比40.34%、20.84%和26.27%；非化石能源在一次能源消费结构中占比为12.55%，核能、水能和可再生能源分别占比3.13%、3.53%和5.89%。

表2　日本第五次《能源基本计划》政策目标

政策类别		发展定位	发展目标
能源生产	火电	2030年之前为主力电源	2030年，火电平均发电效率达到44.3% 发电结构： 燃煤发电比例降至26%（2017年为30.4%）； 燃气发电比例降至27%（2017年为38.7%）； 燃油发电比例降至3%（2017年为4.1%）
	核电	在减少核电依赖的同时，强调核电作为基荷电源来协助实现能源低碳化目标的角色，继续推进以安全为前提的核电重启	2030年，零碳电力占全部电力44%
	可再生能源	以积极的政策促进海上风电、地热发电、生物质发电发展，实现各类可再生能源的平衡协调发展；逐步取消可再生能源补贴	首次将可再生能源定位为2050年的“主力能源”

续表

政策类别		发展定位	发展目标
能源消费	全国能源消费总量	将节能作为应对气候变化的重要手段；利用先进技术不断突破节能瓶颈	2030 年能源消费总量比 2012 年减少 35%
	建筑能耗		2020 年起新建公用建筑、2030 年起新建居民住宅实行“零能耗建筑”标准
	工业能耗强度		能耗强度每年平均降低 1%
	新能源汽车	促进能源利用方式优化及多元化，提高能源利用效率	2030 年新能源汽车新车销量占 50%—70% 市场份额
	氢燃料电池汽车		2030 年氢燃料电池汽车保有量 80 万辆
	家用燃料电池热电联供装置		2030 年推广至 530 万套

（四）中国：处于以煤炭为主导的化石能源时期，新能源消纳仍是主要问题

2014 年 6 月 13 日，习近平总书记在中央财经领导小组第六次会议上发表重要讲话，强调“推动能源消费革命，抑制不合理能源消费；推动能源供给革命，建立多元供应体系；推动能源技术革命，带动产业升级；推动能源体制革命，打通能源发展快车道；全方位加强国际合作，实现开放条件下能源安全”。“四个革命、一个合作”能源安全新战略成为我国能源改革发展的根本方向。同年 11 月，国务院发布《能源发展战略行动计划（2014—2020 年）》，提出 2020 年的能源战略目标；中美两国发表《中美气候变化联合声明》，提出中国计划到 2030 年左右二氧化碳排放达到峰值且将努力早日达峰。2015 年 6 月，中国政府向联合国气候变化框架公约秘书处提交应对气候变化国家自主贡献文件，提

出了中国2030年减排目标和实施路径。中国政府发布了《“十三五”能源规划》等系列专项规划对能源转型路径进行了系统部署，提出2020年、2030年天然气占比分别达10%和15%、非化石能源占比分别达15%、20%的发展目标。截至2019年底，化石能源在一次能源消费结构中占比为85.14%，其中，煤炭占比高达57.64%，石油和天然气分别为19.69%和7.81%；非化石能源在一次能源消费结构中占比为14.86%，其中核能、水能和可再生能源分别为2.19%、7.99%和4.68%。2020年9月22日，习近平总书记在第75届联合国大会一般性辩论上提出：“中国将提高国家自主贡献力度，采取更加有力的政策和措施，二氧化碳排放力争于2030年前达到峰值，努力争取2060年前实现碳中和。”从能源转型的趋势看，中国的能源转型主要体现在两个方面：一是节能减排；二是可再生能源对化石能源的替代。目前，节能方面已经具有一定的基础，基本实现规划目标；在减排方面，仍存在较大困难和压力。在可再生能源对化石能源的替代方面，可再生能源的发展较迅速，但对化石能源的替代仍存在技术和体制障碍，使得风、光等新能源电力消纳难。

四、对中国的启示

在碳中和目标导引下，世界各国将积极调整产业和能源结构，抢占在产业价值链高端、低碳技术等方面的核心竞争力。从目前的发展形势来看，发达国家的再工业化与发展中国家的加快工业化使得全球正处于工业结构调整的关键期。对于发达国家而言，大多处于已经实现碳达峰和即将实现碳达峰的阶段，已经开启探索碳中和路径的新征程，工业结构正在朝着数字化、信息化、智能化的方向高级化发展。但从一次能源消费结构来看，化石能源仍然是主导能源，而向可再生能源主导的能源系统转型，要从技术和制度上建立一个与间歇性和波动性的可再生能源完全相容的电力技术体系和电力市场交易制度，这是目前还不能完全实现的。目前，发达国家虽然在这些方面有一些经验，如德国利用“削峰填谷转移需求侧负荷”“挖掘现有化石燃料电厂灵活性”“邻国电网间接储能”等方式来应对风、光发电波动性和间歇性对电网冲击的问题，但并不能快速实现化石能源向可再生能源的能源体系转型。而对于发展中国家，全部处于加快工业化发展的进程中，在迈向碳达峰的阶段中需要统筹经济发展与碳减排的关系，促进能源转型具有更大的挑战性。作为最大的发展中国家，中国主动提高其国家贡献，明确了其2030年碳达峰和2060年碳中和的时间节点，促进其能源转型，需要在充分借鉴发达国家工业结构调整和能源转型经验的基础上，探索适合中国实际的能源转型路径。

（一）能源转型应以改善我国能源安全状况为首要目标

很多国家将能源政策的核心目标集中在实现能源供应安全、可负担和环境友好三个方面。其中，最优先的目标是决定能源转型方向的核心动机。一般而言，能源转型核心目标取决于能源资源禀赋和能源供求状况。所以，不同国家由于国情不同，核心目标的优先顺序不同。对于中国，能源安全是最优先的目标，因此，我国能源转型的核心动机应以“能源安全”为主，兼顾“环境友好”。在能源安全改善方面，我国应充分借鉴美国和日本经验，持续降低能源对外依存度，着力增强国内能源供给保障能力；在环境友好方面，我国应充分借鉴美国经验，大力发展清洁能源和低碳能源技术，促进能源转型不断向着低碳化和清洁化发展。

（二）能源转型需要确立国家战略

从能源属性和技术经济特征来看，可再生能源替代化石能源的进程需要花费较长的时间。除此之外，化石能源利益相关者和可再生能源利益相关者之间的博弈会加大转型的难度。因此，要想实现碳中和目标，必须依靠以政策主导为驱动力的国家战略来促进能源转型。德国主要以可再生能源强制收购和上网（FIT）方式构建能源转型法律和政策框架，进行能源转型治理；美国主要在一些州施行可再生能源强制配额制度（RPS）。我国应充分借鉴德国和美国能源转型治理模式，确立能源转型的统一目标，完善能源转型的相关政策，统筹各部门在能源转型推进中的分工，制定明确的实施路径，科学评估和考核能源转型进展和政策实施效果。在充分考虑能源转型的能源技术和体系要求前提下制定能源体制改革方案，提高配置效率，更好地推动能源转型。

（三）探索多路径的能源转型

无论能源转型的方向是什么，一个国家的能源转型都需要多条路径。一般而言，能源转型的路径包括提高能源效率、大力发展可再生能源、选择过渡能源、构建相容的电力技术体系与市场交易制度等。在提高能源效率方面，中国需要有区别的借鉴美国、德国经验，在工业领域探索提高能源技术效率和能源管理效率的路径；在大力发展可再生能源方面，我国可以在发展风能发电、太阳能发电的同时，有序进行水电和生物质能开发；在选择过渡能源方面，中国还处于煤炭时代，由于能源资源禀赋的国情，不可能像美国那样选择一种或两种能源作为过渡能源，因此适合选择一个包括煤炭、石油、天然气、核能等在内的“组合式过渡能源”；在电力技术体系和市场制度方面，重要需要在技术和制度上进行持续创新，大力推动配电和用电侧的智能双向改造，消纳更多的分布式可再生能源，引导技术研发和投资朝着更加灵活的电力系统转型转变。

参考文献

1. Vaclav Smil, “Energy Transitions: History, Requirements, Prospects?” New York: Praeger Publishers, 2010.

2. 罗伯特·海夫纳三世著，马圆春、李博抒译：《能源大转型：气体能源的崛起与下一波经济大发展》，北京：中信出版社，2013 年版。

3. 朱彤、王蕾：《国家能源转型：德、美实践与中国选择》，杭州：浙江大学出版社，2015 年版。

4. 罗佐县、许萍、邓程程、杨宁、王殿铭：《世界能源低碳转型与发展——低碳时代下的全球趋势与中国特色》，《石油石化绿色低碳》2019 年第 1 期。

5. 高慧、杨艳、刘雨虹、刘嘉、刘月洋、吴谋远：《世界能源转型趋势与主要国家转型实践》，《石油科技论坛》2020 年第 3 期。

专题报告十四　我国工业互联网安全产业分析研究

（中国国际经济交流中心博士后）徐菲

［摘　要］工业互联网安全事关国家安全、经济发展和社会稳定，是我国实施制造强国和网络强国战略的重要保障，也是落实总体国家安全观的重要抓手。近年来，我国工业互联网安全产业快速发展，在政策标准、技术创新、产业结构和规模等方面都取得了显著进展，但也面临着非常严峻的形势和挑战。本文通过借鉴发达国家工业互联网安全产业的发展特点，对我国工业互联网安全产业的发展现状以及存在问题进行深入分析，并探讨了我国工业互联网安全产业的发展建议。

［关键词］工业互联网　工业互联网安全　产业发展　政策建议

一、引言

当前，随着全球工业互联网建设在广度和深度上的不断拓展，快速打通了工业生产内外网、实现了信息技术与操作技术的融合，使得传统封闭、隐患未知的工业设备风险暴露面大幅提升。重要工业数据一旦被窃取、篡改或破坏，将对国家安全、经济发展和社会稳定造成严重威胁。工业互联网安全成为工业互联网发展的基本前提，是工业互联网筑牢安全屏障的重要支撑。我国工业互联网一直面临着严重的安全风险和隐患，恶意网络攻击和境外扫描呈现显著增加趋势，且联网工业设备漏洞数量多、级别高，工业设备及系统“带病运行”情况普遍存在[①]。具体安全挑战分析如下：

工业互联网安全成为国家间对抗的战场。近年来，随着国际地缘政治冲突加剧、大国间博弈激烈、新冠肺炎疫情肆虐，网络空间成为国家战略博弈和竞争的新领域，工业互联网安全成为国家间网络对抗的又一战场。2019 年，委内瑞拉国家电网干线遭到攻击致使全国大规模停电；2020 年，美国天然气管道运营商遭遇攻击导致天然气压缩设备关闭；英国能源公司数据泄露，客户数据库受损。新冠肺炎疫情暴发以来，仅 2020 年上半年就发现针对中国工业互联网的恶意网络攻击行为高达 1356 万次，涉及 2039 家企业[②]。

我国工业产品境外依赖带来安全风险。我国各个行业、各个领域的重要工控系统大量采用国外技术和设备，核心技术受制于人的局面一直存在。工业控制系统方面，国外 PLC、DCS、SCADA 等产品占领国内大部分市场，大量工业企业的工控系统需要依赖国外厂商提供运维服务，企业自身对系统运行的可控性较

① 中国网络空间研究院：《世界互联网发展报告 2020》，北京：电子工业出版社，2020 年版。

② 中国信息通信研究院、工业互联网产业联盟：《2020 年上半年工业互联网安全态势综述》，北京：中国信息通信研究院，2020 年版。

低，对国外产品和服务缺乏监管机制和必要的技术检测措施，导致安全风险不可控。对国外工控产品和技术的依赖将导致不可预知的安全隐患，安全风险进一步加剧。

IT 与 OT 深入融合带来安全挑战。工业互联网安全是工业生产安全和网络空间安全相融合的领域，包含了工业领域数字化、网络化、智能化过程中的各个要素和各个环节的安全。一方面，工业系统的防护对象数量大幅增加，工业系统的受攻击面从边界向核心不断扩大，防护要求和难度不断提高。另一方面，工业互联网安全环境更加复杂多样，安全风险呈现多元化特征，安全隐患发现难度更高，安全形势进一步加剧。

“安全”是工业互联网健康发展的保障，建立健全工业互联网安全保障体系，不断提升安全防护能力，才能有效识别和抵御各类安全威胁、化解多种安全风险。

二、国外工业互联网安全产业发展

为了更好地应对工业互联网安全挑战，不断提升安全防护水平，美、德、英、日等主要国家都已积极开展工业互联网安全产业布局，从政府引导、企业创新、资本整合等多层面、多角度构建具有自身特色的安全产业能力，全力保障本国的工业互联网高质量建设与发展。据市场研究公司 Verified Market Research 分析，2019 年全球工业信息安全市场规模达 164.01 亿美元，预计 2026 年规模将达 297.6 亿美元[①]。现主要从以下几个方面对全球主要

① 中国工业互联网产业联盟：《中国工业信息安全产业发展白皮书（2019—2020）》，2020 年版。

国家和地区的工业互联网安全产业发展情况进行总结分析。

（一）制定顶层规划

美国依托自身强大的信息技术优势，不断强化工业互联网安全顶层设计，颁布相关法律法规政策，加强对产业发展的法律保障和战略指导。2018 年 11 月，美国成立网络安全和基础设施安全局，负责网络和基础设施安全，并将工控安全列为优先事项。2019 年先后通过《物联网设备安全法案》《保障能源基础设施法》《利用网络安全技术保护电网资源法案》以及《供应链网络安全风险管理指南》等，全面保障物联网、能源、电力、医疗等关键基础设施信息安全。美国国家标准与技术研究院（NIST）发布《工业控制系统安全指南》《制造业与工业控制系统安全保障能力评估》等文件，引领工业控制系统安全标准制定。“工业互联网 4.0”的提出国德国政府先后发布《工业 4.0 安全指南》《工业 4.0 中的 IT 安全》《跨企业安全通信》《安全身份标识》等指导性文件。欧盟也陆续发布了包括《保护信息时代社会安全战略》《国家网络安全策略——为加强网络空间安全的国家努力设定线路》《欧盟网络安全战略》《关键基础设施保护计划》《网络和信息系统安全指令》和《通用数据保护条例》等战略文件和法律法规。

（二）做好市场引导

在企业发展层面，美国将工业互联网安全作为传统安全企业和工业企业发展的重要方向，德、英、法的制造企业也纷纷通过收购、合作等方式推动工业企业网络安全业务发展。自动化巨头企业依托原有的庞大工业市场基础，通过收购网络安全厂商、与网络安全厂商建立合作伙伴关系或者组建专业团队开发安全产品等方式，一方面加强自身产品、设备等网络安全保障，提高平台产品及服务的可信水平，另一方面对外提供工业互联网安全产品和服务，开拓工业安全市场。以 Claroty、Dragos、Nozomi 等为代表的工业互联网安全初创企业，拥有可以引领工业互联网安全行业发展的创新性技术，同时具备网络安全和工业控制的双重优势，虽然在规模上远不能与业内巨头企业相比较，但能够更灵活、更具针对性的发挥工业安全优势。

（三）加大资本投入

在资金投入层面，美国、欧盟在工业信息安全方面的投入持续走高。白宫发布的 2020 年联邦预算中近 110 亿美元用于网络安全，其中国土安全部为工控安全增加 1140 万美元的预算。能源部的网络安全、能源安全和应急响应办公室新增预算 1.56 亿美元，用于提升美国电网安全性和弹性的早期研究项目。欧盟于 2019 年 2 月宣布为“地平线 2020”的四个试点项目投入 6350 万欧元，启动网络安全能力建设计划。同时，工业互联网安全初创企业也受到资本市场和网络安全企业的青睐，工业互联网安全领域投融资和并购事件频发。2019 年，思科收购工控安全公司 Sentryo、Tenable 收购了以色列工控安全公司 Indegy。2020 年，微软收购以色列工业网络安全初创公司 CyberX。美国工业控制系统安全公司 Dragos 获 2020 年工控安全最大规模的 C 轮融资。

（四）争取国际话语权

产业联盟层面，美国、德国成立专门的工业互联网产业联盟，成员众多、国际合作广泛，具有相当大的全球影响力和话语权。以国际电工委员会、美国工业互联网联盟、美国国家标准与技术研究院、欧盟工业控制系统网络应急响应小组、德国电工电子与信息技术标准化委员会等相关组织，均在积极布局和推进工业互联网安全标准化工作。美国工业互联网联盟发布《工业互联网安全架构》《安全成熟度模型：描述和预期效果》白皮书、《端点安全最佳实践》白皮书、《工业互联网安全成熟度模型：从业者指南》，为工业互联网安全研究和实践提供指导。同时，IIC 与 ISO、IEC 等 20 多个国际标准化组织、开源组织和区域标准研制部门建立了协作关系，推动研究成果向标准的高效转化。

三、我国工业互联网安全产业发展现状

近年来，在国家和地方政府的引导以及产业各方的积极推动下，我国工业互联网安全产业政策环境持续向好、政策标准体系不断完善，产业规模快速增长、产业结构逐渐优化、融资规模迅速上升，安全意识全面增强，安全保障技术水平显著提升，推动了工业互联网安全产业的全面发展。

（一）整体产业政策持续向好

习近平总书记连续 4 年对推动工业互联网发展做出重要指示。我国站在国家安全的高度，从一开始就对工业互联网的安全体系进行了顶层设计和战略布局。2019 年 7 月 26 日，工信部等十部门联合印发了《关于加强工业互联网安全工作的指导意见》，体系化布局了工业互联网安全工作，为该产业的健康发展指明了方向。特别是 2019 年和 2020 年，我国工业互联网产业政策频发，工信部连续发布了《加强工业互联网安全工作的指导意见》《工业数据分类分级指南（试行）》《关于推动工业互联网加快发展的通知》《关于工业大数据发展的指导意见》《“工业互联网 +

安全生产”行动计划（2021—2023 年）》等政策，利好不断，且政策越来越细化①。公安部、国家能源局、水利部等国家工业信息安全主管部门和行业监管部门，密集出台了多项与工业互联网安全相关的政策文件，指导开展工业互联网安全保障工作。

（二）地方出台发展规划引导

我国多地在积极促进工业互联网安全产业的发展。在地方出台的发展规划和政策中，都体现出了对工业互联网安全产业的引导。京津冀、长三角、粤港澳、东三省、西北地区的主要城市均将工业互联网安全作为重要发展方向，并提出了具体发展路径和建设要求。如《北京工业互联网发展行动计划（2018—2020 年）》中提出北京市将在工业互联网领域实施安全提升工程及生态培育工程，重点突破工业互联网平台安全、工业控制系统安全等核心技术。《上海市工业控制系统信息安全行动计划（2018—2020 年）》围绕设备、控制、网络、平台、数据的安全，从制度机制、技术手段、产业发展、人才培养等方面形成完善的工业互联网安全保障体系。这些地方性的发展规划，对我国工业互联网安全产业的发展起到了重要的指引和促进作用。

（三）行业标准规范逐步建立

标准化对工业互联网安全保障体系的建设至关重要，近年来，我国加速开展相关标准的研制，陆续发布了《工业互联网安全防护总体要求》《工业互联网平台安全防护要求》等标准规范，涵盖了基础共性类标准、安全防护类标准、安全服务类标

---

① 工业互联网产业联盟：《工业互联网安全框架》，北京：工业互联网产业联盟，2018 年版。

准、垂直行业类标准等。2019 年 1 月，工信部和国标委联合印发了《工业互联网综合标准化体系建设指南》。针对工业互联网安全跨行业、跨专业、跨领域的特点，我国正初步形成涵盖设备安全、控制安全、网络安全、数据安全、应用安全、平台安全和安全管理的工业互联网安全标准体系。

（四）产业结构逐渐优化

我国工业互联网安全产业的产品类市场和服务类市场均在持续发展壮大，产品和服务体系正在加速构建，产业结构不断优化。近年来针对工业和关键基础设施的国家级高持续性攻击，表明网络威胁正向多样化和复杂化的方向演化，传统的单一安全产品的模式已很难满足用户的安全防护需求，多级安全风险态势感知成为重要产品形态。同时，以风险评估、安全管理咨询、安全应急响应、事件追踪溯源、安全托管服务等为主的安全服务越来越受到用户的青睐。安全评估和安全培训等服务类市场需求近年来日趋旺盛。并且，随着科研院所、高校对工业信息安全人才培养的重视程度显著提高，带动整体安全培训服务市场快速增长，产业结构得到进一步优化。

（五）产业规模持续增长

随着政府的大力引导，各行业在工业互联网信息安全方面的投入也在逐年增长，市场规模逐步扩大，我国工业互联网安全产业迎来快速增长期。2018 年，中国工业互联网安全市场为 94.6 亿元，预计 2021 年将达到 228 亿元，年均复合增长率达到 33.05%。同时，在资本方面，工业互联网安全也成为了 2020 年安全市场投融资热点。目前，工业互联网安全解决方案已经在交通、水利、电力、制造业、石油化工、航空航天等行业得到广泛的应用[1]。随着产业的进一步发展，产品和技术方案成熟度的不断提升，上下游产业链的深度优化整合，我国将在工业互联网安全产业迎来持续快速的增长。

四、我国工业互联网安全产业发展问题

目前，即使从全球范围来看，工业互联网安全作为一个新兴高科技产业，整体仍然处在萌芽发育阶段，尚未形成完善成熟的模式和机制。我国在工业科技领域与发达国家一直存在不小的差距，且在工业互联网安全产业上起步相对较晚，仍不成熟。由于工业互联网安全产业本身内在的跨学科跨领域、技术动态对抗等特点，我国工业互联网安全产业仍存在机制标准建设尚不健全、创新能力不足、产品成熟度低、高端技术人才匮乏等问题，产业发展面临严峻的挑战。

（一）机制标准仍不健全，产业发展不平衡

首先，为指导工业互联网发展，我国陆续出台了多项顶层政策文件，但在实际安全防护的建设和监管中，仍缺乏政策文件的统筹指导，存在安全主体责任不明等问题。其次，相关标准体系尚未完全建立，标准间缺乏严格的逻辑关联，关键技术、管理标准缺失，无法为企业开展安全防护工作提供标准依据，难以满足产业安全发展的需求。再次，市场上存在各类工业互联网安全产品和服务，但对应的市场准入和认证机制还不完善，缺乏统一的

① 工业互联网产业联盟：《工业互联网典型安全解决方案案例汇编 V3.0》，北京：工业互联网产业联盟（AII），2020 年版。

针对工业互联网安全产品和服务的标准和认证机制，导致工业互联网安全产品和服务的认证难以快速向市场推广，更是难以进行规模化生产和产业化应用。最后，工业互联网安全产业的发展不均衡问题普遍存在。一方面体现在地区产业布局不合理、发展不均衡。多地区纷纷提出要推进工业控制系统安全技术能力提升、工业互联网平台安全防护系统建设等方案，希望本地区尽可能多的参与工业互联网安全产业环节，没有充分考虑本地区人才资源和企业生产的实际情况，出现了地区工业互联网安全产业布局追求大而全、重复投资的问题。另一方面，不同行业间也存在一定的发展不平衡，流程行业优于离散行业，信息化程度高的行业优于信息化程度低的行业。

（二）创新能力不足，缺乏核心技术竞争力

我国在工业设备领域的技术、产品和创新能力一直与国际领先水平存在差距。相应的，涵盖工业设备的工业互联网安全产业发展也同样存在创新环境未形成、创新模式不完善、创新能力不足等问题。我国工业互联网安全产业发力较晚，资金投入不充足，技术能力和人才数量有限，企业普遍存在创新能力不足，核心技术竞争力缺乏的问题。布局该领域业务的传统信息安全厂商、自动化背景厂商和 IT 系统集成商进入市场的时间多数较短，行业认识和经验不足，缺乏具有市场竞争力的核心产品。目前我国工业互联网安全建设大多围绕工业企业的基本安全需求进行安全防护建设，处于以设备采购为主的初级阶段，既缺乏在安全持续对抗升级环境下威胁情报升级和防护应对能力，无法发挥产品的最大效果，也难以满足安全服务和应急响应的现实需求。

（三）产品成熟度较低，产业链尚未形成

我国工业互联网安全产业起步晚、体量小，产业技术和产业化应用仍不成熟，产业创新集聚效应不明显，产业整体规模仍处于低位。目前，国内工业互联网安全企业数量少，且规模普遍较小，尚未形成能引领产业发展的骨干龙头企业。传统互联网安全厂商在工业互联网网络安全防护产品方面成熟度相对较高，而针对工业控制设备安全和工业生产环境安全的产品的成熟度偏低。新兴工业控制安全厂商在工控安全方面有一定的研究和成果，但产品大多属于特定工业环境场景专用产品，且在工业场景兼容性、协议支持丰富度、智能化水平和可视化水平程度等方面与国外先进技术仍存在一定差距，技术成熟度仍然有待提升。另外，由于工业互联网涉及的行业广泛，不同行业数字化涉及终端种类多，业务链条长，应用环境复杂，安全防护差异大，工业场景安全需求种类众多，工业互联网安全技术和产品整体兼容性不足，市场应用水平较低。

（四）产业人才缺乏，安全服务能力不足

当前，我国网络安全人才缺口巨大，工业互联网安全从业人数仅占总互联网从业人数的2.8%，远远不足以支撑工业互联网安全产业的发展。一方面，工业企业需要持续提升安全能力。除了从购买的网络安全产品中获得安全能力，工业企业还急需通过补充网络安全人才来增强自身安全运维能力，以及通过购买网络安全咨询服务来弥补自身安全能力的不足。另一方面，对于工业互联网安全企业来说，高校网络安全专业学生普遍理论知识多，实践能力弱，难以直接从事一线工作；传统互联网安全人员缺乏对工业设备环境的理解和经验，难以适应复杂工业场景的安全防

护工作；行业人员又缺乏安全对抗和研究的能力。因此，工业互联网安全企业对高素质人才的渴求明显提高，人才供需失衡导致企业间的人才竞争加剧，进一步导致企业吸引、保留人才的难度和成本增加。同时，随着企业规模和业务的发展，企业的人才储备将面临无法适应未来发展的挑战。

五、我国工业互联网安全产业发展建议

当前，我国正处于由工业经济向数字经济加速转型的战略机遇期，工业互联网安全逐渐成为现阶段工业信息安全的重点和核心，在当前新型基础设施蓄势待发的背景下，必须同步布局安全保障体系，大力开展工业互联网安全建设，立足全局、统筹联动，坚持政产学研用融合发展，形成制度完善、技术创新、产业发展、人才培养的良性生态。

（一）进一步加强政策的引导与扶持

在我国现有成功经验的基础之上，进一步加强国家和地方政策的引导，充分发挥我国集中力量办大事的体制机制优势，加强各类资源统筹协调，营造工业互联网安全发展的良好环境。具体包括：不断加强工业互联网安全管理体系建设，进一步强化顶层设计，建立健全法律法规，加强政策和标准引导，持续完善产业发展的战略措施，加强政策间相互协同、相互配套，形成持续发展的长效机制。进一步加强政策宣传，强化工业企业安全主体责任，提升防护意识。此外，持续加大我国与国际协会组织间的协同合作力度，推进我国工业互联网产业联盟与国际相关工作组间的交流合作，借鉴国外先进的理念和经验，加快对安全风险、安

全需求以及应对策略的进一步研究，加速推广安全最佳实践。打造以国内大循环为主体，国内国际双循环相互促进的新发展格局。

（二）深入促进核心科技创新与成果转化

科技创新是工业互联网及工业互联网安全产业飞速发展的基础和内在驱动力。作为科技新型产业，工业互联网安全需加强科技创新与成果转化，逐步建立基于自主知识产权的技术和产品体系，完成自主可控生态链建设，为工业互联网安全产业健康发展提供坚实的基础。我国需持续增强体系化技术创新能力，建立以企业为主导的产学研用联合创新机制。针对工业互联网安全的基础技术、共性关键技术和前沿技术，以及重点行业网络安全解决方案和核心问题，加强企业、科研院所、高校的协同攻关，形成关键核心技术攻坚体制，突破关键核心技术瓶颈，构建并完善基础安全产品体系，研发高精尖安全产品和解决方案，形成具有市场竞争力的优势技术创新，确保关键核心技术自主可控。积极推动核心技术成果转化和交易，加强知识产权保护和管理，促进创新成果转化，不断提升创新链、产业链、价值链整合能力。

（三）加强人才队伍体系的培养与建设

由于工业互联网安全技术涉及了多个学科的内容，包括工业自动化、互联网、信息安全等不同专业领域，因此产业的发展需要大批跨学科复合型人才。由于复合型人才培养难度更大，对实战经验的要求更高，目前各国都面临工业互联网安全技术人才匮乏的情形。我国工业互联网安全人才缺口巨大已成为共识，人才已逐渐成为制约产业发展的重要因素。加强工业互联网安全产业人才培养，需要加大培养力度、创新培养方式，建立跨界安全人才培训教育体系。应当鼓励高校、科研院所、工业企业与安全企业加强合作，联合建设工业互联网安全学科，通过多学科教学与行业实践的有机结合，培养具有工业互联网安全领域应用能力的高水平人才。加强财政资助力度，助力工业互联网安全学科培养，依托重点创新课题，积极开展高端人才的培养。

（四）构建工业互联网安全产业生态

制定相应促进合作的政策，鼓励工业互联网各相关企业针对工业领域各行业的生产运营特征，聚焦行业痛点，将技术突破、模式创新与产业实际需求相结合，逐步形成政府引导、用户主导、厂商参与和资本推动的良性产业生态。培育龙头骨干企业，引导安全厂商不断革新商业模式，强化网络安全资源整合，聚焦产业多方协同，加快构建产业生态。工业互联网安全产业链上下游企业共同发力，加快资本整合和战略合作步伐。基于用户需求重构产业链。集中力量构建开放的网络安全生态，将安全能力对外辐射给更多合作伙伴，以此来践行合作共赢的发展理念。优化产业生态环境，发挥政府管理部门、行业协会的引导与支持作用，拓宽企业在技术引进、投资融资、人才引进等方面的渠道。加快落实法律法规、政策标准等对工业企业信息安全的有关要求，挖掘企业安全需求，激发市场活力。统筹基础研究、技术创新与应用部署，增强上游技术研发与下游推广应用的协同互动效应，打造协同发展的产业生态系统。

六、结束语

工业互联网安全作为深入实施工业互联网创新发展战略的重

要基础和支撑，直接影响工业互联网对经济社会发展的推动。加快顶层政策引导、技术产品创新、人才队伍建设、产业生态构建，才能逐步解决国内工业互联网安全的痛点难点，全面提升安全保障水平。做强工业互联网安全产业，不仅是促进工业互联网高质量发展，推动现代化经济体系建设的内在要求，更是构建“双循环”新发展格局、护航“两个强国”建设的应有之举。

专题报告十五　2020年我国对外贸易发展回顾与2021年展望

（中国国际经济交流中心经济部副研究员、博士后）李娣

［摘　要］2020年在外部环境异常复杂困难的情况下，我国积极统筹疫情防控和稳外贸工作，各项稳外贸政策效应持续释放及外贸营商环境持续改善，我国进出口贸易呈现规模创历史新高、区域贸易分布更均衡、商品贸易方式不断优化、跨境电商等新业态新模式成为外贸增长新亮点、民营企业对进出口带动作用突出等多个新特征，我国外贸展现了强大的韧性和综合竞争力。展望2021年，RCEP落地实施、全球继续推行量化宽松政策和积极财政政策、我国不断增长的对外投资将为我国外贸发展迎来新机遇，但同时也面临诸多挑战。为此，提出继续着力稳住进出口贸易的基本盘，发展贸易新业态新模式，推动进博会、广交会、服贸会三大国际经贸展会平台分工互补，持续优化进出口贸易营商环境，深化多边和双边贸易关系等相关建议，全面推动外贸高质量发展。

［关键词］我国对外经贸　回顾　展望

2020年以来，新冠肺炎疫情全球蔓延，冲击全球产业链、供应链，企业生产经营受阻，零部件供应链暂时断裂，多个行业消费市场受损和全球经济增速下行，更是给全球货物贸易带来极大的冲击。面对突如其来的新冠肺炎疫情，在党中央的坚强领导之下，我国各地各部门认真贯彻落实党中央、国务院的决策部署，统筹疫情防控和稳外贸工作，我国成为2020年全球唯一实现经济正增长的主要经济体，外贸进出口明显好于预期，外贸规模再创历史新高。

一、2020年我国对外贸易发展回顾

受疫情影响，2020年世界经济增长和全球贸易遭受严重冲击，我国外贸发展外部环境异常复杂严峻，在这样困难的情况下，我国外贸进出口实现了快速回稳、持续向好，展现了强大的韧性和综合竞争力，并呈现以下新的特点：

一是进出口规模创历史新高。根据中国海关总署统计，2020年，我国货物贸易进出口总值32.16万亿元人民币，比2019年增长1.9%。其中出口17.93万亿元，增长4%；进口14.23万亿元，下降0.7%；贸易顺差3.7万亿元，增加27.4%。我国外贸进出口从2020年6月份起连续7个月实现正增长，全年进出口、出口总值双双创历史新高，国际市场份额也刷新历史最好纪录，成为全球唯一实现货物贸易正增长的主要经济体，货物贸易第一大国地位进一步巩固。根据WTO和各国已公布的数据，2020年前10个月，我国进出口、出口、进口国际市场份额分别达12.8%、14.2%、11.5%，均创历史新高。

二是我国对外贸易呈现更均衡的区域分布。2020年，我国前

五大贸易伙伴依次为东盟、欧盟、美国、日本和韩国。以人民币计价，我国对东盟进出口 4.74 万亿元，较 2019 年同期增长 7%，占我国外贸总值的 14.73%，东盟成为我国第一大贸易伙伴。对欧盟进出口 4.5 万亿元，增长 5.3%，占我国外贸总值的 13.98%，其中德国、荷兰、法国分别占我国对欧盟贸易额的 29.57%、14.13% 和 10.25%。对美国进出口 4.06 万亿元，增长 8.8%，占我国外贸总值的 12.63%，其中对美国出口 3.13 万亿元，增长 8.4%，自美国进口 0.93 万亿元，同期增长 10.1%。对日本进出口 2.19 万亿元，同期增长 1.2%，占我国外贸总值的 6.83%，其中对日本出口 0.99 万亿元，同期增长 0.1%；自日本进口 1.21 万亿元，较 2019 年增长 2.1%。对韩国进出口 1.97 万亿元，同期增长 0.9%，占我国外贸总值的 6.14%；对中国台湾进出口 1.8 万亿元，同期增长 14.6%，占我国外贸总值的 5.61%。对拉丁美洲进出口 2.19 万亿元，占我国外贸总值的 6.82%，同期增长 0.1%。此外，我国对"一带一路"沿线国家进出口 9.37 万亿元，同比增长 1%，占我国外贸进出口总值的比重为 29.13%，其中我国与越南、泰国进出口分别增长 18.8%、8%，呈现较快增长。与 2008 年相比，2020 年前三季度对新兴市场出口占比提高 8.4 个百分点，至 48.7%。

从国内区域分布来看，2020 年第三季度，我国中西部地区外贸进出口 3.91 万亿元，增长 8.3%，占比较 2019 年同期提升 1.2 个百分点，与 2008 年比较，中西部地区出口占比提高 8.5 个百分点，至 18.7%。可见，我国中西部地区承接东部产业转移成效明显，成为稳定我国外贸发展的重要力量。

三是商品贸易方式有所优化，产业基础更为稳固。2020 年，以人民币计价，我国一般贸易进出口 19.25 万亿元，增长 3.4%，占我国外贸总值的 59.87%，该比重较 2019 年同期提升 0.86 个百分点，反映了制造业发展水平不断提升。其中出口10.65万亿元，增长6.9%；进口8.6万亿元，下降0.7%。加工贸易进出口7.64万亿元，下降3.9%，占23.8%，占比将2019年同期下降1.4个百分点。此外，我国以保税物流方式进出口3.9万亿元，较2019年同期增长5.9%。边境小额贸易2479.5亿元，占我国外贸总值的0.77%，受疫情影响，边境人流出入受限，下降12.4%。随着中国国际进口博览会、海南自贸港相关配套政策等落地实施，免税外汇商品和免税品进口额分别增长19.4%和21.1%。

四是机电产品和高新技术产品为主要出口商品。2020年，我国机电产品出口10.66万亿元，增长6%，占出口总值的59.4%，同比提升1.1个百分点。其中技术含量和附加值较高的笔记本电脑、集成电路、家用电器出口分别增长20.4%、15%、24.2%。受疫情影响，防疫物资出口拉动，医疗仪器及器械增长41.5%、纺织服装等7大类劳动密集型产品出口3.58万亿元，增长6.2%，其中包括口罩在内的纺织品出口1.07万亿元，增长30.4%，塑料制品出口增长20%。

五是铁矿砂、大豆等大宗商品和肉类等重点民生消费品，集成电路、钢材等进口较快增加。2020年，我国进口铁矿砂11.7亿吨，增加9.5%；进口大豆10032.1万吨，增加13.3%。进口肉类991.1万吨，增长60.4%。钢材、未锻轧铜及铜材进口数量分别增长64.4%和34.1%，集成电路进口额增长22.1%。

六是跨境电商等新业态新模式成为外贸增长新亮点。2020年，我国跨境电商进出口快速增长，达到1.69万亿元，同比增长了31.1%。通过海关跨境电子商务管理平台验放进出口清单24.5亿票，同比增长63.3%，其中出口1.12万亿元，增长40.1%，进口0.57万亿元，增长16.5%。我国通过海关跨境电子商务管理平台验放进出口清单达 24.5 亿票，同比增加了 63.3%，保持快速增长。2020 年前三季度，市场跨境电商采购出口 5098.6 亿元，增长 35.5%，明显高于同期整体进出口增速。

七是民营企业对外贸进出口带动作用突出。2020 年，民营企业进出口 14.98 万亿元，增长 11.1%，占我国外贸总值的 46.6%，比 2019 年提升 3.9 个百分点，为我国第一大外贸经营主体，外贸“稳定器”作用更加突出，不仅外贸内生动力明显提升，而且开拓国际市场的能力不断增强。2020 年，我国民营企业对欧盟、美国、日本、韩国等传统市场出口分别增长 14.9%、23.4%、12.9%和 18.6%，对东盟出口增长 15.1%，均实现了两位数增长。同时，中西部地区民营企业外贸增速达 15.9%，比东部地区高 5.6 个百分点。

二、前期稳外贸政策效应持续释放及外贸营商环境持续改善为全年外贸形势企稳回升提供有力支撑

总体来看，2020 年年初暴发的新冠肺炎疫情给我国进出口贸易造成重大冲击，第一季度中国经济增长深受疫情冲击，出现了罕见的 −6.8% 的增速，中国率先控制住了疫情，但疫情在海外快速蔓延，全社会和市场对外需和出口非常悲观，第一季度我国进出口均呈负增长，比 2019 年同期下降 6.4%。其中出口 3.33 万亿元，下降 11.4%；进口 3.24 万亿元，下降 0.7%。为化解疫情对外贸企业的冲击，国务院出台的一系列出口退税、贸易融资、信用保险、出口转内销等稳外贸政策措施，各级地方政府加强政策措施落地与跟进执行，完善各项公共服务，为中小外贸企

业减损失、降成本、增信心，支持企业尽快复工复产，稳定企业发展。第二季度新冠肺炎疫情在全球蔓延，我国外部经济环境在2020年4月份进入最差时刻，5—6月各国有不同程度反弹，但整体活力孱弱，失业率达到较高水平。2020年4—7月中国外部经济综合CEEM-PMI分别为37.5、40.5和48.9，其中4月份跌破历史最低点。所有跟踪的经济体PMI指数均处于枯荣线下方。多国经济处于停摆状态，全球产业链供应链循环受阻，国际贸易萎缩，我国经济发展的外部环境严重恶化。为应对外部环境严重恶化，各地强化外贸政策落实，措施效果逐步显现。与此同时，我国控制住疫情后，经济就开始逐步回升了。4—6月，驱动经济增长的是赶工因素，一季度工期被耽误后，第二季度货物和服务净出口拉动GDP增长0.5个百分点，扭转了第一季度向下拉动的态势。根据海关统计，出口自4月份起连续3个月保持同比正增长，进口在4月、5月份两位数下降后，于6月份“转负为正”，进出口总体逐步回稳，第二季度进出口增速收窄到-0.2%。第三季度，受国际市场需求局部回暖，主要经济体的PMI指数均有所改善等影响，海外流动性宽松搞财政货币化，给居民部分做了转移支付，新的财政刺激计划要搞9000亿美元，主体还是给居民做转移支付，所以出口增速增强，且我国生产能力基本全面恢复。我国进出口总额同比增长7.5%，其中出口增长10.2%；进口3.88万亿元，增长4.3%，这三个指标均创下季度历史新高，外贸反弹恢复明显。2020年11月，我国制造业和民间投资的快速企稳，制造业投资当月同比增长12.1%，民间投资累计同比转正。我国出口拉动制造业产能饱和，制造业投资、民间投资等顺周期力量成为驱动经济复苏的重要力量。11月份、12月份，我国外贸进出口额分别为3.09万亿元、3.2万亿元，分别增长7.8%和5.9%。其中出口分别增长14.9%和10.9%；进口分别下降 0.8% 和 0.2%；贸易顺差分别增加 92.6% 和 56.96%。

全年来看，我国对外贸易营商环境持续改善，为对外贸易高质量发展提供了重要支撑。《全球营商环境报告 2020》显示，中国营商环境全球排名继 2018 年从此前的第 78 位跃至第 46 位，2019 年再度升至第 31 位。我国外贸营商环境改革主要表现在以下几方面：一是通关更为便利化。近两年，我国通过实行进出口货物提前申报、升级港口基础设施、优化海关行政管理和公布收费标准等措施，简化进出口程序等各项改革，我国跨境贸易营商环境持续改善，通关便利化水平不断提升，2019 年 10 月份，实现了全球营商环境评价指标中的跨境贸易排名提升了 9 位至第 56 位，出口边界合规耗时从 2017 年的 25.9 小时缩短到 2019 年的 21 小时，成本从 484.1 美元减少为 256 美元。到 2020 年 9 月，我国进、出口整体通关时间分别缩短至 35.02 小时和 1.86 小时，通关效率大幅提升。二是出口退税政策红利不断释放。截至 2020 年第三季度，我国已提高了 1464 项产品的退税率，有 2.5 万家出口企业享受到了出口退税政策红利。同时，提高了退税办理速度，出口退税平均办理时间从 2019 年的 10 天缩短到 8 天以内，有效减少了企业资金占压问题。三是出口信用保险功能支撑力不断提升。2020 年前三季度，出口信保为近 14 万家外贸企业提供信保服务，同比增长 28%。其中小微企业超过 11 万家，占比近 80%。四是外贸信贷支持力度明显加大。截至 2020 年 11 月份，全国已经有近 20 个省区市建立了“信保 + 担保”融资模式，着力缓解中小微外贸企业融资过程中的抵押、担保等难题。五是持续改进政府公共服务推动外贸高质量发展。2020 年，为应对新冠肺炎疫情对我国外贸的冲击，做好稳外贸工作，商务部建立了重点外贸外资企业直报信息服务平台，一对一、面对面地及时为企业纾困解难。同时进一步加强经贸摩擦预警和法律服务，截至

2020年第三季度，已经为3万余家企业提供了法律服务，发布1500多条相关预警信息，外贸企业知晓案件平均时间较2019年缩短了7天。

三、2021年我国对外贸易面临的机遇与挑战

2021年我国外贸发展正迎来新的发展机遇，总体概括为如下几个方面：

一是RCEP落地实施为我国外贸发展迎来新机遇。RCEP于2020年11月15日签署完成，将推动包括东盟10国和中国、日本、韩国、澳大利亚、新西兰，总人口达22.7亿，GDP达26万亿美元的东亚经济圈形成全球最大的统一大市场。RCEP还是截至目前全球最大的自贸协定，其中货物贸易零关税产品数整体上将超过90%，服务贸易开放水平也远高于原有的“10+1”自贸协定，这将为各国发挥比较优势，推动商品自由流动，扩大区域内贸易规模提供前所未有的机遇，也为我国外贸企业拓展市场空间与挖掘增长潜力提供新机遇。

二是我国对外投资增长将带来对外贸易增长。受全球新冠肺炎疫情影响，2020年全球投资大幅缩水的情况下，我国对外投资合作保持平稳健康发展，全年我国对外直接投资1329.4亿美元（折合9169.7亿元人民币），同比增长3.3%，其中对“一带一路”沿线国家投资大增18.3%，占同期总额比重达16.2%。高质量共建“一带一路”过程中，与贸易伙伴在投资、产业园建设等方面投资增长，推动国内企业拓展对外贸易市场，进而也推动“一带一路”贸易占比不断提升。2020年中欧投资协定谈判如期完成，不久将进入实施阶段。与我国之前达成的双边投资协定大

多侧重于吸引外资不同，中欧投资协定是一个全面、高水平的双边投资协定，将为中资企业“走出去”创造更好的国际环境。协定签署后将在汽车、制造业、计算机、通信等行业及服务业带来大量投资机会，也将促进中欧零部件、中间品等双边贸易规模稳定增长。近年来随着技术革新、产业升级等客观环境变化，掌握了产业核心技术和广泛的资源渠道的国内企业，已开始实施全球采购、加工、销售的产业链模式，更深入地参与到全球资源配置中。无论是对外投资增长，还是中国企业积极融入全球采购、加工、销售产业链模式的发展，都是国内产业链的外溢与延伸，国内产业链的国际分工发展，未来都将积极带动产业内贸易稳定增长。

三是全球继续推行量化宽松政策和积极财政政策有利于我国外贸保持相对稳定增长。据相关机构预测，2021 年，全球各国为摆脱新冠肺炎疫情阴影，推动经济恢复，在通缩或者通胀低迷的环境下，主要国家仍将维持宽松的货币政策和积极财政政策。美联储、欧洲央行、韩国、中国、印度、俄罗斯、墨西哥央行等 14 个中央银行将冻结基准利率，美国到 2022 年前将不会改变量化宽松政策。多国政府将采取更加积极的财政政策，增加财政支出以刺激经济，随着低利率和刺激支出、广泛的失业补贴等为主的扩张性财政政策将释放大量流动性，将为各国市场主体恢复活力及家庭支出整体反弹继续提供支持，并且随着实体经济逐步回暖必将带来全球贸易整体走向恢复，为我国对外贸易稳定增长提供保障。

但同时，我国对外贸易也面临诸多挑战。2020 年，肆虐全球的疫情大流行尚未得到全面有效地控制，仍对世界经济和全球贸易造成严重冲击，尽管许多国家已开始接种新冠肺炎病毒疫苗，但病毒也在不断变异，疫苗对不断变异的病毒能否产生效果尚不能确定。2021 年是新冠肺炎疫情的第二年，从 2020 年底病毒传播动态来看，疫情形势可能会比第一年更加严峻，2021 年全球经济从疫情中复苏仍充满不确定性。受疫情影响，根据 2020 年 12 月 8 日联合国贸易和发展会议（UNCTAD）最新的预报，2020 年全球商品贸易额预计将比 2019 年下降 5.6%，是自 2009 年（贸易额下降了 22%）以来商品贸易的最大跌幅。同时，单边主义、保护主义上升，不确定、不稳定因素明显增多，国际合作更加困难。2021 年，我国外贸发展外部环境依然面临严峻复杂的形势。从区域来看，《越南—欧盟自贸协定》（EVFTA）于 2020 年 8 月 1 日正式生效，越南是自新加坡后第二个与欧盟签订自贸协定的东盟国家，越南与中国在纺织、服装、鞋帽箱包等商品出口存在竞争，《越南—欧盟自贸协定》的生效，将对我国这类商品出口欧盟形成竞争，并可能导致越南对东盟国家的进出口贸易依赖性减少，进而拉低中国与东盟地区进出口贸易总额。而近几年来美国利用各种借口对中国采取全方位的施压强硬政策，尤其是不断升级的贸易战和技术遏制，将中美经贸往来以及振兴世界贸易形成影响，更是我国 2021 年外贸形势稳中求进、稳中向好的最大压力因素。

四、主要对策建议

为积极应对好严峻的外部环境，推动 2021 年我国外贸稳中求进，实现对外贸易高质量发展，必须保持战略定力，加强政策统筹，打好组合拳，为此，提出如下应对建议措施：

一是继续着力稳住进出口贸易的基本盘。要深入推进澜沧江—湄公河次区域合作、大湄公河次区域合作、中国—中南半岛经济走廊、泛北部湾经济合作等项目建设，进一步深化区域和次区域合作，积极拓展中国对“一带一路”沿线国家尤其是东盟的投资贸易合作空间，充分利用东盟地区的投资优势，加强战略布局，为推进双边贸易往来下好先手棋。着力办好中国—东盟博览会，继续扩大与东盟和“一带一路”沿线国家的进出口贸易，着力拓展新市场、发展新空间。要高度重视拜登上台后中美贸易关系，拜登就职后提出，将全面审查和评估特朗普对华贸易政策的所有方面，包括中国落实第一阶段贸易协议的情况。但总体看，中美关系最艰难的时刻终将过去，中美关系总体呈现风险和不确定性降低，全面对抗的风险可能逐步降下来。中国仍然要积极推动中美关系向好发展，积极购买大豆等大宗商品满足国内生猪养殖恢复等需要，同时，在美国疫情尚未缓解的大背景下，适当减少猪肉等冷链食品进口，着力做好外防输入的同时，缓和中美贸易等方面的紧张局势。积极推进中欧投资协定尽快签署落地实施，继续深化中欧经贸往来，拓展中欧商品、技术的贸易领域和空间。全力以赴办好第 129 届广交会、第四届中国国际进口博览会和第二届服贸会，稳住外贸外资基本盘，积极完成全年外贸目标任务。

二是发展贸易新业态新模式，推动外贸高质量发展。进一步贯彻落实《关于进一步做好稳外贸稳外资工作的意见》，推进跨境电商退货政策和跨境电商企业对企业（B2B）出口监管改革措施，确保跨境电商商品进得来、出得去、退得了，推动跨境电商等新业态磅礴发展。加速推进市场采购贸易方式试点扩围，通过设立专项基金等形式支持跨境电商平台、海外仓、跨境物流建设，鼓励金融机构支持海外仓建设。进一步优化外贸综合服务企业退税服务，缩短退税时间，让更多符合标准的外贸综合服务企业成为海关“经认证的经营者”。根据全球疫情防控形势变化，在严格做好“外防输入”的前提下，加强与有关国家协商建立“快捷通道”，对符合条件的来华复工复产外国人全面实施“快捷通道”。对开展市场采购贸易试点的地方，支持结合当地特点，开通专有通道，便利外商入市采购。继续及时疏通开展跨境电商等新业态的物流通道，支持用好中欧班列运力开展跨境电商、邮件等运输业务。

三是推动进博会、广交会、服贸会三大国际经贸展会平台分工互补。三大国际经贸展会都是我国对外贸易的重要窗口，是国内产业链价值链创新链升级的动力支撑，是构建双循环新发展格局的重要链接平台。但三者现有功能定位还有所重叠，需进一步完善三者功能定位。面向未来，可进一步做实经贸功能，重点服务好国内企业全球采购、加工、销售的产业链模式，促进国内紧缺产品供给主体多元化，服务提高“引进来”的吸引力和“走出去”的控制力。广交会重点服务好出口贸易，为企业拓展国际市场提供更为广阔的空间，积极提升“走出去”的竞争力。服贸会是中国扩大对外开放的重要平台，重点推动拓宽科技创新、服务业开放、数字经济等服务领域国际合作，推动构建更高水平的国际经贸规则。强化三大国际经贸展会分工互补，加快形成长三角、粤港澳、京津冀“三会鼎力”支撑双循环的平台格局，着力打造影响力大、竞争力强、功能互补的国际经贸展会体系，为高质量“引进来”与高水平“走出去”搭建更为高效优质的平台，持续推进外贸高质量发展。

四是持续优化进出口贸易营商环境。进一步优化口岸布局，针对外部环境条件变化，完善内陆口岸设置，优化口岸布局，适度增加中西部地区口岸数量，着力提升口岸基础设施水平，建设智慧口岸，加快边境口岸“单一窗口”建设，推进通关便利化，提高通关效率。进一步规范和降低进出口环节合规成本，提升口岸收费透明度，减轻进出口企业负担。推动全国范围内的检验检疫、认证认可、信息互换、监管互认等海关合作，建设更为完善、科学并符合国家重大战略调整需要的检验检疫、认证认可、信息互换、监管互认体系，提升全域范围的通关能力。进一步推进纳税便利化改革，持续推行“无纸化”“非接触式”“容缺办理”等便利举措，加快出口退税进度。完善进出口贸易保险制度，建设国际规则对接的贸易保险体系。持续提升金融服务实体经济和推动外贸高质量发展的能力。

五是深化多边和双边贸易关系。要坚持多边主义和自由贸易，减免关税、取消壁垒、相互开放市场，用好RCEP协定拓展市场空间。进一步推进中欧自贸协定尽快签署实施，积极推进CPTPP谈判进程与WTO现代化改革。

参考文献

1.《中国共产党第十九届中央委员会第五次全体会议文件汇编》，北京：人民出版社，2020年版。

2. 统计快报、中国海关总署网站。

3. 彭伟鹏：《全力支持高端造业发展（访谈实录）》，中国海关总署网站。

专题报告十六　数字财税制度体系的变革与前瞻

（中国社会科学院财经战略研究院税收研究室副研究员）蒋震

[摘　要] 深入学习、坚决贯彻党的十九届五中全会精神，准确把握新发展阶段，深入贯彻新发展理念，加快构建新发展格局，站在中国特色社会主义新时代的重大历史方位上，深刻理解新时代、新发展阶段对财税制度的全面系统影响。站在未来看现在，工业社会奠定的财税制度体系受到以数字经济为代表的新一轮技术变革带来的重大冲击。本文深入分析它对税制体系、财政支出和财政体制的影响，文中认为：劳动价值创造方式重大变化推动税收制度体系主动变革；数字社会催生新的经济社会规则和秩序，财政支出范围会发生必然变化，网络空间治理将成为亟待拓宽的新方向；数字社会显著改变地方政府的属地信息优势，对财政体制改革提出新要求，财政体制的优化既要注重集成又要深化分工，网络空间治理相关事权和支出责任要以集成为主、分工为辅。

[关键词] 新发展阶段　数字财税制度　税制体系　财政支出　财政体制

“十四五”时期是我国全面建成小康社会、实现第一个百年奋斗目标之后，乘势而上开启全面建设社会主义现代化国家新征程、向第二个百年奋斗目标进军的第一个五年，我国将进入新发展阶段。按照党的十九届四中全会精神和习近平总书记在省部级主要领导干部学习贯彻党的十九届五中全会精神专题研讨班开班式上发表重要讲话的精神，准确把握新发展阶段，深入贯彻新发展理念，加快构建新发展格局，成为当前和未来相当长时期理论研究和政策实践的主要方向。时代在变，制度始终也在变。站在中国特色社会主义新时代的重大历史方位上，深刻理解新时代、新发展阶段对财税制度乃至人类社会制度的全面系统影响，以推动国家治理现代化为核心导向，站在未来看现在，顺应人类社会发展的必然趋势，塑造财税制度新格局、新体系，更好地构建与进入新发展阶段、贯彻新发展理念、构建新发展格局相适应的财税制度体系。要看到，当前人类社会进入新一轮文明周期转型迭代的变局时期，工业社会正在向数字社会转型升级，自工业革命以来所奠定的社会经济制度体系受到以数字经济为代表的新一轮技术变革带来的重大冲击，财税制度体系亦是如此。本文对进入数字社会以后财税制度体系的变革与前瞻进行初步探讨。

一、劳动价值创造方式重大变化推动税收制度体系主动变革

劳动创造世界。整个人类社会都是广大人民群众的辛勤劳动缔造的，直到今天，人民群众仍在运用着劳动价值和聪明才智推动着世界在变，人民日益增长的美好生活需要的满足需要人民群

众的双手去奋斗、创造。从历史维度来看，税收制度与人类社会的起源和发展是同步的，究其原因，税收制度的基本功能是筹集税收收入。用很形象的语言描述财政是“聚众人之财、办众人之事”，那么税收就是“聚众人之财”，它具有非常显著的人民性、公共性，始终为人民群众的公共产品或公共服务需要提供物质基础和保障，人类社会的起源和发展必然会推动税制不断向前演化，自传统农业社会以来税制体系的不断变化和发展印证了这个规律。时代在变，税制体系在变，党和国家以人民为中心的事业和担当不变！党的十九届五中全会强调“完善现代税收制度”，做到这一点，必须要深刻理解税制体系与经济社会发展格局变化的内在逻辑关系，是准确把握现代税收制度的内涵和外延，厘清税制体系变革方向的重要依据，主要包括但不限于以下方面。

（一）税制体系的演变和进化总是与不同历史时期人类社会劳动价值创造的方式和来源相适应

在税制体系演变的历史中，首要不变的规律是：劳动价值创造方式在发生根本性变化，主体税种的形式和类型会随之改变并出现新税种。任何经济社会形态下，税制体系的主体税种设计总是来源于劳动价值创造的主体部门。劳动价值是社会财富创造的唯一来源，以劳动价值创造主体部门作为主要税源，更加能够让税收收入增长与社会财富增长保持适度一致关系，更好地保障税收收入的充分性和稳定性。同时，它还能够更好地调节社会财富分配的差距，更好地体现社会公平。在传统农业社会时期，劳动价值创造主要体现为自给自足的传统农业生产，农业生产成为社会财富创造的主体部门，农产品产量成为体现劳动价值的核心尺度。传统农业生产的核心生产要素就是劳动力和土地，提高农业生产率的重要途径就是不断增加劳动力数量、不断开辟可用于农业生产的土地以及更好地提升劳动力和土地的生产融合效率。这种情况下，税制体系及其主体税种具有显著的传统农业色彩，无论历朝历代如何改革税收制度，田赋、人头税、徭役等都成为其中的主要内容。

随着工业革命的爆发，整个人类社会向工业文明转型发展，工业技术的变革极大提升了经济社会效率，大大提高了社会生产的分工化、专业化水平，从而推动产生了更多新的非农产业类型。大规模分工生产必然会带来大规模交换，市场经济体制不断拓展并活跃起来。经过了几百年的发展演化，人们建构了与工业社会相适应的税收制度体系，传统农业社会下的税制体系退出历史舞台。在工业社会税制体系中，其特色是：一方面，大规模的社会分工、交换带来了商品和要素的大规模流转，全球化开始兴起，于是商品和要素的流转课税成为体现劳动价值创造的重要尺度，因此成为税制体系的重要组成部分。直到今天，增值税等流转税因其普遍课税而具有出色的筹集收入功能，仍然成为世界很多国家的主体税种之一。另一方面，企业成为市场分工和专业化生产的主要载体。同时，个人也成为社会化生产的主要要素。企业与个人的结合成为工业社会下劳动价值创造的主要方式。为了更好地提升专业化分工水平，企业和个人的财产权利得以清晰，于是就产生所得和财产概念。企业和个人在获得市场收益后扣除必要成本费用支出的余额便形成所得，并进一步形成财产。所得和财产课税亦成为工业社会税制体系中的重要税种。

经过了数百年工业文明的发展，时至今天，人民群众的劳动价值创造仍继续推动这个世界不断变革，特别是互联网等领域的技术不断带来突破，衍生了以数字经济等奠定代表的众多新产业、新业态、新模式，正在改变着工业文明下经济社会运行格局，劳动价值创造的形态和方式发生根本变化。数据成为新的生产要素，对数据的搜集、整理、分析，成为劳动价值创造的新来源，特别是数据算法的研究创造，成为承载人类智慧创意和复杂劳动的新领域。我们看到，今天数字经济等产业的快速发展，正在迅速提升供给和需求之间资源配置的精准性，更好地丰富社会分工的类型，它改变的不是社会分工的劳动价值创造模式，改变的是社会分工载体，企业不再是唯一的社会分工载体，个人在社会分工中的角色将更加凸显。与数据要素和数据算法有关的劳动价值创造将成为社会财富的新来源，数据要素或产品服务的流转将成为资源配置的新方式，数据流转量也成为精准表达数字领域价值创造的尺度，由此，针对数据要素或产品服务的课税将成为引发税制改革的新领域，或许会成为引发税制体系重构的开端，也可能会成为新税种，也可能会改变现行流转税和所得税体系，特别是一旦个人脱离企业成为更加独立的生产者，那么个人所得税在税制体系中的功能和作用将更加重要。

（二）社会成员的联结方式会影响税收征收成本，进而影响税制体系

稅制体系的演化也会受到不同时期税收征收成本的影响，有时候如果某一项税种的征收成本过高，也会非常影响其作为主体税种的能力。在古典税收基本原则中，最小征收成本始终是一个非常重要的原则。不同经济社会形态下，社会成员的联结方式会影响征收成本，从而对税制体系带来影响。

不同经济社会形态下，社会成员之间的联结方式是不同的：在传统农业社会，社会成员之间的联结方式主要是依赖于家庭或家族，特别是以家庭或家族的血缘关系作为纽带。而且，在技术水平约束下，传统农业生产活动的实施半径非常有限，很大程度上以家庭或家族作为依托和纽带。除非自然条件发生大规模变化影响了人们的生存条件（比如出现大规模天灾）而带来迁徙之外，人口的流动性总体呈现较低水平，加之人口和土地对传统农业社会是非常关键的生产要素，历朝历代对人口和土地的管理控制是较为严格的，因此，传统农业社会的税务机关能够非常便捷地以较低成本获取相关人口和土地的信息，针对人口和土地的课税便能够得以实施。这个时期，经济社会运行中，也存在着市场交换活动，但都是小规模的、零星的，局限于少部分工商业领域，没有形成大规模市场交换的行为，而且由于难以了解工商业市场交换的相关信息，因此工商业税收的征收成本大大提高，导致它没有成为传统农业社会的主体税种。

到了工业社会，由于企业成为社会分工的主要载体，社会成员之间的联结方式发生了巨大变化，从传统以家庭或家族的血缘关系转变为不依赖于血缘关系的劳动关系，生产者和消费者、要素所有者之间的市场交换与价值转移成为工业社会下社会成员之间联结的重要纽带，要素和产品服务的契约成为重要表现形式。因此，工业社会下，无论是流转课税还是所得、财产课税，税收征收几乎都离不开企业，有效地获取企业参与市场交易的信息，成为精准衡量市场主体价值创造能力的主要方式。在工业社会下，为了更好地提升市场交易效率，往往建立了一整套更好地监管市场主体行为的法律法规体系，比如公司法对公司法人财产权利的界定，等等。这些条件均为降低流转课税以及所得、财产课税的征收成本发挥了至关重要的作用，为它们成为税种体系的主体税种奠定了基础条件。

随着工业社会向数字社会升级迭代，社会成员之间的联结方式又会发生重大变化，工业社会下的劳动关系形式会发生变化，甚至有些服务的生产已经不再需要企业这种载体形式，依赖于数字平台就能够实现要素所有者之间的联结。当年很多制度经济学家在讨论“企业为什么会产生?”这类问题时，提出了一个重要论断，即企业组织形式的出现是因为节约交易成本的必然结果。而数字技术的不断进步，使得某些服务生产领域、企业组织形式存在的交易成本反而变得相对更高，因此在这些领域，企业组织形式可能会得以瓦解。事实上，我们在现实经济运行的某些领域已经出现了这个趋势，企业与员工之间的劳动契约关系正在转化为数字平台与个人之间的劳务契约关系。甚至，有时候工作伙伴之间不需要通过线下见面就能够维持生产的正常进行，社会成员之间的联结方式从以企业劳动关系为纽带，转变为数字平台作为纽带，信用形态从契约信用转变为数字信用，网络成为组织生产的重要空间载体。一旦这些领域的企业组织形式发生瓦解，那么工业社会下以企业为管理对象的税制体系因此会发生重大影响，在某些领域，传统以企业为征收对象的方式必须要发生改变，如果不改变，征收成本会迅速上升。这种情况下，针对数字平台的管理，特别是更好地通过数字平台去获取相关交易主体的信息，便成为税收征管的主要内容。而且，在生产或消费活动甚至能够实现“无接触式”生产或消费时，“无接触式”征税便显得尤为必然。在新冠肺炎疫情期间，在统筹疫情防控和经济社会发展时，我国的税务机关已经有所尝试，并取得了非常显著的成效，这可能成为税收征管的未来趋势，甚至会根本上决定了不同国家在筹集收入方面的能力差异，从而对国家竞争力带来显著影响。

二、数字社会催生新的经济社会规则和秩序，财政支出范围会发生必然变化

在财政制度体系中，税收制度为政府职能职责的履行提供财

力基础，财政支出成为履行政府职能职责的一种重要形式。在任何经济社会形态下，政府重要的职能职责之一就是维护社会有序运行、塑造发展秩序、制定制度规则，政府所提供的公共产品和公共服务也是上述职能职责的体现。不同的经济社会形态对规则和秩序的要求有所不同，那么政府的职能职责范围和财政支出范围也有着较大差异。

（一）培育社会转型发展能力、构建有序社会是财政支出的核心功能之一

理想的社会是既要更好地激发社会成员从事劳动价值创造的活力，实现每个社会成员的自由而全面的发展，又要更好地实现社会公平正义。现实经济社会发展演化中，我们看到在不同历史时期不同国家的经济社会发展绩效有着非常大的差异：有些国家从低收入水平成功跨越到高收入阶段，而有些国家则在经济发展过程中到达了中等收入水平便停滞不前，收入分配差距显著扩大，社会稳定受到严重影响；有些国家虽然已经进入高收入发展阶段，但不同社会群体割裂较为明显，各个群体之间的流动性逐渐降低，有些国家在逐渐走向高收入水平国家的同时，还能确保收入分配差距处于适度范围内，社会流动还能够保持在一定水平，等等。总之，在深入分析比较不同国家经济发展绩效过程中，我们会发现政府在其中发挥的功能作用是至关重要的，而财政支出是政府实施宏观调控的核心功能，在培育社会转型发展能力、构建有序社会等方面发挥着非常重要的作用，通过财政支出引导经济社会结构的调整，让整个国家能够具有持续的自我转型发展的能力。

在不同经济社会形态以及不同历史时期的转型发展能力、有序社会的主要内容有所差异。财政支出的总量、结构和方向要符

合特定历史发展阶段下的人民意志，深刻体现着确保实现人类社会发展目标的规则和秩序内涵，在实现这些目标过程中，必须要建构一套符合大多数全体社会成员发展目标的规则和秩序体系，而且这套规则和秩序体系必须要通过正式或非正式的手段加以强制或自发实施，从而克服个体成员的盲目性、非理性对共同发展目标的偏离，更好地维护全体人民群众的长期可持续发展。在传统农业社会，传统农业生产是“靠天吃饭”的生产性活动，劳动价值创造能力和社会生产效率的改善受制于自然条件，甚至可以说，自然条件的优劣很大程度上决定了传统农业生产效率，同时决定了传统农业文明时期的人等生产要素的分布，直到今天，它还影响着人口的聚集特征。在那个时期，财政支出的重要功能是为了更好地降低自然灾害对人们农业生产生活条件的影响，提高人们在大灾大难中的生存概率；到了工业社会，社会分工和专业化水平大大提升，市场经济体制运行成为经济社会效率的重要内容，市场在资源配置中的功能和作用大大增强，生产活动和消费活动的大规模分离，政府在维护市场秩序、建立公平竞争环境、维护社会成员合法权益中发挥着越来越重要的作用，更好地完善市场经济体制运行规则，既能够有效激发市场和社会活力，又能够确保公平正义。所以说，财政支出的总量、结构和方向是取决于不同国家在不同历史发展阶段的主要任务，一个有所作为的政府能够根据历史发展阶段的变化精确判断出财政支出总量、结构优化调整的方向。事实上，在中国改革开放后，在党中央的坚强正确领导下，我国总是能够科学、客观、精确判断国家发展的历史方位，根据不同经济发展阶段的发展目标，采取与之相应的发展策略和政策措施，正确发挥各级政府积极性，构筑了出色的自我转型发展能力、社会稳定有序，取得了举世瞩目的经济社会发展绩效，我国各级政府始终发挥着有为政府的功能作用。

党的十九届五中全会提出“充分发挥市场在资源配置中的决定性作用，更好发挥政府作用，推动有效市场和有为政府更好结合”。在进入新发展阶段后，我们在深入贯彻新发展理念，加快构建新发展格局，更好地推动“十四五”时期高质量发展等方面更加发挥有为政府的功能和作用。无论政府和市场、社会关系如何变，不变的是以人民为中心的发展思想。在这个思想指引下，政府更好地通过财政支出这个手段和工具塑造经济发展和构建有序社会的规则和秩序。时代在变，人民日益增长的美好生活需要的内涵和外延更加丰富、多元。特别是工业社会在向数字社会转型升级过程中，劳动价值创造的方式和社会成员的联结方式都在发生根本性变化，这对财政支出提出了更加丰富的功能需求，更加拓宽财政支出的方向，对财政支出结构的影响也是深远的。

（二）网络空间治理将成为政府职能和财政支出亟待拓宽的新方向

数字社会对经济社会运行格局的影响是全方位、系统的，工业社会下资源配置领域从物理空间延伸到网络空间，部分领域的劳动价值创造在一定程度上依赖于网络空间来实施，而且部分社会成员的联结方式也从线下转向网上，等等。这些经济社会运行的新特征、新情况会带来一些新问题。比如，数据安全和数据隐私问题，我们看到，现在人民群众在利用网络开展生产、生活活动时，由于缺乏针对数据安全的充分监管，数据隐私受到了侵犯，有些情况影响到了人民群众的财产安全，甚至人身安全；此外，还有数字经济领域的少数企业利用数据来实施垄断行为，在一定程度上影响了市场公平竞争效率，等等。这些问题都是新问题、新特征，凸显了网络空间治理的紧迫性和必要性，对政府职能和财政支出提出了新要求。深入研究这些新问题、新特征与政府职能与财政支出结构方向的内在逻辑关系，是需要我们从理论研究和政策研究方面都高度关注的内容。从某种意义上说，数字社会下，公共产品和公共服务的形态发生重要变化，网络空间治理将成为其中的新领域。财政支出领域改变的不仅仅是财政支出结构，更会增加财政支出的新方向。

一是网络空间的连通性将成为财政支出着力强化的领域。经济社会形态在发生变化，基础设施的内涵和外延在发生变化。工业社会的基础设施主要体现在“铁、公、基”上，主要是实现物理空间的互联互通。而到了数字社会，网络空间的连通性成为新型基础设施。可喜的是，在党中央领导下，我国各级政府已经在这方面开始发力，已经取得了非常显著的成就。新型基础设施体系的完善和成熟将成为影响国家竞争力的重要抓手。二是抹平“数字鸿沟”将成为维持社会流动性、实现社会有序运行的核心内容，财政支出也要着力支持这个领域。从某种理论角度来看，贫困问题的出现源于部分社会成员发展能力的不足，根本原因是多方面的。数字社会对全体社会成员的影响是全面的，特别是它会带来就业结构的变化，甚至一些简单技能型的岗位可能会被技术替代。不同社会成员在运用数字技术方面的能力差异，可能会成为导致贫困问题发生的新特征、新因素。这对政府职能和财政支出提出了新要求，我们有必要在数字社会下全面提升社会成员的数字能力，抹平“数字鸿沟”，这是维持社会流动性、实现社会有序运行的核心内容。而且“数字鸿沟”也是一个全球性公共产品，我们必须要在人类命运共同理念的指引下，有所担当，积极协调各国达成共识，更好地携手解决这些问题。三是构建针对数字经济等新产业、新业态、新模式发展的规制体系，以推动数据共享和数据安全为抓手，构建数字社会下新的发展规则，更好地发挥财政支出在引导活力和构筑秩序方面的作用。高质量发展意味着经济发展更加有质量、有活力、有序，要更好地规范数字经济等新产业、新业态、新模式的有序发展，将活力和秩序更好地结合，财政支出要着力加强针对数字经济领域规制体系的投入，推动数据要素的确权工作，以推动数据共享和数据安全，并更好地拓展市场分工体系。以数据要素的产权机制和分工体系建设为着力点，这成为构建高水平社会主义市场经济体制的重要内容之一。

三、数字社会显著改变地方政府的属地信息优势，对财政体制改革提出新要求

大国治理通常采取分级治理路径，在中央政府和地方政府以及各级地方政府之间科学合理地划分事权和支出责任，各司其职、各负其责，彼此之间形成协同配合的治理格局。工业社会下财政体制的影响因素之一就是地方政府往往拥有属地信息优势，它能够有效了解不同地区人民群众对于公共产品和公共服务的需求。然而，在工业社会向数字社会转型升级的过程中，特别是对于部分数字要素和服务在网络空间上资源配置加速全国化甚至全球化进程，地方政府的属地信息优势在发生改变，必须要有更高层次的政府来统筹数据信息，才能够更好地了解部分市场主体的信息全貌，这显然会向中央政府和地方政府以及各级地方政府之间的财政体制改革提出新要求。

（一）财政体制的优化既要注重集成又要深化分工

构建与进入新发展阶段、贯彻新发展理念、构建新发展格局相适应的财税制度体系，必须要实现发展方向和发展方法相结

合。注重集成是指要坚定不移地坚持党的集中统一领导，发挥党中央在总揽全局、协调各方的政治优势，在这个前提下才能更好地落实经济工作和财政工作，深入推动财政体制的优化。深化分工是各级政府、各个地区要按照党中央要求，按照党和国家各项事业发展目标，分工落实、各负其责。财政体制的优化过程也要走渐进式改革路径，更好地通过深化财政体制改革，激励各地方更加明确自身在党和国家事业中的发展定位，更好地激励各级政府采取措施去推动构建高水平社会主义市场经济体制，去有效维护、推动“形成高效规范、公平竞争的国内统一市场”。

党的十九届五中全会提出“优化国土空间布局，推进区域协调发展和新型城镇化”，要求财政体制按照“全国一盘棋”，在制定各级政府事权和支出责任时，更好地促进提升国土空间布局效率，深化不同功能区的分工体制机制，提升区域协调发展效率，同时精准把握新型城镇化的发展趋势，特别是正确处理人口流入地和人口流出地之间的事权和支出责任关系。

（二）网络空间治理相关事权和支出责任要以集成为主、分工为辅

如前所述，网络空间治理是新的政府职能职责和财政支出领域，在数字社会的资源配置领域，数据信息的统筹集成能力决定着党和政府了解经济社会实时运行状况的能力和水平，网络空间治理领域的相关事权和支出责任要以集成为主、分工为辅助，牢固坚持以人民为中心的发展思想，通过优化网络空间治理的事权和支出责任，统筹发展和安全，更好地提升我国跨入数字社会的整体竞争力。以下方面都是需要深入思考的问题：一是数据信息的集成、共享是需要统一布局、分工谋划的重要方向。长期以来，各级政府也在纷纷推动信息化建设，取得了非常显著的效

果。然而，在推动数据信息共享、构建数据信息集成统筹机制方面，还有短板要补，我们要合理划分各级政府在数据信息共享领域的事权和支出责任，实现经济社会运行数据的大集中，更好地发挥推动国家治理现代化的效能；二是构建各级分工实施的数据安全和数据隐私保护机制，有效规范和引导数字经济为代表的新产业、新业态、新模式发展，让它们成为满足并创造人民群众美好生活需要的重要源泉，更好地维护人民群众的合法权益；三是各级政府要在抹平“数字鸿沟”、推动社会有序运行方面科学、合理地划分事权和支出责任，财政资源配置要跟着人、产业的发展方向走，更好地优化财政资源的空间配置效率。

参考文献

1. 高培勇：《从全局高度准确把握和积极推进构建新发展格局》，《经济日报》，2021 年 1 月 18 日。

2. 龚辉文：《数字服务税的实践进展及其引发的争议与反思》，《税务研究》2021 年第 1 期。

3. 蒋震：《新中国成立 70 周年以来财政支出的演变与展望》，《财政监督》2019 年第 20 期。

4. 齐治平：《世界需要公正的数据安全全球规则》，《人民日报》，2020 年 9 月 11 日。

5. 谢新洲：《网络空间治理须加强顶层设计》，《人民日报》，2014 年 6 月 5 日。

6. 王一鸣：《数字经济启动发展新引擎》，《人民日报》，2020 年 7 月 28 日。

7. 魏建国：《“新基建”是构建双循环新发展格局的核心》，《北京日报》，2021 年 1 月 18 日。

8. 朱青：《美国“301 条款”与数字服务税》，《国际税收》2021 年第 1 期。

专题报告十七　构建具有国际影响力的中国 ESG 评价体系

（中国国际经济交流中心博士后、
大公国际资信评估公司副总裁）徐黎明
（经济学博士，大公国际资信评估公司分析师）刘金贺

［摘　要］近年来，全球范围内 ESG 理念受到广泛关注。ESG 指标在企业制定发展战略、投资机构决策投资标的，乃至各类国际组织拟定监管规则、各国政府机构确立产业政策等等领域，都日益得到广泛的应用。未来随着世界各国对于全球气候变暖的共同关注，以及对新冠肺炎疫情在全球暴发蔓延环境因素的深刻反思，人们将重新看待发展的涵义，并逐步将环境、治理和社会等关联要素融入到企业发展、投资管理和政策制定的框架中去。从全球金融市场发展的角度，ESG 指标也将愈来愈成为资本跨境流动的风向标。目前，ESG 指标评价体系在全球范围内正处于酝酿发展阶段，尚未形成统一的标准体系。中国可以依托国内拥有 ESG 指数采集和评级经验的专业研究和评级机构，共同构建具备国际影响力的 ESG 评级体系，这不仅是出于对国内绿色发展战略实施的考量，也有助于中国企业参与国际市场竞争。

[关键词] ESG 评价体系　绿色发展　评级机构

ESG（即环境、社会和治理）发展和投资理念近年来取得了长足发展。新冠肺炎疫情暴发初期，人们对环境、气候同疫情暴发的关联性加强了关注；疫情中企业应对危机的治理能力以及其在疫情中所表现出的社会责任，也成为投资人关注的重点。后疫情时期，全球范围内 ESG 成为投资人未来投资方向选择的新标杆。与此同时，各国政府在制定本国经济发展战略时都将 ESG 作为衡量发展质量的重要标准；依托 ESG 指标的基金投资在国际资本市场的占比逐年增加。为贯彻落实中央提出的以绿色低碳为标志的高质量发展战略，服务我国企业的国际化发展战略，我国 ESG 评价体系的建设面临一定的紧迫性。本文首先对 ESG 在国内外的发展现状进行简要概述，之后将对如何构建 ESG 评价体系及其可行性及路径进行探索研究。

一、ESG 评价体系及其在国内外市场的发展状况

ESG 即 Environmental（环境）、Social（社会）和 Governance（治理）三个英文单词第一个字母的缩写，不同于传统意义上对于企业财务绩效的评价，它是一种关注企业环境、社会责任和公司治理绩效的投资理念和企业评价标准。政府监管机构和投资者可以通过对企业 ESG 绩效的观察，评价投资对象在促进环境保护、促进经济可持续发展和履行社会责任等方面的表现，进而在政策引导和投资决策方面采取相应的行动。

从国内的大环境看，习近平总书记多年前就前瞻性地提出了“绿水青山就是金山银山”的科学论断，高度概括了环境于国民

经济可持续发展的不可或缺性。2021 年召开的全国两会更是把绿色发展贯穿到“十四五”的发展规划中，可以说 ESG 所蕴含的可持续发展理念已日渐成为我国政府部门政策制定、金融市场投资决策和企业发展规划设计的指南。尤其是最近我国响应《巴黎协定》相关倡议，提出了 2030 年实现“碳达峰”和 2060 年实现“碳中和”的目标，都凸显了构建 ESG 评价体系的迫切性。同时，国内对 ESG 投资的关注热度持续升高，数据显示，截至 2020 年年底，中国泛 ESG 指数数量增至 52 只，泛 ESG 公募基金数量增至 127 只，资产规模 1209.72 亿元，达到历史最高水平。从二级市场来看，目前国内与社会责任、绿色投资相关的公募基金产品已经有 62 只，总管理规模已经突破 500 亿元。但同全球 ESG 相关的投资相比，我国的 ESG 投资尚处于起步阶段，未来发展具有巨大的潜力。

从国际环境看，近年来世界各国愈来愈重视从气候变化、公司社会责任与治理等新的视角审视本国经济发展的可持续性。尤其是在全球新冠肺炎疫情暴发后，世界各国对未来全球可持续发展的关注进一步提升，以“更好重建”（building back bettebr）为代表的绿色发展理念成为世界各国的共识，与此同时，ESG 评价体系逐步发展成为衡量企业发展潜力和前景的新型标准和投资人遵循的投资准则。根据“国际责任投资”（PRI）的统计，该组织自 2006 年成立以来，其会员资产管理规模由最初的 6.5 万亿美元已飚升至 2020 年年底的 103 万亿美元。

尽管 ESG 从概念上在全球的认知度和关注度日渐增高，在 ESG 体系标准的规范上仍面临诸多的困难，主要原因在于环境、社会和治理这些“非财务指标”在指数的量化上缺乏像债项评级那样较严格和统一的会计标准，导致不同的机构由于关注视角的不同而对同一个企业的 ESG 评价维度存在较大的偏差，这也是当前全球范围内投资人面临的共同困惑。鉴于 ESG 体系对于我国未来产业政策制定、践行绿色发展理念和企业可持续发展等目标实现的重要意义，同时也为我国 ESG 标准体系服务于金融业对外开放、“一带一路”倡议实施提供保障，目前亟需就 ESG 体系的架构、行业标准制定、企业 ESG 信息披露规范、ESG 评级机构的认定，以及 ESG 标准在监管中的应用等领域展开研究和布局，为引领国际 ESG 相关标准的制定打好基础。

二、当前构建我国 ESG 评价体系的紧迫性

从国内国际环境的发展趋势看，ESG 评价体系无疑将成为主导未来国际资本市场投融资的基础标准，谁掌握了 ESG 体系标准制定的主动权，也就掌握了引导国际资本市场资本流动的主动权。从我国自身的战略发展定位出发，ESG 评价体系的构建一方面为我国制定的绿色发展战略提供一个科学的评价标准，另一方面可以作为政策制定和监管的重要参考基准，实现宏观金融政策和产业政策对投资机构和企业可持续发展战略规划的引导，最终达成我国经济高质量发展的目的。

（一）掌握国际 ESG 标准制定的主动性和国际话语权，关系到我国对外开放战略的实施和本土企业的国际化发展

鉴于目前 ESG 指标正日益成为国际投资机构投资的最重要参考指标，未来我国企业进入国际市场进行投融资或者开展国际贸易，企业 ESG 相关指标的评估将成为新的“入场标签”，甚至演化成为新型的“ESG 非关税壁垒”。从这一意义上讲，我国如果没有自主创新且被国际广泛认可的 ESG 评价体系，很多情况下为

参与国际市场贸易和融资，我国企业和机构将不得不被动接受外部机构的评级级别，尽管这些级别往往带有评价人所秉持的主观乃至于歧视性的评级标准。以最近发生的 H&M 公司抵制产自我国新疆地区的棉花为例，事件的根源之一是位于瑞士的非政府组织“良好棉花”（BCI）在对新疆棉花的评估中，不恰当地引入同其初衷不相称的参考指标，从而使“良好”一词变了味。该组织通过制定棉花生产的相关标准，要求会员必须使用它们认为符合标准的棉花，才能使用“BCI 认证标识”。除了所谓“环保标准”，BCI 鼓吹所谓“提倡体面劳动”，通过凭空捏造新疆棉花生产中存在“强迫劳动”的谎言，借此在国际市场上封杀新疆棉花。换言之，这个“BCI 认证标识”就是一个国际棉花这一特殊行业的 ESG 体系标准，依托其 400 多个国际成员单位的影响力，在国际棉花行业兴风作浪。抛开这一案例标准的是非，它至少告诉我们掌握国际上行业 ESG 标准制定话语权的重要性。

由此可见，由于评价要素自身的弹性较大，ESG 评价过程中难免融入较多的主观因素，由于评价人或评价机构自身立场和认知角度的差异，也更容易掺杂人为的甚至是政治方面的考量因素。此外，由于缺乏标准化的量化指标，ESG 指标体系难以像公司财务指标那样形成全球通行的国际标准。然而，正因为如此，才凸显出建立主导国际 ESG 评级标准的重要性。在这方面我们可以类比目前国际上的国家主权评级市场，众所周知，标普、穆迪和惠誉三大西方评级机构以其在国家主权评级领域评级标准制定方面的垄断地位，直接或间接地左右着国际资本在不同市场的流动，并不时引发区域性或全球性的金融危机，根源在于地缘政治因素和背后金融资本因素的影响，由标准垄断者所制定的评价标准在套用到中国这样的与西方在政治、文化和治理体系等领域存有较大差异的新兴市场时，往往出现级别的扭曲并引发由于跨境资本不正常流动。同理，推及 ESG 评价体系，如果中国没有建立起来自己的 ESG 评级体系，就有可能像主权评级体系那样为外部的评级标准所主导，外部机构关于被评主体所处的政治、制度和治理体系等各类主观因素的评价有可能扭曲我国企业 ESG 真实水准，从而给我国企业参与国际竞争带来不利的影响。

（二）ESG 评价体系为国企改革推进提供指引和评价准则

新一轮国企改革涵盖一系列政策目标，包括引入外部投资人以完成混合所有制改革和现代企业制度的建立等。率先在国企领域实现 ESG 评价体系的构建，一方面有助于识别国企运营中在 ESG 诸领域的优势和短板，便于明晰下一步国企改革着眼的方向，另一方面则为外来战略投资人提供了投资参考，有助于提升国有资产的市场价值。同时，在国企建立了相对完善的现代企业管理制度后，可以用 ESG 的相关标准评价企业改制后的经营表现、环境测评和社会影响，并以此建立对国企改革方向的动态调整机制，在完成国企改革提质增效的同时，实现社会资源可持续的优化配置。

（三）ESG 系统评级体系是我国各部门政策制定的依据和抓手

ESG 理念同我国制定的国家长期发展战略是相融的，因而 ESG 评价体系可以作为我国金融管理和监管架构的重要参考和政策落地的抓手。有效规则和政策的特征之一是能够引导投资人和企业在风险和收益中取得平衡，依托合理的 ESG 评价体系的金融政策和监管法则将激励引导企业采取相应的可持续战略和规划，在微观层面企业实现利益最大化的同时，进而在行业和宏观层面上实现国家设定的产业和经济目标。

真正要发挥ESG评价体系在决策和监管领域中的作用，政策制定的方向要契合企业ESG发展规划的要求，要全面评估产业和金融监管政策对企业和投资人遵循ESG决策的实际影响。孤立于ESG评价体系之外的政策常常会对ESG目标的实现产生不良的作用，在这方面国际上的案例随处可见。以美国的风力发电行业为例，通常情况下该行业要实现风电的低成本可持续发展，其投资跨度一般会跨越长达15—20年的周期。按照美国的银行监管规则，像美银、花旗、摩根大通以及富国银行等储蓄类银行的商业贷款期限通常不超过7年；而依照欧洲、日本和韩国的银行监管规则，则允许类似银行机构在诸如美国风电行业这类低风险市场的优质资产领域进行20年以上的放贷。二者监管政策的差异，就形成了美国风电行业目前银行资本主要来自欧、日、韩而非美国本土银行的现状。这个例子从一个侧面说明了即便构建了较完善的ESG体系框架，但如果没有与之匹配的产业和金融政策形成正向激励，ESG战略目标的达成也可能面临一定的困难。因此说，要实现国家总体可持续发展目标，应将ESG评价体系纳入到部门和地方产业政策和监管政策制定的框架中去。

三、我国ESG评价体系的构建方略和实施路径

ESG评价体系的构建是一个庞大的系统工程。从参与各方而言，有政府机构、投资机构、企业以及ESG评价机构等；从信息的采集处理而言，包括信息披露的内容、规则和标准、ESG各项指标的评价标准、评价模型的构建等等。科学的ESG评价体系既需要相应的顶层制度设计，同时也需要具体的实施路径。

（一）构建 ESG 评价体系首先需要顶层设计

首先，国家可持续发展目标的实现，需要政府、机构和企业的协同，尤其是政府各部门之间的政策协同。而实现协同的基础就是依托 ESG 评级体系。中央制定的 2030 年实现“碳达峰”和 2060 年实现“碳中和”目标，作为国家层面践行国际责任、实现国民经济可持续发展的宏观目标，客观上是依赖微观层面企业和投资机构共同践行 ESG 发展理念的结果呈现。为此，各主管部门在国家绿色发展理念的引领下，出台或计划出台配套的激励政策。例如，中国人民银行已将绿色金融确立为“十四五”规划中的一项重点工作，并着手建立绿色金融标准，在金融政策框架中全面纳入气候因素。国家发改委在 2021 年全国两会后，加快研究制定“碳达峰”和“碳中和”的顶层设计，旨在推动地方和部门实现碳排放的国家目标。国资委早在 2008 年就印发了《关于中央企业履行社会责任的指导意见》，要求中央企业建立社会责任报告制度。但客观来说，由于观察角度和施政重点的不同，目前各部门、各地方对“可持续发展”“绿色发展”“社会责任”等理念必然会有不同的认知和理解。从这个意义上说，建立统一的、标准规范的 ESG 评价体系，有助于实现各部门、各地方政策的协同和整合，增加施政效果评价的可比性，从而实现 ESG 框架下政策协同上的全国一盘棋。

其次，企业 ESG 信息的真实披露是 ESG 评价体系构建的基础，有赖于国家层面制定相应的企业 ESG 信息披露标准和规范等强制性要求。ESG 评价体系同传统上依照财务指标进行的债项信用评级有比较大的区别，其复杂性在于衡量环境、社会和治理这些指标的主观性较大，容易因关注点不同而出现较大的偏差，同时企业信息的披露如果没有政府监管规则的约束，外界往往难以获得较完备的企业ESG相关信息。在不少情况下，还存在企业为了获得较好的ESG评级而进行“洗绿”（greenwashing）的现象，客观上也加大了ESG评级反映被评主体实际状况的难度。美国麻省理工学院斯隆商学院2019年的一项研究显示，美国5家主要评级机构对同一样本ESG的评价得分的相关系数为0.61，远远低于不同评级机构对同一样本债项评级的相关系数（如通常情况下，穆迪和标普债项评级的相关系数可高达0.99），反映了评级机构对受评主体ESG的观点差异度较大，也说明了ESG相关指数标准统一的难度。因此，我们在ESG相关指标标准的设定、评级分值的评定规则以及企业信息披露的标准、程序和规范等方面，均需要进行相应的顶层设计。

相对于ESG投资理念的普及，被广泛接受并应用于监管、评级和投资操作层面的ESG标准的构建则相对滞后，全球范围内很多机构和组织也正不断探索关于ESG标准和相关信息披露规则的制定准则。以影响力较大的可持续发展会计准则基金会（SASB）为例，它是一家位于美国的非营利组织，致力于制定一系列针对特定行业的ESG（环境、社会和治理）披露指标，促进投资者与企业交流对财务表现有实质性影响且有助于决策的相关信息。该组织依照全球行业的分类对ESG评价标准进行差异化设计，旨在使投资人能在同一行业中比较不同企业的经营表现。此外，该组织还协同国际综合报告理事会（IIRC）和国际金融报告标准基金会（IFRS），共同成立价值报告基金会（VRF），主要着眼于公司报告体系国际标准的建立。又如，在信息披露监管方面，英国政府出台了绿色金融战略，强制要求所有上市公司和大型资产管理机构自2022年开始披露其商业活动所产生的环境影响。再如，欧盟近期则出台了EU分类披露原则（EU Taxonomy），以期实现企业ESG信息披露的程式化规范标准。此外，欧盟出台了欧盟商业活动分类细则，对各类经济活动和活动程度对于欧盟环境目标的影响阈值进行了详细划分，并以此作为监管企业经济活动的准则。在金融领域，欧盟委员会还通过了可持续金融披露规则（SFDR），要求所有欧盟金融市场参与机构披露相关ESG信息，并要求具有可持续投资目标的金融产品提供额外投资信息。从国际上，ESG体系构建和监管的发展趋势可以看出，目前ESG体系国际标准的形成正处于蓬勃发展阶段，构建我国自主独立的ESG标准评价体系时不我待。

（二）ESG评价体系的构建和实施应依托本土评级机构

ESG评价体系的构建牵涉企业信息收集、模型建立、数据分析等一系列操作，从业务类型和技术要求上同传统信用评级机构的服务领域重叠较多，因此评级机构可以作为ESG评价体系构建的主体。以评级机构为主体，在监管机构相关规则的指引下，联合其他企业信息数据监测服务机构，共同构成我国ESG评价体系的参与主体。在这一体系架构中，评级机构是整个ESG评价体系构建的中枢，它既是信息的输入端，同时也是信息的输出端，ESG评级机构信息处理的技术水平决定着ESG评价指标的质量和价值。

从评级机构的选择上，ESG评价体系的构建应以本土评级机构为主体，主要是出于以下考量：一是企业ESG评级信息除公开信息外，还有不少敏感性信息，尤其是我国的国有企业，除承担市场经营的角色外，还兼具实现国家战略性目标和承担众多社会责任的多重身份，对这类企业的ESG评价，应该选取技术能力强同时又具有社会担当的本土评级机构进行；二是从技术体系的支撑上，评级机构在国内经过近30年的发展，积累了较成熟的适合中国特色国情的评级体系架构，建立了较完备的企业和行业数据库，同时通过对各行业企业的长期跟踪和评价，掌握了较为全面的关于企业经营中 ESG 的相关信息，具有开展 ESG 评级的先天优势。

（三）依托 ESG 体系拓展我国资本市场投资应用场景和实践路径

当前，全球市场上被动投资占据资本市场的比重日趋增大。随着 ESG 投资理念的普及，各国金融监管当局对绿色金融的政策倾斜，预期未来依托 ESG 相关指标的基金投资在资本市场的比重将进一步提升。未来，ESG 相关标准和行业指标有望成为国际资本市场新的投资基准。

在应用场景上，我们可以在 ESG 体系完善的基础上，推动 ESG 相关投资在我国资本市场上的实施，一方面拓宽了市场资本的投资领域，另一方面则通过资本投资导向将绿色金融、企业社会责任和环境保护等可持续发展理念落到实处，最终实现我国经济的高质量转型发展。例如，通过构建依托国企 ESG 指数的投资基金，实现国有资本的市值管理，增强国有企业在资本市场投资的价值和吸引力，为国有资本运营提供新的投资标的和投资组合等，也为我国当前推进的国企混合所有制改革提供新的路径。再比如，国家相关管理部门可以指导有关研究机构和评级机构，定期发布国内各行业的 ESG 评价蓝皮书，通过政策指引和舆论导向，合理引导市场资本流动，将 ESG 投资理念融入到实体经济的发展中。

在具体实践路径上，ESG 评价体系在应用初期可以从国有大型企业 ESG 标准评价上率先着手。一方面，大型国企作为国民经济发展支柱，从企业的运营目标上，除实现国资的保值增值外，先天承担着执行国家关于环境和社会责任等“非财务”领域的重要职能，ESG 评价体系的引进可以更好地评估国企经营过程中在 ESG 各领域指标的优势和不足，从而实现 ESG 导向下企业经营战略的进一步优化。另一方面，在国企领域 ESG 的实践示范成功的基础上，可以逐步将成熟的 ESG 评价体系向其他领域推进。

概括起来，ESG 发展理念在全球范围内的普及反映了世界各国政府、企业和民众对于社会经济可持续发展的共同诉求，也将极大改变世界未来经济发展的路径和方式、人与自然和谐共处的关系以及人们对于发展与环境关系的重新认知。然而，从理念到实践，有赖于 ESG 体系框架的合理构建，科学的 ESG 评级体系有助于国家产业发展战略的制定和实施，有助于绿色金融服务实体经济政策的落地，通过企业 ESG 目标的实现以最终达成宏观经济的高质量转型和发展。

参考文献

1. 吴卫良：《全球 ESG 投资发展及衍生品创新》，《金融纵横》2021 年第 4 期。

2. 陈宁、孙飞：《国内外 ESG 体系发展比较和我国构建 ESG 体系的建议》，《发展研究》2019 年第 3 期。

3. 张飒：《ESG 体系在我国的应用研究》，《金融纵横》2017 年第 11 期。

4. Daniel C. Esty, Todd Cort, *Values at Work-Sustainable Investing and ESG Reporting*, *published by Palgrave Macmillan*, 2020.

专题报告十八　我国工业绿色发展的政策法规路径选择

（工业和信息化部国际经济技术合作中心所长助理、副研究员，中国国际经济交流中心博士后）高浚淇

［摘　要］我国绿色发展步伐的加快，特别是近期相关法规政策标准的密集出台，为企业实施绿色发展营造了良好的制度氛围。然而，由于存在工业绿色发展法律体系建设难度较大以及相关激励不足等问题，难以调动广大企业的参与热情。建议在加强政府标准引导、完善激励机制的同时，及时出台专门的《工业绿色发展促进法》《绿色采购法》等，带动我国企业绿色化水平提升。

［关键词］工业绿色发展　法规　政策

工业作为国民经济的主导产业和发展基础，是落实生态文明建设、推动绿色发展的主战场。我国工业总体上尚未摆脱高投入、高消耗、高排放的发展方式，资源能源消耗大、污染排放多，生态环境问题比较突出，形势依然十分严峻，迫切需要加快构建工业绿色发展体系。习近平总书记在党的十九大报告中指

出，加快建立绿色生产和消费的法律制度和政策导向，建立健全绿色低碳循环发展的经济体系。制造强国战略提出要全面推行工业绿色发展，推进传统制造业绿色改造，大力研发推广绿色工艺技术装备，加快应用清洁高效加工工艺，实现绿色生产。随着我国工业现代化和经济社会的快速发展，消费者对产品的环境生态要求不断提高，推动和实现工业绿色发展意义重大。

构建工业绿色发展体系最早由国务院《中国制造 2025》提出，并由我国工业和信息化部于 2016 年出台相应规划，目前刚到五年，地方政府和社会大众的认识度和接受度还处在初步发展阶段，社会大众对工业绿色发展的最终产品，即绿色产品还不够了解和信任，暂且没有得到更实质性的经济实惠。工业绿色发展理念的认识和普及推广还需要时间的沉淀，更需要市场的积累。同时，我国对工业绿色发展的学术研究还不多，不管是理论还是实践，多集中在评价指标体系上，对推动工业绿色发展的政策法规研究还有待加强。

一、工业绿色发展的阐释

工业绿色发展即绿色制造，是一个综合考虑环境影响和资源效益的现代化制造模式。工业绿色发展目前从两种角度来阐释，从制造流程看，旨在使产品从设计、生产、运输、使用到报废处理的整个产品全寿命周期中资源利用率最高、对环境的负面影响最小；从制造体系看，根据工业和信息化部的绿色制造概念，可分为绿色产品、绿色工厂、绿色园区、绿色供应链四个层面。

二、现有法规政策发展现状

（一）法律法规方面

从法律层面看，我国尚未出台专门指导开展工业绿色发展工作的法律，但存在大量与绿色设计、绿色采购、绿色物流、绿色回收利用等相关的法律规定（如表1所示），为工业行业企业开展工业绿色发展工作提供法律依据。

表1　我国与工业绿色发展相关法律法规

绿色设计领域				
序号	名称	时间	机构	相关内容
1	《清洁生产促进法》	2012年	全国人民代表大会常务委员会	第2条：本法所称清洁生产，是指不断采取改进设计、使用清洁的能源和原料、采用先进的工艺技术与设备、改善管理、综合利用等措施
				第20条：产品和包装物的设计，应当考虑其在生命周期中对人类健康和环境的影响
2	《循环经济促进法》	2008年	人大常务委员会	第19条：从事工艺、设备、产品及包装物设计，应当按照减少资源消耗和废物产生的要求，优先选择采用易回收、易拆解、易降解、无毒无害或者低毒低害的材料和设计方案

续表

绿色采购领域				
序号	名称	时间	机构	相关内容
1	《环境保护法》	1989 年	人大常务委员会	第 36 条：国家鼓励和引导公民、法人和其他组织使用有利于保护环境的产品和再生产品，减少废弃物的产生
2	《清洁生产促进法》	2002 年	人大常务委员会	第 16 条：各级人民政府应当优先采购节能、节水、废物再生利用等有利于环境与资源保护的产品
3	《循环经济促进法》	2008 年	人大常务委员会	第 8 条：县级以上人民政府应当建立发展循环经济的目标责任制，采取规划、财政、投资、政府采购等措施，促进循环经济发展
				第 47 条：国家实行有利于循环经济发展的政府采购政策。使用财政性资金进行采购的，应当优先采购节能、节水、节材和有利于保护环境的产品及再生产品
4	《固体废物污染环境防治法》	1995 年	人大常务委员会	第 7 条：国家鼓励单位和个人购买、使用再生产品和可重复利用产品
6	《节约能源法》	1997 年	人大常务委员会	第 51 条：公共机构采购用能产品、设备，应当优先采购列入节能产品、设备政府采购名录中的产品、设备
				第 64 条：政府采购监督管理部门会同有关部门制定节能产品、设备政府采购名录，应当优先列入取得节能产品认证证书的产品、设备
				第 81 条：公共机构采购用能产品、设备，未优先采购列入节能产品、设备政府采购名录中的产品、设备，或者采购国家明令淘汰的用能产品、设备的，由政府采购监督管理部门给予警告

续表

绿色采购领域				
序号	名称	时间	机构	相关内容
7	《政府采购法实施条例》	2014 年	国务院	第 6 条：国务院财政部门应当根据国家的经济和社会发展政策，会同国务院有关部门制定政府采购政策，通过制定采购需求标准、预留采购份额、价格评审优惠、优先采购等措施
绿色物流领域				
序号	名称	时间	机构	相关内容
1	《节约能源法》	2016 年修订版	人大常务委员会	第 42 条：国务院及其有关部门指导、促进各种交通运输方式协调发展和有效衔接，优化交通运输结构 第 44 条：国务院有关交通运输主管部门应当加强交通运输组织管理，引导道路、水路、航空运输企业提高运输组织化程度和集约化水平，提高能源利用效率
2	《物流业调整和振兴规划》	2009 年	国务院	提出“鼓励和支持物流业节能减排，发展绿色物流”
3	《节能减排“十二五”规划》	2012 年	国务院	提出“实施城乡道路客运一体化试点，推广节能驾驶和绿色维修”
4	《“十二五”循环经济发展规划》	2012 年	国务院	提出“推行绿色建筑和绿色交通行动”
5	《物流业发展中长期规划》（2014—2020 年）	2014 年	国务院	提出“鼓励采用低能耗、低排放运输工具和节能型绿色仓储设施，推广集装单元化技术”

续表

绿色回收领域				
序号	名称	时间	机构	相关内容
1	《循环经济促进法》	2008 年	人大常务委员会	第 15 条：生产列入强制回收名录的产品或者包装物的企业，必须对废弃的产品或者包装物负责回收；对其中可以利用的，由各该生产企业负责利用
				第 22 条：企业应当采用先进或者适用的回收技术、工艺和设备，对生产过程产生的余热、余压等进行综合利用
				第 37 条：国家鼓励和推进废物回收体系建设。地方人民政府应当按照城乡规划，合理布局废物回收网点和交易市场
				第 39 条：回收的电器电子产品，经过修复后销售的，必须符合再利用产品标准，并在显著位置标识为再利用产品
2	《固体废物污染环境防治法》	2015 年修订	人大常务委员会	第 3 条：国家采取有利于固体废物综合利用活动的经济、技术政策和措施，对固体废物实行充分回收和合理利用
3	《报废汽车回收管理办法》	2001 年	国务院	第 14 条：报废汽车回收企业必须拆解回收的报废汽车；其中，回收的报废营运客车，应当在公安机关的监督下解体

（二）政策标准方面

为贯彻落实制造强国战略相关要求，我国工业和信息化部颁布了一系列有助于推动工业绿色发展工作的相关政策。

第一，工业绿色发展相关规划。2016 年，工业和信息化部颁布了《工业绿色发展规划（2016—2020 年）》，提出“开展绿色产品、绿色工厂、绿色园区、绿色供应链评价试点，引导绿色生产，促进绿色消费”“推动建设包括绿色材料库、设备资源库、绿色工艺库、零件信息库等在内的绿色生产基础数据库和产值数据库”“利用线上线下融合等模式推动绿色消费习惯形成，增进民众绿色消费获得感”等内容。

第二，绿色生产先进技术、产品和装备目录。在工业节能环保、清洁生产、资源综合利用等领域，组织评选发布了 35 个行业清洁生产技术推行方案、《国家工业节能技术装备推荐目录》《国家鼓励的有毒有害原料（产品）替代品目录》《工业资源综合利用先进适用技术装备目录》《国家涉重金属重点行业清洁生产先进适用技术推荐目录》等一批先进技术、工艺及装备目录，指导企业开展落后工艺、装备的替换升级。

第三，工业绿色发展的示范激励。通过发布工业绿色发展示范名单，打造一批绿色工厂、绿色设计产品、绿色工业园区和绿色供应链管理示范企业，形成绿色增长、参与国际竞争和实现发展动能接续转换的领军力量，带动市场营造制造业绿色升级氛围。开展绿色信贷合作机制，利用绿色信贷支持一批工业节能与绿色发展重点项目。

第四，工业绿色发展标准体系。工业绿色发展标准体系由综合基础、绿色产品、绿色工厂、绿色企业、绿色园区、绿色供应链和绿色评价与服务七部分构成，工业和信息化部已经开展实施工业节能与绿色标准化行动计划，组织相关机构推动制定发布89项绿色标准。

第五，产业链各环节法规政策。除了上述提到的法规标准外，还有一些法律政策的制定并非以推动绿色制造为初衷，但是在其实施的过程中，调控到整个产业链某个环节上的具体活动，对于工业绿色发展起着或多或少的推动和保障作用。在绿色制造主要环节上，起到作用的法律政策主要如下：

绿色设计。相关研究表明，工业品80%的资源消耗及环境影响都取决于设计阶段。因此，绿色设计应是绿色制造中的关键一环。目前《电子信息产品污染控制管理办法》《关于开展工业产品生态设计的指导意见》等都对此做出了规定，要求在产品及包装物设计阶段，统筹考虑原料、设备、工艺、消费、回收及处理等环节的环境影响，优先选择无毒、无害、易于降解或者便于回收利用的方案，减轻产品全生命周期对环境的不利影响。

绿色生产。通过加强环境管理，改进技术工艺和处理设施，可以减少产品生产过程中的用材、用水、用能及污染物排放，使产品更加绿色。环境保护类法律政策，比如《环境保护法》《清洁生产促进法》《大气污染防治法》《水污染防治法》和《节约能源法》等，都有涉及企业能源资源消耗及污染物排放的规定，尤其是提出了一些强制性要求和相关标准，据此可以作为判断上游生产企业是否绿色的重要依据。

绿色采购。绿色采购是绿色制造的关键一环，采购原材料的环保与否在很大程度上决定着最终产品的绿色化程度。目前《政府采购法实施条例》《节能产品政府采购实施意见》《企业绿色采购指南（试行）》和《政府机关及公共机构购买新能源汽车实施方案》等都对此做出了规定，主要调控两类主体的采购行为：对于政府及国有企事业单位，要求其优先采购具有节能、节水、节材、废物再生利用等特性的绿色产品；对于其他市场主体，主要通过相应财税金融手段引导，鼓励其进行绿色采购。

绿色物流。在产业链上，物流环节起着不可或缺的作用，但也带来了大量的能源消耗和污染物排放。《物流业发展中长期规划》（2014—2020年）、《交通运输节能环保“十三五”发展规划》《加快推进绿色循环低碳交通运输发展指导意见》《包装行业高新技术研发资金管理办法》等都对绿色物流提出了要求，比如强调各种交通运输工具之间的协调和衔接、主张建设智能交通、推荐使用节能减排型运输工具和仓储设施、呼吁避免过度包装等。

绿色回收及再利用。在残次品、废旧品或者零部件回收后，进行整体或部分再利用，不仅可以延长产品生命周期，而且有助于节约资源能源和减少污染物排放。《循环经济促进法》《电子废物污染环境防治管理办法》《废弃电器电子产品回收处理管理条例》《报废汽车回收管理办法》等对此进行了规定。

三、我国工业绿色发展政策法规存在的问题

（一）法律法规过于分散，对于工业绿色发展相关工作的指导不足

目前涉及工业绿色发展工作的相关法规散见于环保类、物流类、采购类、回收利用类等法律规定中，不成体系且过于分散。目前工业绿色发展对于大多数中国企业来讲还比较陌生，而过于分散的法律法规则很难引导广大企业参与此项工作。

（二）一些工业绿色发展关键领域缺少必要的法律规范

资源综合利用是建设资源节约型、环境友好型工业的重要途径。但目前现行的法律体系中没有资源综合利用法。目前《循环经济促进法》等对于推动资源综合回收利用工作的开展起到促进作用，但在我国各大行业的回收利用产业仍在初步发展阶段，缺少行业法律及配套性标准。只有通过制定专门的资源综合利用法律规范，进一步明确生产、回收利用以及处理处置等环节的具体要求，科学划分政府部门和社会各方的责任，才能为资源综合利用提供法制保障。

（三）推动工业绿色发展工作整体成本过高，现有激励不足

我国尚未形成绿色消费氛围，大多消费者关注的是产品价格，而非其绿色投入，价格较高的绿色产品市场空间有限。同时，粗放式发展往往投入小、见效快，而工业绿色发展则投入高、见效慢。开展工业绿色发展工作，大多会增加企业的节能环保投入，企业绿色转型意愿不强。目前国家也出台了一系列如绿色采购、税收减免等的支持政策，在一定程度上补偿企业额外的节能环保投入，但这些正向激励政策还是杯水车薪，开展工业绿色发展工作的企业和绿色产品的竞争劣势尚未扭转。

四、工业绿色发展政策法规路径选择

我国工业绿色发展的路径，应该是通过政府和企业两类主体发挥法律政策的引导和规范作用，构建我国的工业绿色发展政策法规体系。政府作为引导工业绿色发展的主体，依据法律政策授

权，通过财政、税收、采购、监督、处罚等手段，调动企业参与工业绿色发展的积极性。企业作为实施工业绿色发展的主体，在法律政策激励作用下，只要企业节能减排和保护环境，就可以获得相应的财税政策支持。反之，若出现环境违法行为，企业将会受到惩罚。

在相关法律政策的引导和规范下，不少企业已经自发开展了工业绿色发展，但其范围和程度还远远不够，因此构建我国工业绿色发展政策法规体系，还需在以下方面加强：

（一）制定专门的“工业绿色发展促进法”，完善相关法律体系

由于工业绿色发展是一个系统工程，因此，在继续推出工业绿色发展相关政策的同时，可以将一些成熟的政策上升为法律，逐步完善相关立法，对政府部门职责、企业的权利及义务、保障机制等进行系统规定，提供明确的法律指引，以便调动更多社会力量参与工业绿色发展工作。建议制定专门的“工业绿色发展促进法”，由全国人大从顶层设计着手，站在国家、社会的整体利益和长远利益上，牵头开展工业绿色发展立法工作。

（二）提升工业绿色发展标准体系，统一评价指标

在推动工业绿色发展的过程中，标准起着重要保障作用。然而，工业绿色发展标准相对缺乏，标准体系有待完善。为此，需要尽快出台一部标准，统一工业绿色发展工作的评价指标。我国企业超过法定标准使用能源资源和排放污染物的现象还比较普遍，立足社会现实，现阶段，建议以现有法律要求为据制定标准体系。随着社会中环境违法现象的减少和工业绿色发展实践的成熟，应提高相关评价标准，只有高于法律规定相关要求的企业，

才可以认定为工业绿色发展示范企业。

（三）出台“绿色采购法”，构建工业绿色发展激励机制

一是提高绿色产品的供给水平。对实施工业绿色发展的企业，加大税收减免，放低绿色信贷、绿色债券审批门槛，使企业可以在节能环保工作中受益。二是出台一部统领各类市场主体绿色采购活动的“绿色采购法”。积极营造绿色消费氛围，重点以绿色产品消费带动绿色采购，建议财政部尽快将绿色产品纳入政府采购目录，为绿色产品生产及销售营造良好的社会氛围。

参考文献

1. 刘飞等：《工业绿色发展的研究现状与发展趋势》，《中国机械工程》2000 年第 1 期。

2. 刘光复等：《基于产品生命周期的工业绿色发展理论研究和工程实施框架研究》，《数字制造科学》2011 年第 1 期。

3. 刘飞等：《工业绿色发展理论与技术》，北京：科学出版社，2012 年版。

4. 孙柏林：《发展工业绿色发展技术的思考》，《自动化博览》2012 年第 S1 期。

5. 胡鞍钢：《2030 世界绿色工业强国》，《学术前沿》2013 年第 8 期（下）。

6. He F Q，Zhang J Lei. Energy Efficiency and Productivity Change of China's Iron and Steel Accounting for Undesirable Outputs [J]. Energy Policy，2013，54（3）.

7. 李博洋等：《中国区域工业绿色发展评价体系研究》，《工业经济论坛》2015 年第 2 期。

8. 陶永等：《面向产品全生命周期的工业绿色发展策略》，《中国科技论坛》2016 年第 9 期。

9. 毛涛：《我国工业绿色发展体系构建面临的困境及破解思路》，《中国党政干部论坛》2017 年第 5 期。

10. 杨檬等：《我国工业绿色发展政策与标准体系研究》，《信息技术与标准化》2017 年第 1—2 期。

11. “中国工程院工业绿色发展发展战略研究”课题组：《推进工业绿色发展建设生态文明—中国工业绿色发展战略研究》，《中国工程科学》2017 年第 3 期。

12. 游建民等：《国家生态文明试验区工业绿色发展绩效评价及影响因素研究—以贵州为例》，《贵州社会科学》2018 年第 12 期。

13. 毛涛：《践行生态文明理论　加快工业绿色发展步伐》，《河南日报》，2018 年 8 月 17 日。

14. 工业和信息化部：《工业绿色发展规划（2016—2020 年）》，2016 年。

15. 工业和信息化部国家标准化管理委员会：《工业绿色发展标准体系建设指南》，2016 年。

专题报告十九　全球战略性矿产资源研究现状、问题及对策建议

［中国地质大学（北京）经济管理学院副教授、
中国国际经济交流中心博士后］李华姣
［中国地质大学（北京）经济管理学院教授］安海忠

［摘　要］ 21世纪，世界主要国家和经济体均将经济发展的重心向战略性新兴产业转移，为保障战略性新兴产业发展而引发的矿产资源安全保障问题随之而来。矿产资源作为战略性新兴产业发展的重要支撑，在世界各国抢占新一轮经济制高点的过程中具有重要作用。本文从全球战略性矿产资源术语界定、目录清单、评价方法等现状入手，梳理了当前战略性矿产资源研究存在的新特点和资源博弈新逻辑亟待进一步厘清、亟待从战略性关键产业需求和全球产业链、供应链布局提出动态清单、亟待从全产业链资源依赖性进行风险评价和预警等问题，并立足于我国，提出了新格局下应对战略性资源供应风险的对策建议。

［关键词］ 战略性矿产资源　新格局　资源安全　全产业链　新兴产业

经济安全和产业发展离不开矿产资源的持续稳定供应，目前多国已将战略性矿产资源安全上升到国家战略。《中共中央关于制定国民经济和社会发展第十四个五年规划和二〇三五年远景目标的建议》在“确保国家经济安全”中明确提出要“保障能源和战略性矿产资源安全”。矿产资源的安全供应已成为继技术创新后的牵制战略性新兴产业发展的新的命脉。21世纪，各国相继加快了战略性新兴产业的发展，提高了政策支持力度。战略性新兴产业的崛起和现代低碳社会的发展，在传统产业煤、石油、天然气、铁、铜、铝等大宗矿产需求基础上，进一步驱动了风电、太阳能、氢能等清洁能源以及锂、钴、镍、石墨、钨、稀土等战略性新兴矿产需求（Graedel TE 等，2015a）。与大宗矿产量大、应用场景广泛不同，战略性新兴矿产资源量小，通常被称为“工业味精”，且应用场景相对更为集中。与此同时，全球战略性新兴矿产资源禀赋广泛存在着空间分布极度不均匀的特征，上游市场被极少数国家垄断。例如，刚果（金）的钴储量和产量分别占全球的49%和58%（周艳晶等，2019）；智利锂矿储量占全球的51.8%，澳大利亚、智利、阿根廷三国锂总产量占全球的90%；南非铂矿储量和产量分别占全球的90%和70%。然而，各类战略性新兴矿产资源的主要消费国和深加工产业多分布在非资源产地国家，这些国家需要通过国际贸易的形式从少数国家获取产业发展依赖的关键矿产资源。矿产资源产业链长、区域分布广，在自由贸易理论背景下，各国基于矿产资源供应和矿产资源生产加工所具备的绝对优势或比较优势等因素形成了各自在全球价值链、产业链和供应链中的适应性角色和结构。然而，随着贸易保护主义的抬头、地缘政治风险上升，支撑战略性新兴产业发展且对外高度依赖的矿产资源面临着不断涌现的断供、恶意加价等非市场行为和不确定性风险。与此同时，随着新冠肺炎疫情继续在全球蔓延，主要国家和经济体加快了从经济效率驱动的全球供应链建设逐步向安全供应链建设转型，这将使得矿产资源供需结构产生较大调整，也将进一步激发主要国家和经济体间的资源竞争强度。

一、战略性矿产资源的研究现状

（一）战略性矿产资源的术语界定

目前主要包含以西方为代表的“关键矿产”（Critical Mineral Resources/Critical Minerals）（主要面向非能源矿产），以及以中国为代表的“战略性矿产”（Strategic Mineral Resources）（《全国矿产资源规划（2016—2020 年）》，涵盖能源、金属和非金属矿产）两类，同时也有部分学者采用了“战略性关键矿产”（Strategic Critical Mineral Resources）（侯增谦等，2020；王安建等，2019；吴巧生等，2020）、“高技术矿产”（High - Tech Minerals）（陈从喜等，2020）、“三稀/四稀矿产”（Three/Four Rare Mineral Resources）（王登红等，2016；Hao Z 等，2016；翟明国等，2019）、“伴生性关键矿产”（By - product Critical Minerals）（邵留国等，2020）等术语，以及专门针对金属类矿物的术语，如“关键金属”（Critical Metal）（Hao H 等，2019）和“高技术金属”（High - Tech Metal）（Frenzel M 等，2015）等。总体来说，学术界尚无统一的术语界定，通用的“关键矿产”和“战略性矿产”内涵并非仅面向战略性新兴产业需求，例如美国官方将关键性界定为：“1. 对经济和国家安全必不可少的非燃料矿物或矿物材料；2. 其供应链容易受到破坏；3. 所制造产品若断供将会对本国经济或国家安全产生重大影响（Nassar NT 等，2020）。”

（二）全球主要经济体战略性矿产资源清单

美国、欧盟、日本等主要国家和经济体立足国家经济发展和国防安全等维度，从供应风险以及经济重要性、可操作性等一个或多个维度对矿产资源的关键性进行系统评价（葛建平等，2020），并提出了差异性较大的目录清单（如表1所示）。随着时间的推移，由于供需双方多因素驱动，各国清单所包含的矿种也在不断地变化调整中，例如欧盟自2011年发布第一版涵盖14种关键矿物原料清单后，先后于2014年、2017年和2020年调整了三次。在各国争相提出战略性新兴产业需求的关键矿产原材料目录清单的同时，学术界也相继提出了更为系统、科学、全面的关键性评价指标体系和计算方法，分别从社会经济发展重要性和关键产业/技术需求、断供风险、资源的可替代性、来源渠道的脆弱性、贸易暴露、产地地质条件和技术可行性等限制条件，环境影响和回收限制等多个维度对矿产资源的关键性进行了系统评价（Jin Y 等，2016；Graedel TE 等，2012；Nassar NT 等，2020）。对于关键性分析主要有三个阶段（如图1所示），即关键性影响因素的梳理、关键矿产的测定、根据先前结果提出环节方法和政策分析，然而，关于哪些要素决定了矿物原料的关键性以及这些要素如何影响矿物原料的关键性、基于特定产品（部门）的关键矿产识别、为何一个矿物原料是关键矿产等方面研究相对较少（Jin Y 等，2016）。

表1　主要国家和经济体最新关键/战略性矿产目录清单

矿种	美国	欧盟	日本	中国	矿种	美国	欧盟	日本	中国
钴	1	1	1	1	硼/硼酸盐		1	1	
锂	1	1	1	1	锰	1		1	
锑	1	1	1	1	钼			1	1
稀土元素族	1	1	1	1	镍			1	1
铋	1	1	1		铷	1		1	
铂族金属	1	1	1（铂）		铯	1		1	
钒	1	1	1		锡	1			1
锆	1		1	1	铀	1			1
铬	1		1	1	重晶石	1	1		
铪	1	1	1		石油				1
镓	1	1	1		铊			1	
铝（矾土/铝土矿）	1	1		1	天然气				1
铌	1	1	1		天然橡胶		1		
铍	1	1	1		铁				1
锶	1	1	1		铜				1
钛	1	1	1		钨/钨丝		1		
钽	1	1	1		硒			1	
钨	1		1	1	页岩气				1
铟	1	1	1		钡			1	
萤石	1	1		1	硅金属		1		
锗	1	1	1		氦	1			
石墨	1	1		1	焦煤		1		
碲	1		1		金				1
钾盐	1			1	煤层气				1
钪	1	1			煤炭				1
铼	1		1		钯			1	
磷		1		1	砷	1			
镁	1	1			磷酸盐岩		1		

注：表中均为主要国家和经济体最新版目录清单中涉及的矿种，其中美国参照的是美国内政部2018年5月发布“关键矿产”名单，欧盟参照的是2020年9月更新的关键矿产原材料清单，日本参照的是2009年7月出台的《稀有金属保障战略》中的稀有金属清单，中国参照的是2016年国务院通过的《全国矿产资源规划（2016—2020年）》中的战略性矿产目录。

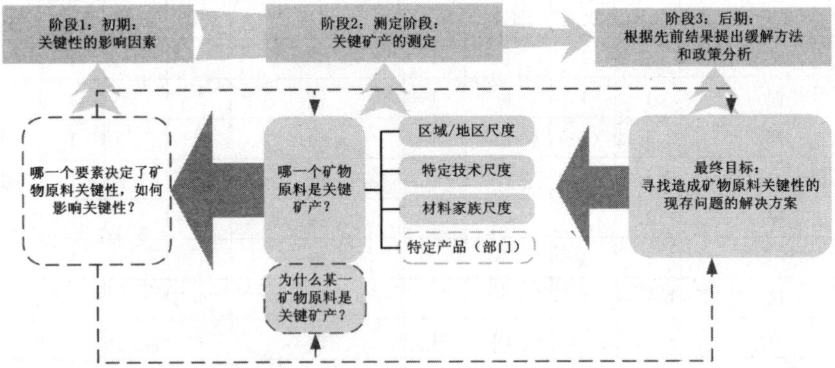

图1　关键矿产研究框架（Jin Y 等，2016）

（三）战略性矿产资源安全和供应风险评价

矿产资源安全不仅受制于生产集中度、对外贸易依赖等供给侧多个要素影响，同时也受到支撑社会经济发展的各相关产业布局等需求侧要素驱动（Nassar NT 等，2020）。供应风险是测度矿产资源关键性和安全性的重要维度，被广泛应用于主要国家和经济体关键矿产清单遴选评价的理论方法中以及相关的学术研究中，目前分析的视角和维度存在较大差异。例如，Moss RL 等（2013）主要从需求增长的可能性、扩大产能的限制、供应的集中度、政治风险等维度进行了专家调研和定性评价，给出了欧盟新能源技术所需各类战略性关键矿产资源的高中低风险水平；Graedel TE 等（2015b）从地缘政治（全球供给集中度、全球治理指数），社会 & 规制（人类发展指数、政策潜力指数），地质条件 & 技术经济（伴生金属品位、衰竭周期）三重维度定量分析了从城市到全球尺度的各类矿种的关键性；Myers RJ 等（2019）进一步将 66 种矿物原料三重维度相关量化数据开发成了耶鲁存量和流量 YSTAFDB 数据库。分析发现，当前矿产资源的供应风险主要是从外部国家主体断供的可能性角度进行测度的，而这类风险与产业需求和资源的外部依赖是相互依存的。Jair SS 等（2020）从生命周期视角，分析了地缘政治风险和价格双重视角下的矿产资源供应风险。Nassar NT 等（2020）则综合了各方计算指标，构建了三元［外国供应中断的可能性、美国制造商对外国供应的依赖性（贸易暴露指标）以及美国制造商承受供应中断的能力］供应风险综合评价模型，针对美国制造业所需矿产资源，进行了供应风险定量测算（如图 2 所示）。

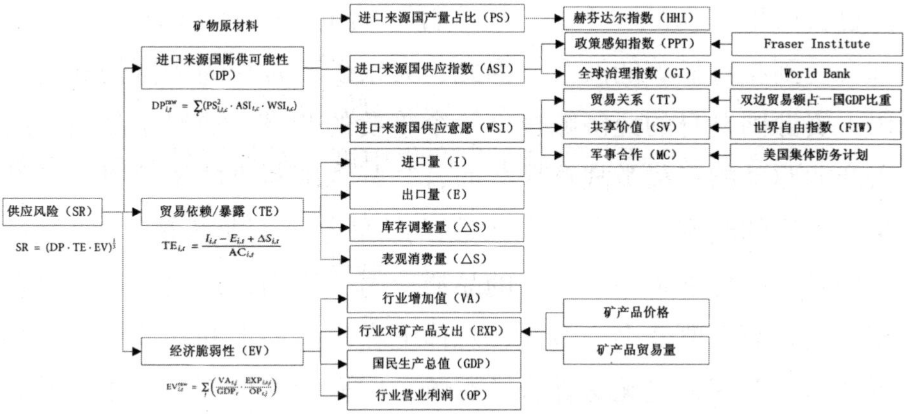

图 2　制造业关键矿产资源供应风险综合评价体系（Nassar NT 等，2020）

二、战略性矿产资源研究存在的问题

（一）战略性矿产资源的新特点和资源博弈新逻辑亟待进一步厘清

在传统大宗矿产资源和化石能源时代，资源禀赋的不均衡性驱动形成了国家和地区间复杂稠密的贸易关系和贸易网络。大量研究针对贸易网络中国家间关系的强弱和依赖性进行了系统分析，并提出了减供、断供等风险对一国或者多国的影响。然而，这种减供或断供的现实逻辑主要依赖于自然灾害（如2008年的“卡特琳娜”飓风、2017年的“哈维”飓风等）、军事打击（如1980年的两伊战争、1990年的伊拉克入侵科威特等）、工人罢工（如2002年委内瑞拉石油工人罢工）等突发性事件，抑或为调节市场价格所做出的一方或多方的协议调整（如OPEC与俄罗斯等达成的减产协议）。对于大宗矿产资源而言，由于金额庞大，在不考虑价格因素影响下，减供和断供不仅影响了进口国，对出口国也会产生“伤敌一千，自损八百”的重大影响，GDP、就业等都会受到相对显著的波及。因此，大宗矿产若作为大国博弈的筹码，资源国自身的经济账也是一个重要的变量。而对于战略性新兴产业驱动的三稀类战略矿产而言，资源国断供的影响机理则发生了本质的改变。一方面，多数矿产作为“工业味精”，直接影响的是产品特别是高端产品的品质；另一方面，这类矿产贸易量相比大宗商品要低多个量级，总体上在出口创汇和就业等方面并不会对资源国造成无法弥合的影响。因此，在博弈过程中，更有可能形成较强的筹码作用。亟待针对战略性矿产资源的新特点界定其内涵和外延，准确判断资源博弈新逻辑。

（二）亟待从战略性关键产业需求和前瞻性产业布局提出动态清单

不管是经济重要性还是供应风险都离不开供需关系基本逻辑。在明确了战略性矿种需求的基础上，其开采和加工等的空间格局相对比较容易量化分析。然而，需求本身是基于产业发展的动态变化而变化的，当前主要基于的是已知战略性产业布局提出的清单，而缺乏对未来产业动态的预判，且未考虑技术变革驱动的新材料革命的影响。在产业布局方面，各国既存在一定的共性，即产业数字化、数字产业化、新能源革命和低碳转型等大的时代浪潮，这些产业的变革和发展将驱动诸多新的矿种的需求，并诱发形成国家之间新的资源竞争格局；同时，各国也存在一定的优势和特色产业布局，如美国的军工、加拿大的能资、德国的汽车和机械制造、韩国的半导体等，这些又驱动了各国战略矿产资源目录清单的差异性。无论是共性产业还是特色产业，其产业自身也在随着时间的变化而发生着量变和质变，如汽车行业从油车到电车、再到未来的燃料车等。而这种变化也离不开技术的变革和新材料的研发，如传统的铁和金属管材到现在的 PVC 管材等。产业和技术的变革带动着矿产资源需求的改变，昨天重点角逐的资源主战场，今天和明天可能转移到另一种或多种矿种之上，而对于研究者和国家资源战略制定者而言，如何放眼未来的发展，提出前瞻性、动态化的战略矿产清单，进而制定相应安全供应和可持续发展战略是资源破局的重要依托。

（三）亟待从战略性矿产资源全产业链资源依赖性进行风险评价和预警

矿产资源安全不仅源于上游的初级矿产资源有序供应，也依赖于从初级资源到终端产业各种中间品的隐含资源流动，研究表明，通过中间品的流动，将造成一国矿产资源对外部依赖关系的显著重构（Johnson J 等，2008），而资源安全和供应风险也亟待从产业链的角度去审视。当前，美欧等国家和地区已认识到产业链的重要性，并在加紧部署战略性关键矿产产业链供应安全保障。2020 年 9 月，美国前总统特朗普签署了《解决依赖外国对手关键矿物对国内供应链构成威胁的总统行政命令》，宣布进入国家紧急状态，要求各相关部门加强威胁矿产资源产业链供应链的系统评估和应对。欧盟于2020年9月发布《提升关键原材料弹性：寻求安全可持续的供给之路》报告，并提出了第四版关键原材料清单。欧盟将原材料供应安全问题提高到前所未有的高度，从经济重要性和供应风险多个方面系统评估了原材料关键性。报告把原材料供应风险延伸到全产业链进行前瞻性研究，从资源多元化进口渠道、合作联盟、循环利用等多个维度提出了提高产业链弹性和安全的保障措施。产业系统并非一个闭合的局域系统，从矿产资源到终端产业产业链全过程暴露并嵌构在全球产业链、供应链和价值链中，牵一发可能动全身，产业发展驱动的资源依赖问题需要从系统的视角进行分析和动态监测。如何基于全球和产业链视角分析特定重要产业矿产资源依赖的关系，预判潜在供应风险，并面向产业未来发展情景开展资源安全相关前瞻性研究和优化布局成为保障经济安全和产业发展的重要课题。

三、中国战略性矿产资源研究和管理对策建议

（一）“知己知彼”，全面掌握全球主要经济体战略性/关键矿产资源内涵和政策走向，掌握矿产资源配置主动权

21世纪，世界主要国家和经济体均将经济发展的重心向战略性新兴产业转移，为保障战略性新兴产业发展而引发的矿产资源安全保障问题随之而来。矿产资源作为战略性新兴产业发展的重要支撑，在世界各国抢占新一轮经济制高点的过程中具有重要作用。作为全球分布极度不均的稀缺产品，各国为满足本国战略性新兴产业的安全和需求，必将加大战略性/关键矿产资源的全球部署策略和竞争力度。新时期，在国内国外双循环的战略格局背

景下，我国需要加大对战略性矿产资源的新特点和资源博弈新逻辑的研判，全面跟踪分析各主要经济体战略性矿产资源（关键矿产资源）的资源内涵界定和政策走向，遵循“前瞻性思考、全局性谋划、战略性布局、整体性推进”的指导方针，通过国内国外两个市场、一次二次两种资源保障矿产资源的安全供应。

（二）多部门联动，推动科学前瞻的动态战略性矿产清单目录制定和协同管理

矿产资源全产业链管理被分成以勘探为主的储量管理、以开发为主的产权管理、以加工为主的矿产品企业管理、以应用为主的行业管理，以及以回收为主的环境保护管理等多个环节。这些环节的主管部门分别隶属于国家发改委、自然资源部、工信部、环保部、国资委等不同的部门。我国矿产资源管理体系从建国以来就将工作中心放在矿产资源的勘探和开发阶段，重视上游，忽视中下游的“碎片化”管理模式，使得国内矿产资源勘探开发很难及时响应中下游的需求变化。一国的战略性矿产清单目录制定不仅要摸清家底，分析保有矿产资源的资源禀赋，还需要客观审视中下游的产业需求，实时监测全球资源供需变化和产业需求，制定动态战略性矿产清单目录。通过动态清单目录的制定，配合各部门的协同治理，做到保产业之所需，强国家话语权的作用。

（三）全产业链研判，客观审视从矿产资源到终端应用再到循环利用全产业链资源、技术被“卡脖子”的风险

在全球化“高效供应链”建设历史背景下，各国产业的发展逐渐由国内延伸至全球，形成了嵌入式的产业链，然而发达国家在全球范围建设高效供应链，实现生产要素获取成本最低的同时，却又控制着技术链的高端，执掌产业的核心技术，不断提高

产业的技术标准和产业壁垒。随着各国战略性新兴产业的加快部署，对关键矿产资源以及产业链中间环节的各类产品竞争日趋激烈；伴随着以技术性贸易壁垒为主的贸易保护主义急剧抬头，战略性新兴产业外部不确定风险不断提升，产业链关键环节被别国“卡脖子”现象屡屡出现。在高对外依赖的紧缺矿产资源方面，不仅要面对资源来源国自然灾害、战争、疫情等各类突发事件造成的减供/断供风险，同时还要面对部分技术垄断企业和国家通过技术管制对市场进行操纵的风险，以及循环利用对于依赖的影响。在优势矿产方面，近些年使用中国优势矿产资源进行深加工后反而“卡住中国脖子”的风险不断提高。例如，作为半导体重要原料的铟、锡，中国企业在采选、冶炼等方面已处于世界顶尖水平，但由于缺乏下游功能性产品的技术专利及设备，只能通过原材料生产和高耗能、高耗水、高污染的初级加工赚取少额收益。初级产品大量出口，由日本等国家深加工成高品质、大尺寸的 ITO 靶材等高附加值产品，而这些高附加值产品关系着中国半导体等行业发展的命脉。因此，不管是对外依赖的矿产资源还是优势矿产，均需要从全产业链视角审视从矿产资源到终端应用再到循环利用全产业链资源、技术被卡脖子的风险，识别以全产业链可持续供应为保障的战略性关键矿产资源安全战略。

参考文献

1. FrenzelM, Tolosana – Delgado R, Gutzmer J. Assessing the supply potential of high – tech metals – A general method ［J］. *Resources Policy*, 2015.

2. Graedel, TE, Barr R, Chandler C, Chase T, Choi J, Christoffersen L, Friedlander E, Henly C, Jun C, Nassar NT. Methodology of metal criticality determination. *Environmental Science & Technology*, 2012: 46 (2).

3. Graedel TE, Harper EM, Nassar NT, Reck BK. On the materials basis of modern society ［J］. *Proceedings of the National Academy of Sciences*, 2015a, 112.

4. Graedel TE, Harper, EM, Nassar NT, Nuss P, Reck B. Criticality of metals and metalloids [J]. *Proceedings of the National Academy of Sciences*, 2015b, 112.

5. Hao H, Geng Y, Tate JE, Liu F, Zhao F. Impact of transport electrification on critical metal sustainability with a focus on the heavy – duty segment [J]. *Nature Communications*, 2019, 10: 5398.

6. Hao Z, Fei H, Hao Q, Liu L. " Three rare mineral resources" and crystalline graphite have become prospecting focuses in China [J]. *Acta Geologica Sinica*, 2016, 90 (5).

7. Jair SS, Gaugler T, Helbig C, Rathgeber A, Sonnemann G, Thorenz A, Tuma A. Design of an endpoint indicator for mineral resource supply risks in life cycle sustainability assessment The case of Li – ion batteries [J]. *Journal of Industrial Ecology*, 2020, 10.1111/jiec.13094.

8. Jin Y, Kim J, Guillaume B. Review of critical material studies [J]. *Resources, Conservation and Recycling*, 2016.

9. Johnson J, Graedel TE. The " hidden" trade of metals in the United States [J]. *Journal of Industrial Ecology*, 2008, 12 (5).

10. Myers RJ, Reck BK, Graedel TE. YSTAFDB, a unified database of material stocks and flows for sustainability science [J]. *Science Data*, 2019, 6.

11. Nassar NT, Brainard J, Gulley A, Manley R, Fortier SM. Evaluating the mineral commodity supply risk of the U. S. manufacturing sector [J], *Science Advance*, 2020, 6 (8): 8647.

12. 陈从喜、崔荣国、李政、张迎新：《高技术矿产的内涵，分类及应用前景》，《国土资源情报》2020 年第 10 期。

13. 葛建平、刘佳琦：《关键矿产战略国际比较——历史演进与工具选择》，《资源科学》2020 年第 8 期。

14. 侯增谦、陈骏、翟明国：《战略性关键矿产研究现状与科学前沿》，《科学通报》2020 年第 33 期。

15. 邵留国、蓝婷婷：《伴生性关键矿产资源安全研究综述与展望》，《资源科学》2020 年第 8 期。

16. 王安建、王高尚、邓祥征、周凤英等：《新时代中国战略性关键矿产资源安全与管理》，《中国科学基金》2019 年第 2 期。

17. 王登红、王瑞江、李建康等：《新兴产业的发展与三稀矿产的调查》，《地质论评》2016 年第 11 期。

18. 吴巧生、周娜、成金华：《战略性关键矿产资源供给安全研究综述与展望》，《资源科学》2020 年第 8 期。

19. 翟明国、吴福元、胡瑞忠等：《战略性关键金属矿产资源：现状与问题》，《中国科学基金》2019 年第 2 期。

20. 周艳晶、李建武、王高尚：《全球战略性新兴矿产资源形势分析》，《中国矿业》2015 年第 2 期。

后记：致谢与感恩

这是历史的一部分，2021 年《全球要事报告》的主报告："全球大势 2041"，跨度 20 年。本报告在习近平新时代中国特色社会主义思想指导下，秉承创新、求实、睿智、兼容的科学理念，利用全球文献大数据对全球经济社会发展中的认识与共识、发展与合作、创新与传承、改革与开放、调整与提高、平衡与再平衡等人类共同性问题，大事要事研究，采用中国国际经济交流中心（CCIEE）博士后研究王宪磊院士小组，从"大事看大势"的角度，将 WUS 理论作为《全球要事报告》全书与主报告"全球大势 2041"的逻辑架构和理论框架，为推动建设新型国际关系，推动国家治理体系和治理能力现代化，把实现中华民族伟大复兴作为孜孜追求的目标而深入进行科学探索。

全书的研究使用了全球文献大数据遴选系统。这些数据和文献来自中国国家图书馆、美国国会图书馆、欧洲议会图书馆、中国社会科学院图书馆、中国科学院图书馆、清华大学图书馆、北京大学图书馆、中国人民大学文献中心、中国科学出版社、中国社科文献出版社、时事出版社、中国社科出版社、商务印书馆等，中国政府门户网站、国家发改委网、新华网、人民网、央视网、中国网、环球网、FT 中文网、美国中文网、联合早报网、中国国家统计局网、美国经济分析局网、欧盟统计网和百度、

360、谷歌等200多家网站。本报告对全球十件大事的遴选与研判中，采用了国家发改委党组的优秀文章、联合国、IMF、世界银行、俄罗斯经济学家、美国经济学家的学术著作余永定老师的曲江报告、国务院发展研究中心王一鸣同志研究报告等等较完整的正确观点与科学判断，由衷感谢这些数据和文献对2021年度《全球要事报告》的支撑、帮助和无私支持。在对这些数据文献进行梳理和翻译的过程中，副主编张焕波研究员、吕欣研究员付出了辛苦劳动，在站博士后研究人员徐菲等做了大量工作，在此表示感谢！

感谢感恩国家发改委、全国博管会和中国国际经济交流中心对第九部《全球要事报告》给予的支持和帮助；感谢感恩中国国际经济交流中心博士后站和国家信息中心博士后站的各位资深导师对第九部《全球要事报告》的指导、建议和意见；感谢感恩中国社科院、中国科学院、中国工程院、俄罗斯自然科学院、联合国科学院、国务院发展研究中心、美国科学院、清华大学、北京大学、哥伦比亚大学、耶鲁大学、加州大学伯克利分校、牛津大学、天津大学、中国人民大学、上海交大、复旦大学等单位的领导、老师和专家为本报告的研究和出版给予的帮助、指导和智力支持；感谢感恩时事出版社的领导和同志们，是你们的辛勤劳动和无私奉献，使新时代第九部《全球要事报告》呈现在亲爱的读者面前，敬请大家批评指正。

王宪磊　敬

2021年8月于北京